MA BIOGRAPHIE

OUVRAGE POSTHUME DE

BÉRANGER

PARIS — IMP. SIMON RAÇON ET COMP., RUE D'ERFURTH, 1.

P. J. DE BÉRANGER

Né à Paris le 19 Août 1780 — Mort le 16 Juillet 1857.

Tours, 5 septembre 1838.

Mon cher Perrotin,

On ne saurait trop prendre de précautions. En vous cédant tous mes droits sur mes chansons imprimées et publiées par vous (*et je n'en reconnais pas d'autres que celles de l'édition in-8*), en vous cédant, dis-je, tous mes droits sur mes chansons aujourd'hui et à toujours, je vous ai également cédé la propriété des chansons que je pourrais faire jusqu'à l'époque de ma mort, quel qu'en pût être le nombre. Voilà déjà plusieurs années que, pour prix d'acquisition, vous me servez une rente de huit cents francs; cette rente viagère, vous avez voulu dernièrement la porter à douze cents francs : c'est le moins que moi, pour reconnaître tous vos bons procédés, je vous assure par tous les moyens la propriété non-seulement des chansons publiées, mais aussi des chansons que je fais encore de temps à autre.

Sur le cahier où je les écris, j'ai eu soin de mettre : *Ce cahier appartient à M. Perrotin, conformément à l'acte passé sous seing privé entre lui et moi.* Ainsi, à ma mort, vous n'aurez qu'à les réclamer, pour que ces chansons vous soient remises, de même que le peu de notes que j'ai pu faire sur les anciens volumes, notes intercalées dans un exemplaire de ma publication in-12. Mais, comme des papiers peuvent disparaître et se perdre, je veux, quant aux chansons manuscrites, prendre encore une autre précaution. Je vous remets donc une copie faite par moi de ces chansons nouvelles, et vous prie de les déposer entre les mains du notaire qui a votre confiance, M. Defresne : je vous promets de vous envoyer celles que je pourrai faire par la suite pour les ajouter à ce premier dépôt, afin qu'elles attendent là l'époque de ma mort, bien déterminé que je suis à n'en publier aucune désormais, ainsi que le porte la convention faite entre nous. Ayez donc bien soin, mon cher ami, de les tenir sous triple cachet, pour que personne n'en puisse prendre connaissance. S'il me vient des corrections à y faire, je les consignerai sur le cahier qui reste dans mes mains et les joindrai par *errata*, aux envois subséquents que je vous adresserai.

Vous sentez que c'est dans votre seul intérêt et pour l'acquit de ma conscience que je prends tous ces soins qui ne me sont pas ordinaires. Il est juste que je vous assure la propriété exclusive des chansons de ma vieillesse, qui n'auront peut-être d'autre mérite que de compléter les mémoires chantants de ma vie, mais qui auront au moins ce mérite.

Vous concevez que, dans l'impression, il ne faudra pas s'astreindre à l'ordre que j'établis ici. Si cela m'est possible, j'indiquerai dans quel ordre il faudra les publier.

Ce que je vous demande, c'est que, dans le cas improbable où vous viendriez à mourir avant moi, le dépôt que vous ferez chez le notaire me soit remis, sans rupture de cachet ; vous promettant de mon côté de prendre tous les arrangements nécessaires pour assurer à vos héritiers la propriété de ces chansons. Il suffit, je crois, pour cela, que vous laissiez un mot de votre main qui ordonne que la remise du dépôt me soit faite. Cette remise est nécessaire pour que la publication n'ait pas lieu sans mon consentement, dans le cas où votre fortune tomberait dans les mains d'un mineur. Pardonnez-moi de penser ainsi à tout, même aux circonstances les plus pénibles; vous savez que cela est dans mon caractère. Vous en aurez la preuve à ma mort, car vous verrez que dans mon testament j'ai eu soin de faire mention de l'acte passé entre nous, qui vous donne la propriété de mes chansons imprimées et manuscrites.

Comme je pense que vous garderez cette lettre, je suis bien aise de vous y donner un témoignage de ma gratitude pour vos procédés à mon égard. Vous êtes venu à mon secours dans un moment bien difficile; et je dois ajouter, pour ceux qui en ont été surpris, que si je n'ai pas eu une plus grande part dans vos bénéfices, c'est que je n'ai pas jugé cela juste, sachant pour combien votre industrie a été dans le succès de la grande édition. J'ai été au reste bien récompensé de ma conduite par celle que vous avez tenue envers moi. Recevez-en mes remercîments et l'assurance de toute mon amitié.

A vous de cœur,

P. J. DE BÉRANGER.

MA
BIOGRAPHIE

Qu'importe aux grands poëtes que l'histoire de leur vie soit transmise à la postérité? Leur vie est tout entière dans la durée de leurs œuvres et ils n'ont souvent qu'à gagner aux légendes dont, à défaut de vérités positives, les peuples ne manquent pas d'entourer le berceau ou la tombe de leurs poëtes favoris.

Un chansonnier, écho plus ou moins fidèle de son temps, n'a pas à espérer une semblable auréole. Si par hasard ses chants lui survivent quelques années, la génération suivante peut avoir besoin, pour les bien comprendre, de connaître les circonstances et les sentiments individuels qui ont plus particulièrement inspiré leur auteur.

Ainsi m'ont souvent parlé des amis qui me pressaient de laisser des Mémoires et à qui j'ai longtemps répondu : « Qu'est-ce que l'histoire d'un homme qui n'a été rien, dans un siècle où tant de gens ont été ou se sont crus quelque chose? » Mais toujours on répliquait : « Votre biographie écrite par vous peut devenir le meilleur commentaire de vos chansons. »

Ma paresse s'est enfin laissé vaincre, et je consigne ici d'assez nombreux souvenirs personnels. Je dois d'abord prévenir les lecteurs que, quoique contemporain des plus grands événements d'une époque qui a tant produit, je n'ai pas la prétention d'étendre mes récits et mes réflexions au delà du cercle que me trace ma carrière chantante. Préoccupé sans cesse et avant tout des intérêts de mon pays, j'ai été poussé sans doute à approfondir bien des questions d'ordre général ; homme de nature politique, j'ai pu donner mon avis dans des entreprises plus ou moins importantes ; mais dans cette notice ne doivent trouver place que les faits qui me sont particuliers, faits de peu de valeur et souvent très-vulgaires. Quant à la part d'influence que mes relations m'ont fait avoir dans la politique active, je m'en rapporte à ce que voudront en dire les historiens, s'il s'en trouve qui soient tentés de la chercher dans les derniers événements dont la France a été le théâtre.

En lisant ces souvenirs, on sera convaincu que mon caractère méditatif a dû, le plus souvent, me réduire au rôle de spectateur. Aussi, lorsqu'à cinquante ans j'ai vu de près le pouvoir, je n'ai fait que le regarder en passant, comme, dans ma jeunesse indigente, devant un tapis vert chargé d'or, je m'amusais à observer les chances du jeu, sans porter envie à ceux qui tenaient les cartes. Il n'y avait de ma part ni dédain ni sagesse à cela : j'obéissais à mon humeur. Les réflexions qui viendront se mêler à mes narrations se sentiront donc du terre à terre de l'existence qui m'a plu. Aux grands hommes les grandes choses et les grands récits! Ceci n'est que l'histoire d'un faiseur de chansons.

Si l'on choisissait son berceau, j'aurais choisi Paris qui n'a pas attendu notre grande Révolution pour être la ville de la liberté et de l'égalité, et celle où le malheur rencontre peut-être le plus de sympathie. Je vins au monde le 19 août 1780, chez mon bon vieux grand-père Champy, tailleur, rue Montorgueil, dans une maison encore debout aujourd'hui [1].

A me voir naître dans une des rues les plus sales et les plus bruyantes, qui eût pensé que j'aimerais tant les bois, les champs, les fleurs et les oiseaux?

Après avoir été clerc de notaire en province, c'est dans cette rue que mon père [2] avait fait ses débuts à Paris, comme teneur de livres chez un épicier. Dési-

---

[1] Depuis que ceci est écrit, la maison a fait place à un parc aux huîtres. (*Note de Béranger.*)

[2] Jean-François de Béranger, né à Flamicourt, près Péronne, le 7 décembre 1751, marié le 10 août 1779 à Marie-Jeanne Champy.

reux de se lancer dans les affaires, il pensa à se marier à près de trente ans. Une jeune fille de dix-neuf ans, vive, mignonne, bien tournée, passait tous les matins devant la porte de l'épicier pour se rendre au magasin de modes où elle travaillait. Mon père s'en éprit, la demanda et l'obtint du tailleur Champy, qui avait six autres enfants.

Mon grand-père ne donna d'autre dot à son gendre que d'utiles relations, dont celui-ci eût pu tirer parti.

Loin de là; après six mois de mariage et de prodigalités, les deux époux se séparaient, mon père pour aller en Belgique, ma mère pour se retirer chez ses parents; elle travailla de son état de modiste, et ne regretta guère l'absence d'un mari pour qui elle n'eut jamais beaucoup d'affection, quoiqu'il fût bon, aimable, gai et d'un extérieur agréable. Ma naissance faillit coûter la vie à ma mère : il fallut recourir au forceps pour me faire entrer dans ce monde, d'où je voudrais bien sortir avec moins de façon. Plus tard, une grande défiance de moi-même m'ayant fait voir des difficultés aux moindres choses, il m'est arrivé souvent de dire que rien ne m'avait été facile, pas même de naître.

Envoyé en nourrice aux environs d'Auxerre, je restai là plus de trois ans sans que personne se soit jamais beaucoup inquiété de savoir si j'étais bien ou mal : j'étais bien, très-bien même. Quoique ma nourrice eût perdu son lait dès les premiers mois, ainsi qu'on l'apprit plus tard, et qu'à la mode de Bourgogne du pain trempé dans du vin m'ait souvent tenu lieu de bouillie, elle ne m'en éleva pas avec moins de tendresse et de soins. Fort inexactement payée, ce fut pourtant avec peine qu'elle me rendit à mon grand-père, à la charge duquel je restai jusqu'à près de neuf ans. Sa femme et lui avaient été assez peu tendres pour leurs enfants ; mais, fidèles au rôle des grands parents, ils me gâtèrent de leur mieux, firent de mes oncles et tantes mes très-humbles domestiques, et ce n'est pas de leur faute si je ne contractai pas dès lors le goût d'une mise élégante et recherchée. Plusieurs fois atteint de dangereuses maladies, et sujet, dès le berceau, aux plus violentes migraines, je ne fus envoyé que bien tard à l'école, qui pourtant était tout vis-à-vis de la maison, dans l'impasse *de la Bouteille*. Je ne crois pas y avoir été plus de vingt fois, tant j'avais d'adresse à trouver des prétextes pour m'éviter cette pénible corvée. Mes bons parents me l'imposaient à regret, bien qu'ils eussent tous deux le goût de la lecture. Je me rappelle ma grand'mère lisant les romans de Prévost et les œuvres de Voltaire ; et mon grand-père commentant à haute voix l'ouvrage de Raynal, qui alors jouissait d'un succès populaire. J'ai pu douter depuis que ma bonne grand'mère comprît quelque chose à ses lectures, qui pourtant la passionnaient. Elle citait sans cesse *M. de Voltaire*, ce qui ne l'empêchait pas, à la Fête-Dieu, de me faire passer sous le Saint-Sacrement.

L'amour de l'école ne me venait toujours pas. Ce que je préférais de beaucoup, c'était de rester sans bruit dans un coin, à faire des découpures, des dessins, ou de petits paniers avec des noyaux de cerises délicatement évidés et ciselés, chefs-d'œuvre qui m'occupaient des journées entières et causaient l'admiration de tous mes parents.

Ma mère ayant quitté sa famille pour vivre seule, j'allais de temps à autre passer huit ou quinze jours auprès d'elle près du Temple[1], ce qui apportait un étrange changement à la vie que je menais rue Montorgueil. Souvent elle me conduisait aux théâtres du boulevard ou à quelques bals et à des parties de campagne.

J'écoutais beaucoup et je parlais peu. J'apprenais bien des choses, mais je n'apprenais pas à lire.

Toujours séparé de ma mère, mon père alors habitait l'Anjou[2] et je ne l'avais vu qu'une ou deux fois à son passage à Paris. Il y revint au commencement de 1789, et l'on décida que je serais mis en

---

[1] Rue Notre-Dame-de-Nazareth.
[2] Durtal, où il était devenu avocat et notaire seigneurial.

pension au faubourg Saint-Antoine[1], où l'on me conduisit bientôt et d'où je vis prendre la Bastille du haut des toits de la maison. C'est à peu près le seul enseignement que j'y reçus, car je ne me rappelle pas qu'on m'y ait donné aucune leçon de lecture et d'écriture. Pourtant j'avais déjà lu *la Henriade* avec notes et variantes, et une traduction de *la Jérusalem*, par Mirabaud, présents d'un oncle[2], tailleur comme mon grand-père, qui voulait me donner le goût des livres. Comment avais-je appris à lire? Je n'ai jamais pu m'en rendre compte.

Le peu de temps que je passai dans cette pension m'a laissé deux souvenirs, outre la prise de la Bastille, que j'ai plaisir à me retracer.

Un vieillard y venait souvent visiter son petit-fils, le plus âgé des élèves, qui, à ce titre, avait la jouissance particulière d'un coin de jardin orné d'une verte tonnelle, sous laquelle le vieillard aimait à s'asseoir. A travers les capucines et les pois de senteur, j'allais silencieusement regarder le vénérable octogénaire, dont j'avais entendu plusieurs fois répéter le nom par mes camarades. C'était Favart[3], fondateur de l'Opéra-Comique, auteur de beaucoup de pièces à grand succès, entre autres, *Annette et Lubin; la*

---

[1] Rue des Boulets, chez l'abbé Chantereau.
[2] L'oncle Merlot.
[3] Né en 1710, mort en 1792.

Chercheuse d'esprit et *les Trois Sultanes*. Je me demande encore aujourd'hui pourquoi, dans mon ignorance, je prenais plaisir à considérer curieusement ce vieux poëte dont je ne pouvais apprécier ni les titres ni la réputation.

Était-ce l'instinct de mon sort à venir qui m'attirait vers cet auteur de tant de poésies chantées, vers ce Favart qui, parlant de ses courses dramatiques, à la suite des camps, a dit : « Le maréchal de Saxe m'avait institué le chansonnier de l'armée? »

Mon autre souvenir est d'une nature différente. Au nombre des pensionnaires se trouvaient plusieurs enfants de Grammont, acteur tragique du Théâtre-Français. Je vois encore le plus jeune, vêtu d'une houppelande rouge, défroque héroïque de son père. Combien j'étais ravi quand il nous répétait le rôle de Joas, que déjà on lui faisait jouer ! Je m'étais lié avec cet élève, parce qu'il était doux et tranquille, ce qui convenait à ma rêveuse nonchalance. Il n'en était pas ainsi de Grammont l'aîné, âgé d'au moins quinze ans ; celui-ci m'inspirait une terreur extrême par les mauvais traitements qu'il me faisait subir. Heureusement nos rencontres étaient rares : il appartenait à la catégorie des grands ; j'étais avec les petits. J'ai soupçonné plus tard la cause de son aversion pour moi.

J'avais là, pour protectrice, une parente de mon

grand-père qui connaissait depuis longtemps l'abbé***, maître de la pension. Pour complaire à ma cousine, les subordonnés me dorlotaient ; et, grâce à mes fréquentes migraines, j'étais souvent exempté d'aller en classe. De pareilles faveurs me rendaient un objet d'envie. Un jour solennel fit éclater la haine de Grammont. A la distribution des prix, auxquels je n'avais aucune prétention, et que sans regret je voyais donner à mes camarades plus jeunes que moi, n'eus-je pas le malheur insigne d'être gratifié de la croix de sagesse, cet éternel partage des ânes de collége ? J'y avais bien quelque droit, *puisqu'il faut parler net,* car je n'étais ni joueur, ni bruyant, ni indocile. Mais les élèves ne manquèrent pas de crier *haro sur le baudet.* Ce qui n'empêcha pas de me décorer de la maudite croix. Si j'en conçus de l'orgueil, cet orgueil fut de courte durée. Ce jour-là même, dans la cour de récréation, où étaient réunis les pensionnaires de tout âge que les parents n'avaient pas encore emmenés en vacances, j'étais à la grille de la rue et lorgnais les marchands de gâteaux et de fruits qui venaient tenter la maigre bourse des écoliers. Les petites sommes que les parents font distribuer à leurs enfants sous le nom de *semaine* s'échangeaient rapidement contre de si douces friandises. Hélas ! j'étais condamné au seul plaisir de les passer en revue, car moi, je n'avais pas de *semaine.* Une pomme énorme, d'un vermillon appétissant, excitait surtout ma convoitise. Je la dévorais de mes yeux d'enfant, quand une rude voix vint me crier à l'oreille : « Prends la pomme ! prends ! ou je te donne une belle volée. » Ce n'était pas le serpent tentateur, c'était le terrible Grammont. Son poignet de fer me pressait contre la grille. Que se passa-t-il dans mon âme candide? Je n'osais ; mais la frayeur, venant en aide à la gourmandise, triompha si bien, que cédant aux injonctions de mon ennemi, et sans respect de ma décoration nouvelle, j'étends la main en tremblant, et saisis furtivement la pomme fatale. Le crime est à peine consommé, que Grammont m'appréhende au collet, crie au voleur, et fait voir le corps du délit à toute la pension rassemblée. Quel scandale ! le modèle de la sagesse tombé dans une pareille faute ! On me conduisit devant les professeurs ; mais mon trouble était si grand, que je ne pus entendre quel arrêt fut porté. Sans doute la mauvaise réputation de l'accusateur, détesté des élèves et des maîtres, et quelques témoignages bienveillants éclairèrent la conscience des juges.

Toujours est-il certain qu'on me fit rendre la croix que d'abord Grammont m'avait arrachée. Je ne sais si c'est à cette scène, qui me coûta bien des larmes, que depuis j'ai dû mon aversion pour les pommes et mon peu de goût pour les croix.

Combien j'ai ri de fois en me rappelant cette aventure d'enfance ! Quant à Grammont, heureux s'il s'en fût tenu à de semblables espiègleries !

Quatre ans plus tard, j'apprenais que, devenu, avec son père, un des chefs de l'armée révolutionnaire qui couvrit de sang et de ruines les départements de l'Ouest, le père et le fils avaient commis tant d'atrocités, que pour faire un exemple le Comité de salut public les livrait à la guillotine, qu'ils traînaient dans le bagage de leur armée.

J'appris cette mort avec effroi. J'avais déjà éprouvé quel effet produisait sur moi la vue du sang versé par le meurtre. En octobre 1789, un jour de vacances à la pension, comme je traversais la rue avec une de mes tantes, nous nous trouvons entourés d'une foule d'hommes et de femmes effrayantes à voir. Ils portaient au bout de longues piques les têtes des gardes du corps massacrés à Versailles. A ce spectacle, j'éprouvai une telle horreur, qu'en y pensant j'y vois encore une de ces têtes sanglantes qui passa tout près de moi. Aussi ai-je béni le ciel d'avoir été éloigné de Paris pendant la Terreur.

Bientôt las de payer ma modique pension, mon père, qui était devenu notaire à Durtal, m'envoya à Péronne, ville aux environs de laquelle il était né dans un cabaret de village, ce qui ne l'empêchait pas d'affecter des prétentions à la noblesse. Il les appuyait de folles traditions de famille qui lui ont fait me donner, dans mon acte de naissance, la particule féodale dont il se para toujours et à laquelle ma mère, bien que fille de tailleur, ne tenait pas moins que lui. Je dois dire, pour sa justification, que c'était la manie des chefs de la famille[1]. Mon grand-père avait les mêmes prétentions, tout cabaretier qu'il fût obligé d'être par l'abandon où on l'avait laissé, son père étant allé se remarier en Angleterre, sous le nom de Béranger de Formentel. Ces idées nobiliaires sont encore très-communes en France. J'ai connu un petit bourgeois picard qui établissait, avec une grande assurance, sa parenté avec la maison de Bourbon. Au moins cela valait la peine de se faire illusion.

Quant à moi, ce n'est qu'après avoir vu attribuer de mauvais vers de ma façon, imprimés dans un Almanach, à un M. Bérenger, auteur des *Soirées provençales*, que, d'après le conseil d'Arnault, je me décidai à user du *de* et à faire précéder mon nom des initiales de mes noms de baptême ; j'établissais ainsi une différence entre ma signature et celle de plusieurs Béranger qui écrivaient à cette époque, et dont l'un fit, je crois, des vers sur la naissance du

---

[1] Voir, en tête du tome Ier de la *Correspondance* de Béranger, la curieuse généalogie rédigée par le père de Béranger, à Bruxelles, en 1780.

roi de Rome qu'à mon tour je me vis attribuer. Je ne réclamai pas cette fois, mais j'avais écrit plusieurs lettres à *la Quotidienne* en faveur de l'autre Bérenger, que j'aurais voulu voir déclarer innocent de mes rimes malencontreuses. *La Quotidienne* ne tint aucun compte de mon témoignage ; il résulta de tout cela une particule de plus en littérature. A la Restauration, quelques amis voulaient que je la supprimasse ; mais j'avais assez de confiance dans mes principes pour ne pas chercher à en faire preuve d'une façon aussi puérile. J'ai eu de mon père, pour toute succession, une généalogie armoriée, à laquelle il ne manque que des pièces justificatives, l'exactitude historique et les vraisemblances morales.

Mais revenons à mon voyage en Picardie. C'était à une de ses sœurs[1], veuve sans enfants, que, sans l'en avoir prévenue, mon père m'expédia par la diligence. Je me vois arrivant, avec une vieille cousine, ma conductrice, à la petite auberge de l'*Épée-Royale*, que cette tante tenait dans un des faubourgs de Péronne et qui était toute sa fortune. Je ne la connaissais pas : elle m'accueille avec hésitation, lit la lettre de mon père qui me recommandait, puis dit à la

[1] Marie-Victoire, né le 12 mars 1753, mariée le 9 janvier 1776 à Jean-Louis Turbeaux, marchand de bois et aubergiste au faubourg de Bretagne. Veuve le 13 janvier 1788, et mariée en secondes noces, le deuxième jour des sans-culottides de l'an II, à Charles Bouvet ; madame Bouvet est morte en 1839, à quatre-vingt-six ans.

cousine : « Il m'est impossible de m'en charger. »
Ce moment m'est présent encore. Mon grand-père, frappé de paralysie et retiré avec un revenu insuffisant, ne pouvait me garder. Mon père rejetait le fardeau et ma mère n'avait nul souci de moi. Je n'avais que neuf ans et demi, mais je me sentais repoussé de tous. Qu'allais-je devenir? De pareilles scènes mûrissent vite la raison chez ceux qui sont nés pour en avoir un peu.

En grandissant je suis devenu laid, mais j'ai été un bel enfant et me suis dit souvent que j'en devais bénir la Providence. Cette beauté du premier âge peut exercer son influence sur toute notre vie, par les sourires dont elle nous entoure au moment où l'on a tant besoin d'appui. Je ne veux pas diminuer le mérite de l'action de ma tante, mais je la vois me regarder du coin de l'œil, puis, émue, attendrie, elle me presse dans ses bras et me dit, les larmes aux yeux : « Pauvre abandonné, je te servirai de mère ! » Jamais promesse ne fut mieux tenue.

J'ai perdu, il y a quelque temps, cette excellente femme, qui s'est éteinte à quatre-vingt-six ans, après avoir dicté son épitaphe, que voici :

JAMAIS ELLE NE FUT MÈRE,
ET POURTANT ELLE A LAISSÉ DES ENFANTS QUI LA PLEURENT.

Son neveu le poëte n'eût pas trouvé mieux à dire,

mais qu'il lui soit permis de placer ici l'éloge de celle qui fut sa véritable mère. Née avec un esprit supérieur, elle avait suppléé à l'éducation qui lui manquait par des lectures sérieuses et choisies. Enthousiaste de toutes les choses grandes, elle s'inquiétait encore, dans ses dernières années, des découvertes nouvelles, des progrès de l'industrie et même des embellissements de la capitale. Comme elle était capable d'une vive exaltation, la Révolution en fit une républicaine aussi ardente que son humanité pouvait le permettre, et toujours elle sut allier au patriotisme les sentiments religieux qu'une âme tendre doit souvent plus à sa propre nature qu'à son éducation première. Telle était la pauvre aubergiste qui se chargea du soin de ma seconde enfance. C'est dans *Télémaque*, dans Racine, dans le théâtre de Voltaire, qui composaient toute sa bibliothèque, qu'elle acheva de m'apprendre à lire; car, bien que je susse presque par cœur deux poëmes épiques, je ne savais lire que des yeux, et j'étais incapable d'assembler deux syllabes à haute voix, la valeur des consonnances ne m'ayant jamais été enseignée. Enfin, un vieux maître d'école m'apprit à écrire et à calculer plus régulièrement que je ne me l'étais appris moi-même. Là s'arrêtèrent mes études : ma tante n'avait pas le moyen de m'en faire faire de plus brillantes; et d'ailleurs Péronne vit alors fermer son collége.

J'avais pour le dessin un goût très-vif, qu'elle eût désiré cultiver, mais pour cela encore les dépenses étaient un obstacle. L'éducation morale ne fut pas aussi restreinte, grâce aux leçons que sur tous les sujets elle savait approprier à mon âge, et aussi à mon intelligence, dont le développement fut assez rapide jusqu'à douze ans. La maîtresse crut devoir quelquefois recourir aux avis de son élève. Voilà donc près de cinquante ans que je donne des conseils aux autres. Il paraît que j'étais destiné à ce sot métier, aussi peu profitable à celui qui le prend qu'à ceux pour qui on le fait. Cette raison précoce, va-t-on me dire, vous empêcha-t-elle vous-même de faillir souvent ? Hélas ! non ; mais cette raison me fit de bonne heure garder mémoire de mes moindres fautes, et c'est à cela que je dois de pouvoir sans trop rougir aujourd'hui me rappeler les leçons de mon institutrice.

Je vais rapporter un fait qui donnera l'idée des moyens qu'elle employait pour m'inculquer ses principes.

A l'époque de la Terreur, quelques-uns de ses amis, habitants d'un prochain village, furent arrêtés et conduits à Péronne, au milieu de la nuit, pour y être incarcérés. En passant devant notre auberge, il leur fut permis de parler à ma tante. Le bruit de cette visite ne m'avait pas réveillé, et, le matin, sans m'instruire de cette arrestation, elle m'emmène à la ville, où je la vois avec surprise se diriger vers la prison. Lorsqu'elle est près de frapper au guichet : « Mon enfant, me dit-elle, nous allons voir d'honnêtes gens, de bons citoyens privés de leur liberté par une accusation calomnieuse : j'ai voulu t'apprendre à combien de persécutions la vertu est exposée dans les temps de troubles politiques. »

De pareilles leçons, données ainsi, restent profondément gravées dans un jeune esprit.

Il m'en fut donné d'un autre genre. Tant que les églises restèrent ouvertes, ma tante m'y conduisit ou m'y envoya exactement. Elle me força même de servir la messe d'un prêtre de sa connaissance, à qui, depuis, frère Jean des Entomeures m'a souvent fait penser. Il fallut apprendre le latin de l'office, et, chose bizarre, malgré mon excellente mémoire, je ne pus jamais savoir de latin par cœur. Aussi, à ma première communion, le curé, au mépris des canons, fut contraint de me laisser dire mes prières en français.

Pour en revenir à mon apprentissage d'enfant de chœur, je le remplis si gauchement, j'estropiai ou embrouillai si bien les répons, j'usai si maladroitement des burettes, que l'abbé, qui pourtant n'y devait pas regarder de trop près, voyant un jour qu'il ne restait plus [de vin pour la consécration, me lança une épithète qui n'avait rien de sacramentel, finit la messe à la hâte, et regagna la sacristie en jurant qu'il ne m'admettrait plus à l'honneur de servir l'autel. Je n'avais nulle envie d'y retourner. Il me plaisait bien plus d'écouter parler politique. Il est inutile de rapporter toutes les circonstances qui expliquent comment, si jeune, je pris tant d'intérêt à notre grande Révolution et jusqu'à quel point dut s'exalter mon patriotisme.

Dans quelle triste anxiété nous jetait alors, ma tante et moi, l'invasion des armées coalisées, dont les avant-postes dépassèrent Cambrai ! Le soir, assis à la porte de l'auberge, nous prêtions l'oreille au bruit du canon des Anglais et des Autrichiens assiégeant Valenciennes, à seize lieues de Péronne. Chaque jour l'horreur de l'étranger grandissait en moi. Aussi, avec quelle joie j'entendais proclamer les victoires de la République ! Lorsque le canon annonça la prise de Toulon, j'étais sur le rempart, et, à chaque coup, mon cœur battait avec tant de violence, que je fus obligé de m'asseoir sur l'herbe pour reprendre ma respiration.

Aujourd'hui que, chez nous, le patriotisme sommeille, ces émotions d'un enfant doivent paraître étranges. On ne sera pas moins surpris si je dis qu'à soixante ans je conserve cette exaltation patriotique et qu'il faut tout ce qu'il y a en moi d'amour de l'humanité et de raison éclairée par l'expérience pour m'empêcher de lancer contre les peuples nos rivaux les mêmes malédictions que leur prodiguait ma jeunesse.

Ce sentiment si vif, d'autant plus vif peut-être que, dans le monde, je l'ai concentré de bonne heure, ainsi que tous mes autres sentiments, a influé jusque sur mes jugements littéraires. Mes amis se sont parfois étonnés du peu de goût que m'inspira Voltaire, malgré mon admiration pour son rôle de réformateur et pour la merveilleuse fécondité de son puissant génie. Cette espèce de froideur[1] dans l'appréciation d'une partie de ses œuvres n'a pas attendu qu'on en fît une mode en France; elle date de l'époque où, jeune encore, je crus m'apercevoir de ses préférences injustes pour les étrangers; et je le pris presque en haine lorsque plus tard je lus le poëme où il outrage Jeanne d'Arc, véritable divinité patriotique, qui, dès l'enfance, fut l'objet de mon culte. Voilà ce que je n'oserais dire aujourd'hui, si j'avais insulté Napoléon mourant captif des Anglais.

Qu'on me pardonne d'insister sur cet amour de la patrie qui fut la grande, je devrais dire l'unique

[1] « Il est temps que toute justice soit rendue au vieillard de Ferney. Les hommes de la génération qui l'a suivi ont été ingrats bien promptement envers lui. Moi-même, je le reconnais, je n'ai pas toujours été assez respectueux devant cette grande figure de prophète. » (*Lettres de Béranger*, 25 juin 1855.)

passion de ma vie. Sauf les fièvres et les migraines de plus en plus douloureuses, ma santé n'éprouva d'accident à Péronne que celui qui eût pu supprimer tous les autres. Au mois de mai 1792, j'étais debout sur le seuil de la porte, à la fin d'un orage; le tonnerre tombe, éclate, passé sur moi, et me jette à terre, complétement asphyxié. Une épaisse fumée remplit la maison, dont la foudre a dévasté l'intérieur et lézardé les pignons. Ma tante, ne s'occupant que de moi, qu'elle voit étendu mort, me saisit, me porte dans ses bras, et m'expose à l'air et à la pluie. Au milieu de la foule accourue, elle me tâte le pouls, le cœur, y cherche en vain quelque signe d'existence, et s'écrie : « Il est mort ! » Je pus l'entendre, long-temps avant que je pusse faire un mouvement et dire un mot pour la rassurer. Enfin, rappelé insensiblement à moi, après avoir répondu à ses caresses de joie, je laissai échapper une réflexion d'enfant raisonneur, qu'elle m'a bien souvent reprochée, en ajoutant chaque fois : « Je vis bien que tu ne serais jamais dévot. » J'ai dit qu'elle était sincèrement religieuse. Lorsqu'un orage s'annonçait, elle aspergeait la maison d'eau bénite. « C'est pour nous préserver du tonnerre, » m'avait-elle dit. Revenu à la vie, encore étendu sur le lit d'un voisin, et me faisant raconter ce qui venait d'arriver : « Eh bien, m'écriai-je, à quoi sert ton eau bénite ? »

Je fus longtemps à me remettre de la terrible secousse que j'avais reçue, et ma vue, jusque-là fort bonne, parut en avoir beaucoup souffert, au point qu'on ne put me mettre en apprentissage dans l'horlogerie, état qui avait de l'attrait pour moi et qui convenait à mon extrême dextérité. Pourtant il me fallait un métier, et je m'appuyais sur une phrase bien connue de Rousseau [1].

Ma tante sentait aussi que l'aider à tenir son auberge ne m'assurait point d'avenir. Elle s'était d'ailleurs aperçue que ma petite vanité était blessée quand il me fallait servir à table ou aller à l'écurie, et elle se disait que ma frêle constitution ne convenait pas à toute sorte de travaux. L'orfévrerie fut mon premier essai. Mais j'eus affaire à un pauvre maître qui m'entretenait de ses amours et ne m'apprit du reste qu'à travailler un peu le cuivre. De son établi je passai saute-ruisseau chez un notaire devenu juge de paix. Ce magistrat, ami de ma tante, dont l'esprit lui plaisait, me combla de marques de bienveillance, et son souvenir devait rester un des plus doux souvenirs de ma jeunesse.

M. Ballue de Bellenglise, disciple fervent de Rousseau et partisan chaleureux de la Révolution, fut appelé à l'Assemblée législative. Revenu à Péronne,

---

[1] « Je veux qu'Émile ait un état. »

à la fin de sa mission, il y fonda des écoles primaires gratuites sur un plan digne peut-être d'un examen sérieux.

Plus désireux de former des hommes que des savants, M. de Bellenglise avait voulu que les élèves se disciplinassent eux-mêmes. Ils élisaient entre eux des juges, des membres de district, un maire, des officiers municipaux, un juge de paix, qui devaient tous fonctionner dans un cercle de pouvoirs conformes aux besoins d'une association de marmots dont le plus âgé avait peut-être quinze ans. Il y avait une force armée qui se composait de tous les élèves, divisés en chasseurs, grenadiers et artilleurs, faisant aussi l'élection de leurs chefs. Nous portions en promenade nos piques et nos sabres, et traînions un caisson avec une petite pièce de canon, que nous apprenions à manœuvrer. Si les fusils nous manquaient, c'est qu'alors on n'en fabriquait pas assez pour les douze armées qui défendaient la République.

Nous avions aussi un club, dont les séances attiraient la foule des Péronnais de tout âge. Quant aux études, le latin en était banni par le fondateur, docte latiniste pourtant ; et, malgré ses représentations, nous donnions peu d'attention à la grammaire que nous enseignait un vieux prêtre, pour qui cet établissement était, pendant ce temps de crise, un refuge bien utile. Les chants républicains avaient plus d'attrait pour nous que les leçons de langue, et, comme dans ma famille tout le monde chantait, c'est sans doute alors qu'est né en moi le goût de la chanson. J'aurais dû aussi contracter l'habitude de parler en public; car, toujours nommé président de notre club, j'étais obligé de faire des allocutions aux conventionnels qui passaient à Péronne et je prononçais des discours de ma composition dans les cérémonies nationales où nous avions notre place marquée. Ajoutez que, dans les grandes circonstances, on me chargeait de rédiger des adresses à la Convention et à Maximilien Robespierre.

A part cette invasion que des bambins faisaient d'eux-mêmes dans la haute politique et le peu de soin donné aux études, double inconvénient né de l'effervescence révolutionnaire, auquel M. de Bellenglise s'opposait en vain, il m'a toujours semblé que le plan d'éducation qu'il avait conçu était, quant à la base, celui qui convenait le mieux pour donner des citoyens, dans un pays où l'élection serait l'unique pivot du gouvernement.

Notre Lycurgue en avait étendu l'application à l'éducation des jeunes filles, en la subordonnant toutefois aux convenances de leur sexe.

Inculquer à l'enfance l'amour des formes et des principes établis dans la société qui l'attend, c'est donner la valeur d'une durée de plusieurs siècles aux institutions sorties plus ou moins nouvellement des principes qui ont exigé ces formes; c'est faire naître une précoce expérience chez les enfants qu'un nouveau régime politique a vus naître, et les habituer non-seulement à la pratique, mais encore à l'étude curieuse des lois qui restent à perfectionner. Nos grands établissements d'instruction font-ils autre chose que quelques savants et beaucoup d'écoliers? des hommes, en sort-il grand nombre? des citoyens, il n'en est pas question.

La fondation de M. de Bellenglise n'eut qu'une courte durée : on clabauda, et elle fut bien vite abandonnée. Malheur à l'homme supérieur condamné à vivre dans une petite ville, surtout s'il y est né! Le moindre inconvénient pour lui est de n'y trouver personne qui le comprenne; la sottise et la jalousie s'acharnent à lui susciter des ennemis. M. de Bellenglise en eut d'assez nombreux, mais il semblait ne pas s'en apercevoir.

Cet homme, c'était Fénelon républicain. Jamais je n'ai pu me représenter l'auteur du *Télémaque* avec une autre figure, avec un autre son de voix que la figure et que le son de voix de ce vénérable ami de mon enfance. Sa mine simple et grave ne ressemblait à celle d'aucun autre. Je me rappelle ses beaux yeux, son teint blanc, sa bouche souriante;

je vois sa large lévite brune, qui tombait jusqu'à ses pieds, avec un seul rang de boutons, et son large chapeau rond. Qu'il me semblait imposant! Deux petits chiens l'accompagnaient dans ses promenades solitaires, et tour à tour il les portait quand la course était trop longue pour eux. Chez lui, au milieu d'un amas de fleurs, un peuple de charmants oiseaux l'amusait de ses chants, qui ne troublaient ni son travail ni ses méditations. M. de Bellenglise, initié à toutes les sciences, sensible à tous les arts, avait joué avec le plus grand succès la comédie et surtout le drame, genre encore nouveau alors. Aussi avait-il fait naître en nous l'idée d'apprendre des rôles qu'il se plaisait à nous faire répéter. Son élocution était pleine de grâce, quoique brève; sa morale douce et pénétrante; il n'avait pas besoin de dire : *Laissez venir ces petits vers moi*, pour que nous nous précipitassions sur ses pas.

Mes parents m'ont souvent répété que, dans son affection pour moi, il leur avait prédit que je me ferais remarquer un jour. Le peu que j'ai été, il n'a pu le savoir, car il mourut à Amiens, dans un âge peu avancé, président de la cour criminelle du département de la Somme. Ces hautes fonctions lui furent douloureuses, et on l'a vu, contraint de condamner un malheureux qui s'était vengé par l'incendie d'une spoliation inique, mais légale, frapper, en pleine audience, le spoliateur d'une réprobation si énergique, que celui-ci, malgré toutes ses richesses, fut obligé de s'éloigner du département. M. de Bellenglise repoussait la peine de mort, et, à chaque passage du Premier consul à Amiens, il ne manquait pas d'essayer de lui en démontrer l'injustice et l'inutilité. Homme excellent, vrai philosophe, bienveillant et aumônieux, que ta mémoire soit bénie!

C'est lui qui me fit entrer dans l'imprimerie que, grâce à son appui, le libraire Laisney venait d'établir à Péronne. J'y passai près de deux ans, m'adonnant avec goût aux travaux de la typographie, mais sans me perfectionner dans l'orthographe. Cette étude m'a toujours trouvé récalcitrant, malgré les soins du fils Laisney, qui, un peu plus âgé que moi, devint mon ami et chercha à m'enseigner les principes de la langue. Il ne parvint guère qu'à m'initier aux règles de la versification. Je ne dirai pas qu'il m'en donna le goût; je l'avais depuis longtemps. A douze ans, incapable de deviner que les vers fussent soumis à une mesure quelconque, je traçais des lignes rimées, tant bien que mal, mais de la même longueur, grâce à deux raies de crayon, tirées du haut en bas du papier, et croyais faire ainsi des vers aussi réguliers que ceux de Racine. Les vers libres de la Fontaine avaient pourtant fini par me faire soupçonner qu'il y avait bien quelque chose à redire à ma méthode. .

Ma tante s'était remariée à un M. Bouvet, homme d'instruction, d'esprit, de génie peut-être, mais d'une bizarrerie d'humeur qui, approchant de la folie, m'a donné la clef du caractère de Rousseau, dont il semblait avoir les idées et dont sa parole simulait quelquefois l'éloquence. Il tenta aussi vainement de m'enseigner le français; moins qu'un autre, il pouvait avoir d'ascendant sur moi, qui, déjà exercé à juger ceux qui m'entouraient, ne tardai pas à m'apercevoir qu'il rendait ma tante malheureuse, ce que je n'avais que trop prédit. Aussi avais-je tâché de la détourner de ce mariage. « J'aurais dû t'écouter, » me disait souvent la pauvre femme.

Tandis qu'elle me nourrissait de maximes républicaines, dans une ville préservée par André Dumont[1] des meurtres qui, à quelques lieues de là,

[1] Peu de conventionnels en mission se sont livrés à des déclamations aussi furibondes qu'André Dumont; il dut à cela d'inspirer une confiance qu'il fit tourner au profit de son département. Beaucoup d'arrestations eurent lieu à grand bruit, mais un ou deux imprudents furent, à Amiens, les seules victimes sacrifiées au salut de tous. J'ai toujours été surpris du peu de reconnaissance qu'inspire à ses concitoyens cet homme, dont l'humanité contrastait si courageusement avec la cruauté de beaucoup de ses collègues. Je l'ai vu faire publiquement justice de dénonciations absurdes et envoyer les dénonciateurs en prison. Je ne savais pas alors tout ce qu'il courait de risques en agissant ainsi. (*Note de Béranger.*)

ensanglantaient Arras, où régnait le farouche Lebon, mon père était devenu, en Bretagne, intendant de la comtesse de Bourmont, dont le fils est aujourd'hui maréchal. On l'avait arrêté comme fédéraliste[1], et il faisait partie des cent trente-deux Nantais sous le nom de Béranger de Mersix. Mes parents me cachèrent son arrestation et la souffrance qu'il éprouva jusqu'au moment de sa délivrance, obtenue par jugement après le 9 thermidor[2].

Lorsqu'il vint nous voir en 1795, il ne fut pas peu scandalisé de mes opinions si opposées aux siennes, car il était fou de royalisme. Aussi tenta-t-il une conversion que ma jeunesse lui faisait supposer facile; mais il s'aperçut bientôt qu'il avait affaire à un petit ergoteur, qui ne cédait pas plus aux sermons qu'aux caresses. Il s'en dépita et eut avec ma tante, et devant moi, une conversation que je n'ai pu oublier, car elle-même en a souvent ri depuis en me la rappelant. « Ma sœur, lui dit-il, cet enfant est gangrené de jacobinisme. — Dites donc nourri de républicanisme, mon frère. Dans ce pays, le jacobinisme n'a été qu'un mot. — Jacobin ou républicain, c'est tout un pour moi, et ce marmot a sucé le lait des plus mauvaises doctrines.

---

[1] Au mois de pluviôse an II. Il resta en prison de décembre 1793 à septembre 1794.
[2] Le 28 fructidor.

— Ce sont les miennes et celles des meilleurs citoyens. — Comment avez-vous pu, religieuse comme vous l'êtes, vous hâter de lui faire faire sa première communion par un prêtre assermenté? — Valait-il mieux attendre qu'il n'y eût plus ni prêtres ni églises, ce qui est arrivé bientôt après? — Sans doute, dans l'intérêt de la religion qui doit renaître avec la royauté. — J'aime bien, mon frère, à vous entendre parler de religion, vous qui n'avez pas l'ombre de foi! — Ma sœur, nous autres aristocrates, nous devons défendre le trône et l'autel. C'est pour avoir servi leur cause que j'ai été traîné de prison en prison pendant plus d'un an, et que, sans une grâce du ciel, j'allais monter sur l'échafaud. — Dites plutôt que c'est votre vanité qui vous a fait vous associer à des gens qui ne faisaient pas plus de cas de vous pour cela. Mais laissons les opinions, que je voudrais voir libres, et revenons à votre fils. — Eh bien, que voulez-vous que j'en fasse maintenant? — Ce que vous en avez fait jusqu'ici. Hier, en le voyant présider son club avec aplomb, en l'entendant parler de la patrie en termes chaleureux et touchants, lorsque les applaudissements accueillaient ses paroles, les larmes vous venaient aux yeux. — Je ne nie pas son intelligence, ma sœur; mais, royaliste dévoué, ne dois-je pas m'effrayer de l'usage qu'il en pourra faire? — Il l'emploiera à servir la République. — Mon Dieu! vous ne voulez donc pas entendre raison? Votre République n'a plus six mois à vivre; je vous l'ai déjà dit : nos maîtres légitimes vont rentrer.

« Un de ceux qui, dans Paris, préparent leur retour, M. le comte de Clermont-Gallerande[1], me l'assurait encore il y a peu de jours, et c'est l'avis du jeune comte de Bourmont[2], qui combat pour eux dans la

---

[1] Le marquis de Clermont-Gallerande, issu des Clermont du Beauvoisis, est né à Paris en 1744 (30 juillet), et mort en 1823 (16 avril). Maréchal de camp en 1784, il fit partie, depuis le 9 thermidor jusqu'au 18 brumaire, du conseil chargé de veiller en France aux intérêts de Louis XVIII Pair de France dès les premiers jours de la Restauration (4 juin 1814), il a laissé des Mémoires publiés en 1825. Ces Mémoires forment 3 volumes in-8° qui ne sont pas sans intérêt, quoiqu'ils n'aient pas une bien grande valeur historique, et que l'écrivain s'y montre presque partout homme de parti mal informé.

[2] M. de Bourmont (Louis-Auguste-Victor, comte de Ghaisne de), né le 2 septembre 1773, n'avait que sept ans de plus que Béranger. On sait qu'après avoir combattu dans la Vendée il fut emprisonné sous le consulat, s'échappa de sa prison de Besançon et passa en Espagne, où il prit du service dans l'état-major de Junot quand nos troupes eurent à battre en retraite devant les Anglais. Rallié dès lors au drapeau tricolore, il gagna le grade de général de division au combat de Nogent, en 1814, dans la campagne sacrée. En 1815, il hésitait à reprendre du service. Ses amis disent qu'il ne s'arma qu'en croyant le sol de la patrie menacé d'un morcellement par l'ennemi, et que ce fut parce qu'il fut rassuré que le 15 juin, la veille de la bataille de Ligny, il mit son cheval au galop en dehors de nos lignes. Sa conduite en juillet et en août fut honorable. Il empêcha l'ennemi d'occuper une partie de la Flandre. L'expédition d'Espagne s'acheva, en 1823, sous son commandement. Ministre de la guerre dans le cabinet Polignac, il prépara l'expédition d'Algérie et donna l'Algérie à la France. Il rentra dans sa patrie

Bretagne. Dans six mois, vous dis-je, nous pourrons nous jeter aux pieds de Louis XVIII. — Qu'est-ce que cela, Louis XVIII? — C'est votre roi, ma sœur, le mien, celui de la France et de la Navarre, depuis la mort de Louis XVII. Ne savez-vous pas que ce jeune et infortuné prince vient d'expirer au Temple[1], victime des traitements les plus odieux! — Oh! ne m'en parlez pas; j'ai bien gémi sur le sort de ce pauvre petit. Mais que fait sa mort pour ses oncles et surtout pour votre fils? — Cela fait que, les Bourbons revenant, j'espère faire entrer mon fils dans les pages de Sa Majesté. — En vérité, Béranger, vous êtes fou! Si nous avions le malheur de revoir cette famille qui a armé toute l'Europe contre la France, croyez-vous que vous obtiendriez un regard du moindre de ses princes? — Certes, je ferai mes preuves de noblesse. — Allons! encore vos billevesées. N'oubliez donc pas que vous êtes né dans un cabaret de village, et que notre bonne mère[2] avait été servante et n'en avait pas moins de bon sens

---

en 1840, et mourut au château de Bourmont, où il était né, le 27 octobre 1846. En 1832, il avait paru en Vendée avec la duchesse de Berry, et il était ensuite allé en Portugal soutenir la cause de dom Miguel.

[1] Le 8 juin 1795, à l'âge de dix ans dix mois et deux jours.

[2] Marie-Marguerite Levasseur, mariée le 23 avril 1749 à Jean-Louis Béranger, née à Tertry, entre Ham et Péronne, le 10 août 1720, Marie-Marguerite Levasseur est morte à Péronne le 12 octobre 1782, et Jean-Louis Béranger est mort, marchand de vin à Flamicourt, près Péronne, le 24 novembre 1763.

pour cela. La digne femme, il est vrai, convenait en riant que vous et votre père deviez avoir du sang noble dans les veines. « Mon mari, disait-elle, ne « faisait œuvre de ses dix doigts et s'enivrait du vin « de son cabaret, en bon gentilhomme campagnard. « Quand à mon fils, il ne peut pas plus vivre sans « dettes qu'un grand seigneur. » — Ma sœur, tous vos quolibets n'empêcheront pas que mon fils, chef de la famille après moi, ne devienne page de Sa Majesté. — Votre fils ne voudra jamais devenir laquais. — Qu'appelez-vous laquais ! un page du roi ! mais c'est un honneur envié par les plus grandes maisons. — Cela me rassure pour lui. — Ma sœur, au retour des Bourbons, je vous jure que je présenterai mon fils à nos excellents princes. — Prenez garde qu'il ne leur chante la *Marseillaise*. »

Qu'on ne croie pas que j'invente ce dialogue, que plus tard les conversations de mon père m'ont rappelé cent fois jusque dans les moindres expressions.

Bientôt il me fallut aller le rejoindre à Paris[1], où, réuni enfin à ma mère[2], il s'était mis à faire des opérations de bourse, car encore fallait-il vivre pour voir le retour de la dynastie.

J'avais souvent rêvé de Paris, ville qu'on n'oublie

---

[1] Rue du Faubourg-Poissonnière, au coin de la rue Bergère.
[2] Depuis le mois de vendémiaire, de l'an IV.

pas, si jeune qu'on l'ait quittée; mais, à l'instant de me séparer de ma tante, j'éprouvai un très-grand trouble. Les sages conseils qu'elle me donna en versant des larmes firent couler les miennes, et je ne cessai d'en répandre pendant tout le voyage, que la diligence, à cette époque de désordres, faisait en deux jours et demi. La prévoyance, cette qualité, j'allais presque dire ce défaut qui m'a rarement abandonné, semblait me donner à quinze ans le pressentiment des vicissitudes que j'allais courir. Je savais que mon père, malgré toute sa bonté, ne pourrait être un guide pour moi, et je me voyais obligé d'être homme de bonne heure. Or l'idée de devenir ce qu'on appelle un homme m'épouvantait, ce qui paraîtra fort extraordinaire et n'en est pas moins vrai. En voici une preuve singulière. Devenir et paraître homme me préoccupait si péniblement, qu'ayant entendu dire plus tard qu'en se faisant la barbe avec des ciseaux, on n'en avait jamais beaucoup, je ne me servis point de rasoir dans ma jeunesse; ce n'est encore qu'avec des ciseaux que je me rase.

Quelles furent mes occupations à Paris? Hélas! je devins avec mon père un financier fort habile. La science du calcul se développa soudain chez moi, sans que je pusse m'astreindre pourtant aux règles enseignées. En tout travail il m'a fallu inventer mes procédés, et je parvins à compter de tête avec une merveilleuse promptitude. Le malheur des temps entraînait mon père dans toute sorte de métiers. On sait avec quelle difficulté se faisaient alors les transactions et dans quels désordres les événements jetaient les affaires d'escompte et de banque. Mon père y vit une ressource dans sa détresse et un exercice pour son activité.

La dépréciation des assignats donnait une valeur énorme à l'argent; nous empruntions à 2 1/2 pour 100, même à 3 pour 100 par mois, et nous avions encore du bénéfice. Enfant que j'étais, ce métier m'amusa d'abord, peut-être même à cause de l'intelligence que j'y déployais, à la grande admiration de mon père. L'amusement que j'y trouvais fut de courte durée, comme on le pense bien. J'en sus bientôt assez pour prendre en dégoût les opérations que nous faisions. Mon père, qu'éblouissait d'ailleurs l'accroissement de ces opérations, n'était ni avide ni défiant, et sa facile bonté en faisait le jouet du premier venu, qui savait gémir ou flatter. Je tâchai donc de lui démontrer qu'il ne convenait point à sa profession. Je n'en fus pas moins forcé bientôt moi-même, à dix-sept ans, de conduire seul ces affaires. Je venais de perdre ma mère[1], auprès de

---

[1] Le 17 nivôse de l'an V.

laquelle je ne passai guère plus de dix mois. C'était par nécessité qu'elle s'était rapprochée de mon père, avec qui elle avait vécu rarement en bonne intelligence. Elle n'avait pas voulu faire revenir ma sœur de la campaagne, où elle était chez des amis [1]. Quant à ce qui me concerne, rien de plus excusable que son indifférence. Buffon a dit que les garçons tiennent de leur mère. Jamais enfant n'a moins ressemblé que moi à la sienne, au moral comme au physique : elle eût voulu faire de moi un brillant muscadin, comme on disait alors, mais ma nature y était rebelle. Ses imprudences mirent un terme à sa vie, qui n'atteignit pas trente-sept ans.

Peu de temps après sa mort, toujours royaliste et non moins sourd à mes remontrances politiques qu'à mes observations financières, mon père se laissa entraîner dans la conspiration de Brothier et de la Villeheurnois, si singulièrement déjouée par le général Malo [2]. Notre maison fit venir de l'argent de Londres, où l'on en a toujours trouvé pour susciter

[1] Mademoiselle Sophie Béranger, aujourd'hui religieuse au couvent des Oiseaux de la rue de Sèvres (1860), elle est de sept ans plus jeune que son frère.

[2] Il fut acquitté le 22 ventôse de l'an V par le conseil de guerre. Béranger avait conservé une expédition du jugement. Il y avait quatre accusés principaux : Brothier, la Villeheurnois, Dunan et Poly, et dix-huit accusés subalternes, dont six femmes, sur lesquels ne pesaient pas des charges sérieuses. Le père de Béranger, entre autres, n'était accusé que de « propos liberticides. »

des ennemis à la France. Et moi, pauvre petit patriote, il me fallait porter sérieusement cet or aux conspirateurs, qui, je dois le dire à ma décharge, me paraissaient en user plus pour leurs besoins particuliers que pour l'accomplissement de leurs projets. Je dois dire aussi qu'il y a eu peu de conspirateurs royalistes à meilleur marché : ceux-ci se contentèrent de deux cent mille francs.

M. de Bourmont, caché à Paris, pour se mettre sans doute à la tête du mouvement, en cas de réussite, me parut de tous les hommes du parti le seul qui eût quelque valeur, quoiqu'il fût bien jeune encore et qu'on eût pu le prendre pour une femme déguisée. J'allai le voir, rue des Marais-du-Temple, où il avait trouvé une sûre retraite, au milieu de vastes jardins. J'étais étonné de sa hardiesse et de son habileté à dépister la police. Quant aux autres conspirateurs, j'en faisais le but de mes épigrammes, qui portaient assez juste pour amuser mon père lui-même.

La découverte de cette conspiration le fit arrêter avec ses chefs et leurs complices. Jugé comme eux par un conseil de guerre, il fut acquitté faute de preuves suffisantes.

Pendant sa détention, contraint de le suppléer, je fis pour près de deux cent mille francs d'affaires. C'est alors que, ravi de mes talents financiers, il

-prédit que je serais un jour le premier banquier de France. Il se consolait ainsi de ne pas me voir page de Louis XVIII.

Il n'était pas le seul royaliste qui cherchât dans les affaires d'argent une compensation aux mécomptes politiques. Des personnages de haute extraction étaient en relation d'intérêt avec nous. Quelques-uns, il est vrai, jouaient le modeste rôle d'emprunteurs. Ce n'étaient certes pas nos débiteurs les plus exacts : plusieurs ne s'acquittèrent jamais. Mon père, comme M. Jourdain, n'en était pas moins glorieux d'avoir de pareils obligés, qui descendaient jusqu'à se faire ses flatteurs pour avoir l'avantage de devenir des parasites. J'en ai vu l'aider à faire sa toilette.

J'ai déjà dit un mot de M. de Clermont-Gallerande. Celui-là me paraissait rempli de dignité; d'ailleurs, il ne nous employait que pour des opérations de bourse, alors presque inévitables pour tout le monde. Ce comte, que je ne vis que quelquefois, me donnait l'idée d'un homme de sens et de fermeté. Il avait joué un rôle secret dans les journées de vendémiaire, auxquelles le royalisme avait eu une large part, et où Bonaparte avait fait triompher la Convention. Les premières guerres d'Italie terminées, le général était venu occuper un hôtel rue Chantereine. C'est de l'appartement de M. de Clermont, contigu à cet hôtel, que, pour la première fois, je le vis comme il traversait un bout d'avenue.

« Quel grand militaire ! dis-je au comte.

— Oui, mais la République le tuera, s'il ne tue la République.

— Il se fera dictateur.

— C'est là une prédiction d'école, jeune homme. A des républiques comme celle-ci, il ne faut que quelques coups de balai pour faire place aux maîtres légitimes.

— Et croyez-vous, monsieur le comte, que Bonaparte voulût se charger d'être le balayeur ? » Il hésita à me répondre, et finit par me dire :

« Il est gentilhomme, il a été élevé avec des hommes comme nous : cela ne s'efface pas. Au reste, le Directoire ne le laissera pas grandir. »

Je savais assez d'histoire pour voir que le rôle de Monk était celui que M. de Clermont assignait au héros d'Italie. Il ne fut pas le seul qui ait caressé cette illusion, même pendant le Consulat.

On doit voir que j'ai été à bonne école du droit divin : pour n'en être pas devenu partisan, il fallait que ma jeune nature fût bien rétive. Cette conversation m'en rappelle une autre de la même époque.

Mon père suppliait alors tous ceux qu'il voyait de me faire la leçon sur mon républicanisme, et il s'était surtout confié au chevalier de la Carterie, homme d'un âge avancé, que mon babillage amusait. Un jour que chez lui nous étions en discussion, il se mit aussi à me parler de mes *maîtres légitimes*. Fatigué d'entendre ce mot revenir toujours :

« Eh! lui dis-je, monsieur, apprenez-moi donc ce que sont ces gens-là, sur le compte desquels leurs partisans mêmes ne sont pas d'accord.

— De qui me parlez-vous, mon jeune ami? reprit gravement le vieux chevalier.

— Mais de votre Louis XVIII, du comte d'Artois, de ses fils.

— Peuh! peuh! il s'agit bien de ces personnages-là : ce n'est qu'une famille d'usurpateurs.

— Voilà qui me confond! Quoi! monsieur, ces maîtres pour qui se dévouent tant de nobles, tant de Vendéens, ne sont que des usurpateurs?

— De vrais usurpateurs, mon ami, et ils ne l'ignorent pas.

— Éclairez-moi, je vous prie; je n'y puis rien comprendre.

— Je le conçois. Écoutez-moi donc, et vous verrez dans quelle erreur vos royalistes vous ont fait tomber. Avant Louis XIV et son frère le duc d'Orléans, Anne d'Autriche eut un fils, qui n'est autre que le *Masque de Fer*[1]. Ce sont ses droits qui ont été trans-

---

[1] L'histoire du *Masque de Fer* n'est pas aujourd'hui encore bien connue, mais il ne paraît pas probable que cette histoire ait été aussi

portés fallacieusement aux enfants illégitimes de la reine.

— Mais, monsieur, le Masque de fer était-il plus légitime?

— Certes, il était bien le fils de Louis XIII, celui-là; mais, toujours suspecte à son mari, Anne d'Autriche considéra que, poussé par Richelieu, le roi pourrait mettre en doute une paternité si peu constatée par les rapports bien rares qu'il avait eus avec sa royale épouse, et elle consentit à faire disparaître son premier-né, sur la promesse qu'on lui fit d'amener des relations conjugales plus patentes pour justifier la légitimité des enfants qui naîtraient par la suite. Richelieu, qui avait affecté de l'amour pour Anne, par intérêt de position, ne tarda pas à être instruit de ses secrètes amours. Une fois le premier-né disparu, il ne fut plus possible à la reine de revenir sur sa faute, qui la mit sous la dépendance absolue d'un favori. Voilà, mon jeune ami, comment des bâtards sont devenus les héritiers du trône de Henri IV. »

Bien qu'alors peu versé dans l'histoire, j'aurais eu sans doute quelques objections à opposer à la partie romanesque de ce récit; je m'en gardai et me contentai de faire observer que, pour appuyer les

dramatique ni aussi intéressante que les romanciers se sont plu à le dire.

prétentions qui en résultaient, il faudrait que le Masque de fer eût laissé des héritiers.

« Il en a laissé, grâce à Dieu, répliqua M. de la Carterie. Apprenez qu'élevé d'abord en Normandie, il y fut peu surveillé. Avant vingt ans, il contracta un mariage secret avec une jeune personne de famille noble et en eut un fils que l'infortuné ne connut pas, car c'est de l'époque de ce mariage que date le rigoureux emprisonnement qui l'a rendu si célèbre. Ce fut alors aussi que sa femme sut de quel sang il était et sentit la nécessité de cacher à tous les yeux l'enfant qu'elle en avait eu, de peur qu'on ne traitât le fils comme le père, et plus mal encore. Cet enfant, élevé avec un soin tout particulier, n'eut la connaissance de ses droits que lorsqu'il fut en âge d'en garder le secret, qui lui fut transmis avec tous les actes constatant les faits que je viens de vous rapporter. Cet héritage a passé aux aînés des descendants jusqu'à ce jour.

— Et quel est aujourd'hui l'heureux mortel qui jouit d'un tel honneur ?

— C'est un homme âgé d'à peu près trente ans qui porte le nom de Vernon et habite un château en Bretagne, où beaucoup de ses fidèles sujets se font un devoir de le visiter. Il jouit là du respect de ceux même qui ignorent sa royale origine, tant son esprit, son éducation et son extérieur majestueux lui donnent d'avantages sur le commun des hommes. Pendant la Terreur, il a été protégé par les révolutionnaires, et il a laissé passer une tempête qui devait le délivrer de ses plus cruels ennemis.

— Quand compte-t-il donc faire valoir ses droits?

— Attendez, attendez. Un homme a déjà paru qui semble prédestiné à lui rendre le trône.

— Serait-ce Bonaparte?

— Justement, il n'est pas ce qu'on croit, et vous en saurez davantage. »

L'histoire du Masque de fer m'avait trop souvent préoccupé pour que je fusse tenté de rire de la bonne foi avec laquelle le vieux chevalier venait de m'expliquer cette inexplicable histoire. Ce qui surtout m'en plaisait, c'était le parti que j'en allais tirer dans mes éternelles discussions avec mon père. En effet, au premier prône en faveur de nos *maîtres légitimes*, je défile cette merveilleuse narration à mon père et à plusieurs royalistes, dont j'avais exprès attendu la présence.

« Quelle folie! s'écrie mon père; qui t'a pu faire un pareil conte?

— M. de la Carterie. »

A ce nom le pauvre homme fut abasourdi.

« Quoi! dit-il, lui, qui m'avait promis de te guérir de ta républicomanie! »

Ses amis, en voyant sa déconvenue, traitèrent le

vieux chevalier de fou. Il ne l'était pas. Mais je dois convenir que j'appris plus tard qu'il appartenait à la secte des illuminés, fondée par Swedenborg, modifiée et propagée en France par Saint-Martin et dont Cazotte, auteur du *Diable amoureux*, fut, dit-on, un des plus fervents adeptes. Plusieurs illuminés français avaient les mêmes idées politiques que mon chevalier, et l'un d'eux, qui m'en a parlé dans de semblables termes, me prédit, en 1806, la chute de Napoléon, parce qu'il n'avait pas rempli la mission que Dieu lui avait donnée de rendre le trône de France aux descendants du Masque de fer. Moquez-vous donc des superstitions de village, lorsque vous voyez des gens d'un monde éclairé infatués de pareilles rêveries !

On ne sera pas surpris que, depuis tant d'années, j'aie cherché à savoir ce que je devais penser de M. de Vernon. Longtemps sa trace m'échappa ; mais enfin une personne qui mérite confiance me dit l'avoir connu ou plutôt vu en Bretagne. C'était, en effet, un homme dont l'extérieur répondait assez au portrait que m'en avait fait M. de la Carterie. Ce M. de Vernon, qui habitait un modeste château, paraissait vivre dans une certaine aisance, qu'entretenaient ses crédules partisans, et, dans le pays, on se contait à l'oreille et son origine et ses droits. Il paraît que, sous l'Empire, il fut l'objet d'une surveillance ; au moins, à ce que m'a assuré la personne d'après qui je parle, les préfets le firent plusieurs fois prier de les venir trouver. Sans se révolter contre ces injonctions polies, il ne s'y soumettait qu'à la dernière extrémité et comme un homme obligé de plier devant ses inférieurs. Sans doute, plein des idées qu'on lui avait transmises, il avait foi en lui-même, et il ne me paraît pas moins respectable que d'autres prétendants. S'il n'est plus, il a sans doute laissé un héritier de la couronne, aussi convaincu que lui des droits du Masque de fer et des siens.

Qu'on ne s'imagine pas que je parle de quelques relations élevées que nous donnait notre genre d'industrie pour affaiblir ce qu'il avait de pénible et de désagréable. Nous n'avions que trop de rapports avec les classes inférieures et avec les malheureux.

L'état du Trésor, l'avilissement extrême du papier-monnaie, l'argent redevenu le besoin impérieux de toutes les transactions, faisaient que le Mont-de-Piété, cet établissement qu'une meilleure organisation rendrait plus utilement secourable, avait cessé d'être la ressource du pauvre. C'était donc aux maisons particulières de prêt, forcément tolérées, que l'ouvrier s'adressait ainsi pour obtenir un argent qu'on lui vendait bien cher. Je ne serais pas né compatissant que je le serais devenu en face de tant de misères que nous devions accroître en les secourant. Je suis heureux d'avoir à rendre cette justice à mon père, qu'il me laissait le maître de les adoucir, et m'en donnait souvent l'exemple. Aussi, combien de malheureux ont remporté de chez nous, avec l'argent qu'ils y venaient chercher, les vêtements dont ils se dépouillaient pour fournir le nantissement ! Ma bonne vieille grand'mère[1] Champy, qui nous aidait, me disait quelquefois : « On te trompe. » Ce mot m'a été répété bien souvent depuis même que l'expérience m'est venue : il n'a jamais pu me rendre

[1] Marie-Anne Dupré, femme de Pierre Champy. Après la mort de son mari, elle avait été vivre quelque temps à Samois, où Béranger passa d'heureux moments. (*Note de l'Éditeur.*)

En relisant ici le nom de ma grand'mère, je crois nécessaire de l'accompagner d'une note qui apprenne à la critique que celle de mes chansons qui porte le titre de *Ma Grand'mère* ne peut être en rien le portrait d'aucune de mes aïeules, femmes également recommandables. La femme du tailleur, qui eut soin de mes premières années, grande travailleuse, ne connut d'autre distraction que la lecture ; et la mère de mon père, non moins courageuse femme, fut également un modèle de vertu.

Il me semblait qu'il était facile de démêler, dans les productions d'un auteur, celles qui appartenaient aux conditions de son genre et aux fantaisies de son esprit de celles où il avait eu l'intention de se peindre lui-même. J'ai pu juger du contraire. Aussi, comme ma sœur est religieuse, je me crois obligé de dire que la chanson du *Voisin*, où je dis : *J'ai pour sœur une béguine*, était faite bien avant que ma sœur pensât à prendre le voile.

Je ne veux pas qu'on pousse trop loin l'application de ce mot d'une de mes préfaces : *Mes chansons, c'est moi*. C'est moi, en effet ; mais c'est bien d'autres aussi, et je sais gré au critique qui s'est servi de cette expression, la *comédie des chansons*, en parlant de mes recueils. (*Note de Béranger.*)

sourd aux gémissements de mes semblables. Dans le grand nombre d'infortunés que je voyais alors, je fus assez heureux pour retrouver une vieille ouvrière qui m'avait vu naître. Son histoire, qui est celle de tant de femmes de cette classe, me paraît pouvoir se placer ici, bien qu'étrangère au récit de ma vie.

La mère Jary[1], quand je la retrouvai, n'avait pas moins de soixante-six ans. Les petits services que je lui rendis, même encore au temps où la pauvreté remplaça pour moi notre courte opulence, ceux qu'elle-même s'empressait de me rendre, soit en raccommodant mes vêtements usés, soit en mettant un peu d'ordre dans mon ménage de garçon, établirent entre nous une intimité qui dura jusqu'à sa mort. Un jour qu'elle rangeait ma chambre, je crus la voir pleurer.

« Qu'avez-vous, mère Jary?

— Hélas! ce sont mes vieux chagrins qui prennent le dessus. Excusez-moi.

— Asseyez-vous là, et causons de vos vieux chagrins. N'est-ce pas plutôt que votre loyer vous tracasse encore? parlez : je suis riche aujourd'hui.

— Non, mon enfant, ce n'est pas le loyer cette

---

[1] La mère Jary n'est pas un personnage imaginaire. Dans une lettre de Béranger à son père, lettre écrite le 1er frimaire an X (V. la *Correspondance*, t. I, p. 27), il y a ce *post-scriptum* : « Je voudrais que tu donnasses encore un petit écu à madame Jary pour ce que je lui dois. »

fois. Je ne vous ai jamais raconté ma vie, ma misérable vie. Elle a été bien triste !

— Eh bien, mère Jary, racontez-la-moi.

— Mais vous écrivez.

— Qu'importe !

— Je vais donc tout vous dire. Peut-être vous donnerai-je ainsi moyen de m'être utile. »

HISTOIRE DE LA MÈRE JARY.

« J'ai été fort jolie, fort gaie, fort rieuse. Ma mère, petite couturière, m'apprit son état et je devins ouvrière assez habile. J'avais dix-sept ans quand Jary demanda ma main. Il était beau garçon, de joyeuse humeur et avait un emploi dans les écuries du roi : c'était une fortune. Ma mère, depuis la mort d'un fils beaucoup plus âgé que moi, restée faible et souffrante, avait le pressentiment de sa fin prochaine, et, voyant que Jary me plaisait, elle se hâta de conclure le mariage, qui, pendant un mois, fut le plus heureux du monde. Mais bientôt Jary se montra ce qu'il était, joueur, ivrogne et libertin. Nous habitions Versailles ; il rentrait ivre, me battait et amenait des filles au logis. Mes peines s'accrurent par la perte de ma mère, à qui je les cachais et qui mourut avec la consolation de me croire parfaitement heureuse. Je l'aurais été si Jary avait eu de la conduite. Il fit des dettes, perdit sa place, et je le vis un jour arriver, en me disant : « Nanette, je pars pour « l'Angleterre, où je vais me perfectionner dans mon « état de palefrenier. — Et moi, m'écriai-je, com- « ment vais-je faire pour vivre? — Tiens, reprit-il, « voilà un louis. Tu es économe; vends notre mobi- « lier; retourne à Paris et travaille. Remarie-toi, si « tu le veux. Je t'enverrai un acte mortuaire de « Londres. » Il m'embrasse, et le voilà parti, me laissant muette et étourdie. Je n'en ai depuis entendu parler.

« Nous autres pauvres gens, nous n'avons pas le temps de pleurer tout notre soûl : je me hâtai de revenir à Paris me loger dans une mansarde étroite où je me mis à travailler pour les couturières. Je n'avais pas encore accompli mes dix-huit ans; la solitude me parut bien pénible. En travaillant, je chantais sans plaisir. Mes compagnes d'enfance étaient toutes dispersées : la crainte des mauvaises connaissances m'empêcha d'en faire de nouvelles. Il me semblait toujours que quelque ami dût me tomber du ciel.

« Dans la maison que j'habitais, vis-à-vis de l'étroite fenêtre de ma chambre, était une lucarne toute semblable. Un jour de printemps, j'y remarquai un jeune ouvrier tailleur, si assidu à l'ouvrage, que, de toute la journée, que je passai sans chanter, il ne tourna pas les yeux de mon côté. C'était un blond d'une jolie figure, quoiqu'un peu pâle. Le lendemain, dès la pointe du jour, je le revis à la besogne et toujours avec la même assiduité. Ce jour-là pourtant, j'osai chanter, mais tout bas ; ses yeux se tournèrent vers moi et nous nous saluâmes. Puis vinrent les rencontres sur le palier ; puis les services de bon voisinage ; enfin une intimité complète s'établit entre nous deux, pauvres jeunes gens. Il avait quatre ans de plus que moi et fournissait par son travail aux besoins d'une mère infirme, qu'il allait, fêtes et dimanches, visiter à Charonne. Bientôt une tendresse mutuelle nous rendit inséparables, et nous trouvâmes de l'économie à n'avoir qu'un ménage et à faire bourse commune. J'en ai bien souvent demandé pardon au bon Dieu, que nous allions prier ensemble. Hélas ! je devins grosse au bout de quelques mois de cette heureuse liaison : ce fut une joie de plus pour nous. Il venait de perdre sa mère, qui nous avait bénis en mourant, et nous gagnions assez pour élever un enfant. Les mois de bonheur que j'ai passés avec ce bon Paul Gaucher me sont encore présents : il n'en est pas venu d'autres pour les faire oublier, et le malheur était si près de nous ! Gaucher depuis longtemps souffrait de la poitrine ; tout à coup le mal fit de rapides progrès : malgré tout son courage, je le vis contraint de moins travailler d'abord, puis de recourir au médecin, et bientôt il fut réduit à garder le lit la moitié du jour. Nos petites économies s'en allèrent; les dettes ne tardèrent pas à s'accumuler, et notre linge, nos meubles, nos hardes, furent mis en gage. C'eût été peu si la santé se fût rétablie; au contraire, il s'affaiblissait chaque jour davantage, et lorsque j'accouchai il nous restait à peine de quoi payer la sage-femme.

« Dieu me donnait un fils, un fils charmant, mais point de lait pour le nourrir. Il voulait sans doute ainsi me punir de ma faute. Nous ne pouvions nous procurer une nourrice. Quel désespoir troubla ma joie de mère! Et, pour ajouter à ce malheur, les suites de ma couche devaient être pénibles et longues. Nous ne savions que faire pour apaiser les cris du pauvre et cher enfant. Trois jours après mon accouchement, Gaucher, étendu sur un matelas, se lève précipitamment : « Donne-moi mon fils, dit-il; « dans le village où ma mère est morte, je suis sûr « de lui trouver une nourrice. J'y cours. » Je ne sais comment il eut la force de se lever et de sortir, emportant bien emmaillotté notre enfant, que je couvris de baisers et de larmes. Selon moi, il devait rester absent presque toute la journée : je le vois rentrer au bout de quelques heures et tomber sur

son matelas sans pouvoir proférer une parole. Malgré la fièvre qui vient de me prendre, je me traîne auprès de lui et le force de boire un reste de vin qu'il avait gardé pour moi. Il se ranime enfin ; mais alors des pleurs inondent son visage, si défait, si pâle. Une secrète inquiétude m'agite. « Et notre fils ? » lui dis-je. A ces mots, ses pleurs redoublent ; il me presse dans ses bras défaillants : « Il est aux Enfants-Trouvés, » répondit-il en se laissant retomber sur le matelas.

« Voilà, mon cher monsieur, le plus affreux moment de ma vie, celui qui l'a remplie d'une amertume telle, que tous les biens de ce monde n'eussent pu l'adoucir. Je m'écrie : « Quoi ! tu as porté là mon
« fils ! — Nanette, écoute, dit-il en me prenant les
« mains ; je n'ai plus que quelques jours à vivre,
« quelques heures peut-être. Je te laisse accablée de
« dettes, sans un seul ami, sans la moindre protec-
« tion. Que serais-tu devenue avec un enfant que
« tu ne pouvais nourrir ? Que serait-il devenu lui-
« même, ce cher enfant ? Et qui sait ? ton mari ne
« peut-il pas revenir ? Pardonne-moi et écoute-moi,
« je t'en supplie. Avant de le déposer dans cette mai-
« son, je lui ai fait, à la cuisse gauche, une croix de
« la forme de celle que tu as mise en gage. Comme
« il n'était pas baptisé, j'ai attaché un billet à ses
« langes où je demande qu'on lui donne mon nom
« de Paul. »

« Quelque peine qu'il eût à parler si longtemps, il fut obligé de me redire les mêmes choses plusieurs fois ; car il voyait que, dans mon abattement, je ne l'avais ni compris, ni entendu. Il ajouta : « La croix « ne s'effacera pas. Je l'ai marquée avec un fer « chaud ! — Avec un fer chaud ! » m'écriai-je saisie d'horreur et m'éloignant de lui comme j'aurais pu le faire d'un assassin. « Rassure-toi, me dit le mal- « heureux Gaucher ; j'y ai pris tant de précautions, « qu'à peine a-t-il poussé un gémissement. »

« Mon trouble ne s'apaisa que par le projet que je formai en moi-même de courir bientôt reprendre mon enfant. Mais mon état, qu'empira sans doute la violence du chagrin, ne me permettait pas de sortir, et dès la nuit même, après les efforts de tout genre qu'il venait de faire, Gaucher tomba dans des convulsions que je crus être son heure d'agonie. Le médecin ne me laissa aucun espoir, et, n'étant plus payé, cessa ses visites. Gaucher languit encore dix jours, et c'est lorsque l'espérance me revenait, qu'après une crise affreuse je reçus son dernier soupir. Pauvre ami ! qu'il était honnête et bon ! Dieu aura eu pitié de son âme. Oh ! que de fois j'ai prié pour lui la Vierge et son saint patron !

« Hélas ! mon cher monsieur, voilà quarante-huit ans de cela, et, depuis ce moment, je n'ai eu que son souvenir et celui de mon fils pour unique compagnie. Oui, depuis l'âge de dix-neuf ans, j'ai vécu seule, toujours seule. Quelquefois pourtant votre grand-père m'admit dans sa famille, et, m'ayant appris à travailler de son état, ne me laissa jamais manquer d'ouvrage, ce qu'il regardait comme une distraction suffisante, lui qui n'en connut guère d'autres, sauf pourtant ses promenades du dimanche, où, tout petit que vous étiez, il vous emmenait courir les champs. C'était dans une de ces courses que, bien longtemps avant le mariage de votre mère, j'eus le bonheur de le rencontrer. J'étais avec Gaucher, qui travaillait pour lui, et depuis le cher homme m'a toujours été secourable. Je travaillai donc ; mais j'avais cent soixante-quinze francs de dettes à acquitter. On ne sait pas combien il faut de temps à une pauvre ouvrière pour payer une si forte somme, quels que soient son courage et son économie. Dix-sept livres dix sous par an prélevés sur de petites journées, c'est énorme. J'ai tout payé, mon cher enfant, tout payé. Il m'a fallu dix ans pour cela. Pendant ces dix années, à compter du jour où ma santé se rétablit un peu, croyez que je fis bien des démarches pour avoir des renseignements sur mon fils. Toutes mes tentatives furent vaines : car c'est un usage de l'administration des Enfants-Trouvés de refuser aux mères la connaissance des lieux où ces enfants sont envoyés. Je m'en aperçus avec désespoir dès les premières réponses qui me furent faites, avec une dureté qui m'intimida et m'empêcha peut-être de dire et de faire ce qu'il eût fallu. Personne ne nous écoute, ne nous aide, nous autres petites gens. Oh! si j'avais pu savoir ce qu'il était devenu! Pour l'avoir, pour l'élever, que n'aurais-je pas donné! que de nuits j'aurais consenti à passer au travail, en outre de celles que je passais déjà! Après de longues années de sollicitations, une des sœurs de la maison prit enfin pitié de moi. Elle feuilleta les registres, trouva, à l'époque indiquée, un nouveau baptisé du nom de Paul; écrivit dans l'endroit éloigné où il avait été envoyé et d'où l'on répondit que, la nourrice et son mari étant morts, l'enfant, âgé de huit ans, avait été confié à un voyageur riche que sa bonne mine avait intéressé. Depuis on n'en avait plus entendu parler, et le curé du lieu avait oublié le nom du voyageur et son pays.

« C'était bien peu de chose pour une mère que ces détails; pourtant ils me causèrent une grande joie. Mon fils avait échappé aux premières maladies de l'enfance; il devait vivre; il vivait. Plus j'y pensais et plus j'en étais convaincue. Tous mes rêves me semblaient dire d'espérer.

« Depuis lors j'ai vécu avec ce cher fils, avec mon Paul; non-seulement en le cherchant partout, autant que je le puis dans ma vie de travail, mais en m'en faisant une image toujours plus parfaite, d'année en année. Je l'ai vu tout petit; je l'ai vu grandir, devenir homme, et je le vois aujourd'hui dans son âge mûr. Il me ressemblait; il aurait eu ma force; il vit, mon cœur en est sûr. Dès que je suis seule, il est toujours devant mes yeux : il n'y a pas longtemps que je me suis écriée : « Combien tu as déjà de cheveux blancs, Paul ! » et je l'ai vu me sourire tristement. Il aura sans doute aussi éprouvé bien des peines. Je ne sais cependant pourquoi je m'imagine qu'il a fini par faire une brillante fortune. Je ne puis me le représenter que bien vêtu; mais, dût-il être en haillons, que je le presse sur mon cœur avant de mourir ! »

Avec quel intérêt j'écoutais cette mère se créant ainsi l'image du fils qu'elle rêvait sans cesse! Qu'on ne croie pas que cette femme eût le cerveau malade : elle était au contraire d'un sens rassis et droit; mais la sensibilité maternelle avait été développée à ce point par la solitude et le besoin d'aimer. Le cœur d'une mère est une source inépuisable de miracles.

S'apercevant de l'émotion qu'elle me faisait éprouver : « N'est-ce pas que je le retrouverai? — Je l'espère comme vous, mère Jary. S'il était mort, vous perdriez la faculté de le voir ainsi. Dieu ne voudrait pas se faire un jeu d'une affection si touchante. » La joie brillait dans les yeux de la pauvre femme, qui s'empressa d'ajouter : « Je me suis dit cela bien souvent. Ah! si vous saviez! quand je suis dans la rue, je regarde tous les passants de son âge. J'ai osé même, moi qui suis timide, en arrêter plusieurs parce que leur taille, leur tournure, leurs traits, me rappelaient mon frère, qui me ressemblait à s'y méprendre. Les uns rient et me repoussent en m'appelant folle, d'autres paraissent avoir pitié de mon embarras. Et si je vous disais que, moi femme, il m'est arrivé d'aller voir au bord de la rivière des hommes se baigner, dans l'espoir de découvrir la croix dont Paul doit avoir conservé la marque! Combien, les dimanches, après la messe, ai-je passé d'heures sur le Pont-Neuf, où la foule est toujours si grande, pour voir si quelqu'un n'y parlerait pas à mon cœur ou n'éprouverait pas à ma vue les mouvements du sang! Sur des renseignements pris au hasard, j'ai eu la hardiesse de me présenter à beaucoup de bourgeois et d'ouvriers qui portaient le nom de Paul ou que je savais être sans famille. Dans ce moment encore, mon cher monsieur, je m'occupe d'une nouvelle recherche, et c'est pour cela même que j'ai cru nécessaire de vous raconter l'histoire de mes malheurs. Il y a au théâtre de l'Opéra-Comique un acteur nommé Paul, je n'ai pu me procurer son adresse. Pourriez-vous me la faire avoir? Si vous vous en mêlez, il me semble que vous me porterez bonheur.

— Mère Jary, lui dis-je, aujourd'hui même vous aurez cette adresse. » En effet, je l'allai chercher au théâtre, et m'empressai de la lui porter. Comme je devais m'y attendre, le lendemain, je la vis arriver triste et abattue. L'acteur Paul avait un père et une mère; il les lui avait présentés; car il se rendait compte du sentiment qui animait la pauvre femme et il l'avait affectueusement accueillie.

Peu de mois après, l'âge, la misère et les peines morales triomphèrent enfin de sa forte constitution. Des plaies dangereuses envahirent les jambes, et elle se fit porter à l'*Hôtel-Dieu*, que je n'avais pas le moyen de lui éviter. A la première visite que je lui fis, elle me dit : « Si j'osais ! — Osez, osez, mère Jary. — Eh bien, j'ai appris, le jour où je suis entrée ici, qu'un enfant trouvé, nommé Paul, habite sur le quai de la Ferraille. On m'a assuré qu'il avait l'âge de mon cher enfant. »

J'allai voir le brave ouvrier; mais cet homme, d'origine méridionale, n'avait que trente-six ans. Il me fallut encore affliger la pauvre malade, dont l'état empira promptement. Une des sœurs qui desservaient la salle l'avait prise en affection; je sus par elle qu'il n'y avait point à compter sur une guérison, qu'ainsi l'on pouvait satisfaire à ses petites fantaisies. Je lui portais un matin des confitures qu'elle avait désirées; mais, sans y faire la moindre attention :

« Mon bon ami, mon bon ami, me dit-elle, les yeux rayonnants d'une joie de prédestinée je l'ai vu enfin, ici, tout près de mon lit. C'est lui! cette fois, j'en suis sûre. Tout semblable au portrait que le bon Dieu a gravé en moi, avec des cheveux blancs, comme je vous l'ai dit. C'est lui! je vais guérir. — Tant mieux, mère Jary. Mais racontez-moi donc comment ce bonheur vous est arrivé. — Il était au milieu de beaucoup de médecins et d'élèves : il semblait être leur chef. Oh! que sa voix était douce! Il s'approchait de mon lit; mais je ne sais ce qui est arrivé : il a disparu au moment où je lui criais : « Paul! mon fils! » et j'ai perdu connaissance. La bonne sœur m'a fait revenir à moi, et je le lui ai dépeint. Il reviendra faire la visite demain; elle a promis de l'amener à mon lit. C'est lui! c'est lui! revenez demain, revenez. »

En l'écoutant, je jugeai que le sentiment de toute sa vie s'était transformé en un délire qui présageait sa fin, malgré la plénitude de sa voix, la vivacité de son regard et la force avec laquelle sa main serrait la mienne. Le lendemain elle n'était plus, heureuse d'avoir fini au plus beau moment du songe qui seul put lui donner la force de supporter cinquante ans de misère et de larmes!

Son histoire, que j'aurais voulu pouvoir raconter avec la simplicité naïve qu'elle mettait à ses récits, servira de transition pour passer à celle de mes adversités[1].

---

[1] « L'*Histoire de la mère Jary* est un chef-d'œuvre, comme le *Mouchoir bleu* de Béquet, comme la *Redoute* de M. Mérimée, et au même titre : la précision vive, l'accent pénétrant, l'effet pathétique et naturel. » (*Journal des Débats* du 26 décembre 1857.)

« Au milieu de ces souvenirs d'enfance et de jeunesse, il en est un qui est étranger à la vie de Béranger, mais qu'on ne peut passer sous silence, car Béranger lui doit les dix plus belles pages de son livre. C'est un épisode intitulé : *Histoire de la mère Jary*, anecdote rapide et concise, comme on savait en composer autrefois, avant que le Roman à la manière anglaise, importation exotique, eût remplacé le genre tout français du Récit. Cette courte et touchante histoire est une des plus belles choses qui soient sorties de la plume de Béranger, et peut hardiment prendre sa place à côté de *Jeanne la Rousse* et du *Vieux Vagabond*. Nous avons été d'autant plus touché de cette anecdote, qu'elle roule sur un sujet dont nos modernes romanciers nous ont déshabitués, l'amour maternel. Ce vieux sentiment, éternel comme la nature humaine, a été, pour ainsi dire, renouvelé par Béranger, et se présente, dans son sobre, savant et cependant naïf récit, avec une physionomie tout à fait originale. Par suite de circonstances horriblement dramatiques que le poëte a racontées avec une simplicité admirable, une pauvre femme a perdu son unique enfant, et depuis plus de quarante ans elle le cherche à l'angle de toutes les rues, à la porte de toutes les églises, sur toutes les promenades publiques. Elle l'a suivi en imagination dans tous les âges de l'existence : elle l'a vu enfant, puis jeune homme, puis homme fait. Quelques-uns des traits de ce récit sont sortis des profondeurs mêmes de la nature humaine, et ont un accent à la fois plein de vérité et de poésie ; celui-ci, par exemple, lorsque la mère, parlant en imagination à son fils, compte les ravages que l'âge a déjà faits sur lui : « Combien, Paul, tu as de cheveux blancs ! » Quel beau sujet pour un romancier moderne que l'odyssée de cette femme poursuivant une vision à travers toute l'existence ! Nous n'en aurions pas été quittes à moins de huit ou dix volumes. L'histoire occupe dix pages à peine dans la *Biographie* de Béranger ; nous n'hésitons

En 1798 notre maison croulait[1], et le malheur que j'avais prévu vint me porter un des coups les plus affreux que j'aie jamais reçus.

Élevé par ma tante dans des principes de rigoureuse probité, je faillis tomber malade de désespoir, à l'idée d'une catastrophe que je n'avais pu que retarder, et dont j'avais peur de paraître responsable. En effet, les capitalistes s'étaient habitués à me compter pour beaucoup dans la confiance qu'ils accordaient à la maison, bien que depuis un an j'eusse cessé d'y travailler. La plupart se crurent en droit de m'adresser des reproches que je ne méritais d'aucune façon. Si mon père, naturellement prodigue, dépensait trop, je n'étais pas une lourde charge

---

pas à la ranger parmi les petits chefs-d'œuvre du récit à la française, et nous la recommandons à l'attention de tous les amateurs de la bonne littérature. » (*Revue des Deux-Mondes* du 1er janvier 1858.)

[1] Le père de Béranger, qui fit tant de métiers, aurait fini par réussir dans les opérations de banque qu'il avait entreprises sous le Directoire. Ce fut l'une des crises financières dues à l'incapacité du gouvernement qui détermina sa ruine, et elle ne fut complète que parce que la plupart de ses débiteurs le trompèrent. Son naturel généreux et confiant fut réellement la principale cause de son infortune. « Il fut malheureux dans tout cela, lisons-nous dans une lettre particulière, écrite par un vieil ami de Béranger qui, plus âgé que lui, lui a survécu. Il a eu à supporter des escroqueries de la part d'individus auxquels il avait prêté de grosses sommes. Il a été volé sur un prêt de diamants qu'il avait fait. Le directeur du théâtre de l'Ambigu, Picardeau, auquel il avait fait un prêt de 30,000 francs, fit banqueroute. » Mais, si le père de Béranger n'eût pas succombé, s'il fût devenu riche, aurions-nous eu Béranger ?

pour la caisse : j'habitais une mansarde sans feu[1], où la neige et la pluie inondaient souvent mon lit de sangle. Mes plaisirs n'étaient pas dispendieux ; je n'avais pas même le goût de la toilette, et le jeu n'a jamais eu prise sur moi. « L'opulence de ton père ne durera pas, » m'avait dit ma tante, et ce mot avait réglé ma conduite. Quoique laid et de mine chétive, je n'ai pas eu occasion de dépenser avec les femmes, qui seules eussent pu m'entraîner à des folies onéreuses.

Une autre passion se développa en moi au milieu de ces funestes circonstances. J'avais jusqu'alors rimaillé sans suite et sans but; enfin un véritable amour de la poésie vint s'emparer de moi. Quoique toujours très-faible grammairien, je me mis à étudier tous les genres, à les essayer à peu près tous, et parvins, en peu d'années, à me faire une poétique presque complète, que j'ai sans doute perfectionnée depuis, mais qui n'a presque pas varié dans ses règles principales. C'est aussi à cette époque que je méditai sur la langue et son génie, prenant ainsi par en haut une science dont les degrés rudimentaires m'ont toujours inspiré une sorte de répugnance.

A l'aspect de la misère qui ne tarda pas à nous menacer, la poésie dut me sembler une consolation

---

[1] Sur le boulevard Saint-Martin, entre le théâtre de la Porte-Saint-Martin et l'Ambigu : c'est le célèbre *Grenier* de la chanson.

que le ciel faisait descendre sur moi. Plusieurs de nos capitalistes, convaincus, malgré mon extrême jeunesse, de mes aptitudes financières et de ma probité, que leur avaient si bien prouvée mes larmes et mon désespoir, me proposèrent des fonds assez considérables pour recommencer des affaires : mon père me poussait à accepter, ce fut en vain. Le métier m'inspirait un tel dégoût, que j'aimais mieux rester pauvre [1] que de retourner à cette Bourse, où je n'ai

---

[1] La lettre qui suit, écrit en 1802, montre, en la saisissant sur le fait, quelle fut la délicatesse de Béranger en ce moment et de quel cœur il accepta la lutte avec la misère.

Ce 1ᵉʳ frimaire an X.

Mon père,

Hier tu t'es fâché au lieu de me répondre. La cause qui me portait à te parler comme je le faisais, n'eût-elle pas été juste, méritait bien que tu t'expliquasses tranquillement. Était-ce l'intérêt qui me faisait parler ainsi ? Tu sais bien que jamais mon âme ne fut ouverte à ce sentiment.

Je n'entends rien aux affaires, et je crains de les voir s'embrouiller. Tu t'y entends beaucoup mieux que moi ; mais tu ne laisses pas moins les tiennes en désordre.

Si tu t'étais donné la peine de m'écouter jusqu'au bout, tu aurais vu que je ne demandais de toi qu'un simple arrangement, qui assurât ma tranquillité, dans la misère où je sens que mon caractère et mes goûts me réduiront.

Tu as, je le crois bien, dépensé pour Sophie au delà de sa part dans le faible héritage de ma mère. Eh bien, dresses-en le compte avec mon oncle Merlot. Qu'un acte sous seing privé l'atteste et réponde à toutes les réclamations qui pourraient être faites.

Si ce moyen n'est pas le bon, indiques-en un autre.

Cependant je n'attendrai pas que cela soit fait pour donner ma si-

jamais pu remettre les pieds sans un frisson d'épouvante.

gnature dans l'affaire de l'hypothèque. Je ne veux que la promesse que tu mettras ordre à cette affaire, pour te faciliter le moyen de toucher les cinq ou six mille francs de M. de Viterne*.

Tu m'as dit que ce que tu avais fait pour moi équivalait bien à ce que tu me devais. Moi, je crois t'être redevable de beaucoup : heureux si quelque jour je puis t'être utile ! alors je ferai ce qu'un fils doit faire pour son père ; et cela, sans prendre pour base les comptes que nous aurions à régler ensemble. Je sens trop bien que je te suis à charge pour aggraver davantage les malheurs de ta situation. Je vais tâcher de me suffire. Puisse Dieu bénir un dessein que m'inspire la raison !

Ne crois pas que ce soit orgueil ou colère qui me porte à me séparer de toi. Si j'eusse écouté ces sentiments, il y a longtemps que j'aurais fait ce que je fais aujourd'hui ; mais, pour mieux le prouver encore, j'espère aller quelquefois manger la soupe en famille.

Je compte avant quelques mois mettre fin aux inquiétudes que ma situation pourrait t'inspirer. C'est pour éviter les emportements que j'ai pris le parti de t'écrire.

Adieu, je suis pour la vie ton fils.   BÉRANGER.

Je compte bien toujours profiter du blanchissage. Je désirerais aussi que tu fondisses mon compte chez madame Greus avec celui d'Adélaïde**. C'est sept ou huit livres que tu auras à acquitter. Elle est

---

* Un des cahiers de papiers d'affaires du père de Béranger porte pour titre : *M. de Viterne ; droits de mon fils*, et contient cinq lettres, datées de frimaire et de pluviôse an X, dans lesquelles on voit que M. de Viterne, sans doute l'un de ses clients, lors de sa prospérité, lui avait acheté une maison sise au Gros-Caillou, rue Saint-Dominique, et que le vendeur avait fait prendre à son fils une inscription hypothécaire destinée à représenter, plus ou moins, la valeur de la succession maternelle (3,200 livres). Béranger ne se prêta pas volontiers à ce genre d'opérations, et c'est surtout pour n'avoir rien à y démêler jamais qu'il désirait obtenir de son père un arrangement bien net de leurs intérêts.

Une note du père de Béranger dit : « Le 18 ventôse an X, Béranger, au bureau des hypothèques du département de la Seine, aux Petits-Pères, justifia de sa majorité et fit acte de nouveau domicile, rue Saint-Nicaise, n° 486. »

** Adélaïde Paron, cousine-germaine de Béranger, que l'on avait confiée, de Péronne, aux soins de son père.

Je regrettai alors bien amèrement d'avoir été arraché à la typographie, que j'ai toujours aimée, mais que je ne me figurais pas connaître assez bien pour y trouver une ressource. J'avais tort : je me suis convaincu trop tard que j'aurais pu devenir en peu de temps un habile ouvrier, ce qui m'eût évité bien des années de dénûment et d'attente vaine[1].

Tandis que mon père, poursuivi par ses créanciers, emprisonné même, n'était ni moins insouciant ni moins léger, j'aurais voulu me cacher au monde entier et me livrais à des accès de mélancolie d'autant plus douloureux, que, fort expansif dans mes plaisirs, je ne l'ai jamais été dans mes peines. La crainte de rencontrer des témoins et des victimes de notre désastre m'égarait en de longues promenades autour de Paris. Saint-Gervais, Romainville[2], Boulogne, Vincennes, que de tranquillisantes rêveries je

---

trop cher pour que je lui donne encore mes bas à blanchir : je prie Adélaïde de l'en prévenir.

Je voudrais que tu donnasses encore un petit écu à madame Jary pour ce que je lui dois.

[1] « Si cela vous est possible, mon enfant, restez maçon sans rien négliger pour devenir grand poëte. Sachez que, toute ma vie, j'ai regretté d'avoir été forcé par mes parents de quitter la profession d'imprimeur. Cet état eût assuré mon indépendance, et il faut être indépendant pour être poëte. » (*Lettre à Charles Poncy.*)

[2] Le vallon des Prés-Saint-Gervais et le coteau du bois de Romainville qui ont inspiré à Bernardin de Saint-Pierre de si jolies pages dans ses *Études de la nature*. Ces délicieuses promenades de nos pères n'existent plus.

vous ai dues! Mais il fallut bientôt me consacrer à la tenue d'un cabinet de lecture, dont mon père fit l'acquisition[1]. Ce fut pour moi l'occasion de nouveaux embarras : il m'avait adjoint un cousin[2], joyeux garçon qui, pendant que je rimais et que j'écrivais au milieu des pratiques, en gardant le comptoir, dépensait à s'amuser une partie de nos petits bénéfices. Mon père reprit enfin l'établissement, devenu sa dernière ressource. C'était dans la rue Saint-Nicaise : un soir[3] que je venais l'y retrouver, je faillis sauter à l'explosion de la *machine infernale,* qui m'eût assurément mis en morceaux, si elle eût éclaté quelques secondes plus tard.

Par un hasard singulier, peu de jours avant cette horrible catastrophe, M. de Bourmont, qui avait traité avec le gouvernement consulaire, l'abbé Rathel, homme qui vivait de conspirations royalistes, un nommé Charles, dont le nom de famille m'échappe, et deux ou trois individus du même parti avaient dîné chez mon père. Ce n'était cependant pas un conciliabule. Là, j'avais pu remarquer le peu d'accord qui régnait entre ces messieurs. M. de Bourmont semblait surtout inspirer de la défiance et du mécon-

[1] Rue Saint-Nicaise, au numéro 486 d'alors.
[2] Florimond Forget (V. la *Correspondance,* tome I, page 40, où il y a une lettre du père de Béranger relative à ce passage de *Ma Biographie.*)
[3] Le 3 nivôse an IX, à huit heures (24 décembre 1800).

tentement. Aussi je fus bien surpris de le voir compromis dans l'affaire Carbon et Saint-Régent. Depuis ce jour, je ne me suis plus rencontré avec lui. Le nommé Charles, arrêté, je crois, le surlendemain de cette réunion, fut fusillé en vertu d'un ancien jugement porté contre lui. Quand il fut pris, il projetait d'assassiner le Premier consul, et l'avait confié à mon père, qui fit tout pour l'en détourner. Nous eussions dû être compromis par de telles relations : on surveilla seulement mon père, à qui le commissaire de police donnait le titre de banquier des royalistes. A juger par le banquier de la fortune du parti, la banqueroute était imminente.

Je m'aperçois que j'ai gardé le silence sur les événements politiques des deux dernières années du dix-huitième siècle, qui ne furent pas de nature à adoucir mes chagrins. Moi qu'avaient rempli de tant de joie les succès de nos armes, il me fallut bientôt gémir sur leurs revers multipliés, trembler même pour l'indépendance de la patrie. A la fin du pouvoir directorial, l'anarchie devint telle, que les cœurs les plus forts y perdaient l'espérance. Qu'on juge où en étaient les cœurs timides. J'ai entendu avec confusion, de bons bourgeois désirer alors le triomphe de la coalition étrangère. Les Masséna, les Brune, qui nous ramenaient la victoire en Suisse et en Hollande, paraissaient insuffisants pour nous rendre la sécurité, tant les désordres, les corruptions, les extravagances du gouvernement de Barras, avaient découragé la nation, naguère encore si confiante dans ses forces.

Au milieu de ces malheurs publics, pauvre disciple de Juvénal, je rimais les alexandrins contre Barras et ses adhérents. On voit que j'ai eu de bonne heure aussi le goût de la satire, très-répandu alors, comme l'attestent les vers de Chénier, Lormian, Despaze[1] et de beaucoup d'autres. Mes chefs-d'œuvre en ce genre n'eurent pas le temps d'éclore : Bonaparte revint d'Égypte. Lorsque arriva la grande nouvelle de son retour inattendu, j'étais à notre cabinet de lecture, au milieu de plus de trente personnes. Toutes se levèrent spontanément, en poussant un long cri de joie. Il en fut de même à peu près dans toute la France, qui se crut sauvée[2]. Quand on produit de pareils effets sur un peuple, on en est le maître : les sages n'y peuvent rien. En débarquant à Fréjus, Bonaparte était déjà l'empereur Napoléon.

Je m'étais toujours fait un malin plaisir de prédire à mon père l'élévation future du vainqueur d'Arcole et de Lodi. Sa course en Égypte ne m'avait point

---

[1] Marie-Joseph Chénier, Baour-Lormian et Joseph Despaze.

[2] Il paraît avéré que Baudin (des Ardennes), l'un des patriotes les plus purs de la Révolution, mourut d'un saisissement de joie en apprenant que Bonaparte avait mis le pied sur le sol de France. Baudin (des Ardennes) aimait sincèrement et ardemment la République.

ôté l'idée qu'il arriverait à la suprême magistrature. Ainsi que d'autres royalistes, mon père ne voulait voir en lui qu'un Monk. Quant à moi, j'applaudis avec toute la France à la révolution du 18 brumaire, non pourtant sans craindre que le jeune général ne s'arrêtât pas au Consulat.

Si l'on me demande comment, avec mes prévisions, je n'ai pas été révolté par la violation de la constitution au 18 brumaire, je répondrai naïvement qu'en moi le patriotisme a toujours dominé les doctrines politiques et que la Providence ne laisse pas toujours aux nations le choix des moyens de salut. Ce grand homme pouvait seul tirer la France de l'abîme où le Directoire avait fini par la précipiter. Je n'avais que dix-neuf ans, et tout le monde semblait n'avoir que mon âge pour penser comme moi. Les partis s'étaient anéantis par la violence, et leurs mouvements, dont on s'effrayait, n'étaient que les spasmes de l'agonie. Cette frayeur suffisait pour empêcher le petit nombre de voix qui réclamaient une franche république de trouver de l'écho. On croyait l'avoir eue en 93, et cette république-là n'avait guère que des fous pour elle. Les sages qui parlaient encore de liberté le faisaient avec la défiance que leur inspiraient à eux-mêmes des essais malheureux ou maladroits. D'ailleurs, très-peu de ces politiques se recommandaient par la science de l'application, sans laquelle les principes les meilleurs se déconsidèrent si promptement. Enfin, la France avait besoin d'un gouvernement fort qui la sauvât des Jacobins et des Bourbons, de l'incertitude et de l'anarchie. La jeunesse, ivre de la gloire du jeune consul, s'offrait de toute part à l'accomplissement de ses desseins, sans penser même à lui en demander compte. Il ne fallait, pour en juger, qu'entendre dans les théâtres avec quelle frénésie on applaudissait les allusions à la déroute des représentants à Saint-Cloud et de quels rires on saluait les traits lancés contre le petit nombre de Brutus qui, pour me servir des expressions du temps, avaient osé résister au nouveau César!

Qui croirait que ma première velléité d'opposition au gouvernement consulaire fut contre l'emprunt fait à Rome et à la Grèce des noms donnés d'abord aux nouvelles fonctions, et plus tard aux établissements d'instruction publique : consuls, tribuns, préfets, prytanées, lycées, tous ces mots me semblaient jurer avec le nouveau monde qu'avait enfanté 89, qui nous avait légué bien assez de mots de pareille origine; c'était de l'enfantillage de ma part, sans doute, mais j'ai toujours détesté cette routinière imitation des anciens. Chez nous, voyez Hérault de Séchelles ne pouvant se mettre à travailler à notre constitution, s'il ne parvient à se procurer avant oute chose, les lois de Minos. Du mélange que nous avons fait de l'ancien et du moderne, du paganisme et du christianisme, est née une civilisation de pièces et de morceaux, habit d'Arlequin qui, heureusement, commence à tomber en loques. Ma colère, à ce sujet, faisait rire alors, et fera rire peut-être encore aujourd'hui. Cela ne m'a pas empêché, malgré mon amour pour les Grecs, de prendre à guignon les grands hommes de Plutarque et Plutarque lui-même, ce Grec qui n'ose apprécier ni la grandeur politique de Démosthènes, ni le génie d'Aristophane. Étudions l'antiquité, respectons la tradition, mais ne leur empruntons que ce dont nous ne pouvons nous passer. Mon admiration pour Bonaparte ne m'a pas empêché de le traiter souvent d'homme de collége ; Paoli l'avait bien deviné : c'était sous beaucoup de rapports, un héros de Plutarque, aussi restera-t-il, je l'espère, le dernier et peut-être le plus grand des hommes de l'ancien monde, qu'il aimait à refaire, à sa manière toutefois. Hélas ! rien ne porte malheur comme de lutter contre un monde nouveau ! Napoléon a succombé à la tâche. En 1815, justifiant le mot de Paoli, il écrivait au régent d'Angleterre qu'il venait, comme Thémistocle, s'asseoir au foyer britannique[1]. Le

---

[1] En 1840, nous avons traité Napoléon à son goût. Après la publication du procès-verbal d'exhumation qui constatait que ses restes étaient dans un état de conservation à faire crier miracle, les jour-

peuple anglais et son prince ont été bien sensibles à ce souvenir de Plutarque.

Dans les premiers temps du Consulat, pour échapper à ma pénible position, je tentai de me faire envoyer en Égypte, où notre armée semblait pouvoir résister longtemps encore. Parceval-Grandmaison, que je connaissais et qui en était revenu avec Bonaparte, consulté par moi sur ce projet, m'en démontra tous les inconvénients. Je dus céder à ses avis. Que de fois depuis ne m'a-t-il pas dit : « N'avais-je pas raison? » Moi non plus je n'avais pas tort; car le problème à résoudre était de n'être pas à charge à mon père et de trouver le moyen de vivre, n'importe en quel lieu du monde.

Il y avait pourtant quelque douceur dans ma pauvreté. J'habitais une mansarde, au sixième étage, sur le boulevard Saint-Martin. De quelle belle vue je jouissais là! Que j'aimais, le soir, à planer sur l'immense ville, lorsqu'aux bruits qui s'en élèvent sans cesse venait se mêler le bruit de quelque grand orage! Je m'étais installé dans ce grenier avec une satisfaction indicible, sans argent, sans certitude

---

naux et les proclamations des autorités nous ont parlé des *cendres* de Napoléon. Les poëtes, bien entendu, n'ont pas été les derniers à se servir du mot *cendres*. Aussi raconta-t-on qu'un vieux soldat, en l'entendant répéter, s'écria : « Voyez! ces gredins d'Anglais l'avaien brûlé! » (*Note de Béranger*.)

d'avenir, mais heureux d'être enfin délivré de tant de mauvaises affaires qui, depuis mon retour à Paris, n'avaient cessé de froisser mes sentiments et mes goûts. Vivre seul, faire des vers tout à mon aise, me parut une félicité. Et puis, ma sagesse en herbe n'était pas de celles qui bannissent toutes les joies : il s'en fallait bien. Peut-être n'ai-je jamais parfaitement connu ce que nos romanciers anciens et nouveaux appellent l'amour[1], car j'ai toujours regardé

---

[1] Béranger est le chantre de l'amitié; il a donné à l'amitié, dans ses chansons, quelque chose de la divinité de l'amour. On ne saurait trop mettre en lumière ce caractère du poëte et cette morale de sa poésie. Voici les vers qui résument, à ce point de vue, la doctrine de Béranger :

> Aimer, aimer, c'est être utile à soi;
> Se faire aimer, c'est être utile aux autres.

Il est difficile d'exprimer d'une manière plus courte une pensée plus significative. On voit tout de suite que ce n'est pas un frivole rimeur d'élégies qui parle, et qu'il ne met pas toute sa gloire à trouver d'heureux refrains pour ses chansons. Comment se fait-il qu'on vienne se méprendre à de pareils vers et reprocher sa muse efféminée à un écrivain qui, par ce seul distique, proscrit l'égoïsme, même raffiné, de l'amour et élève les grâces du caractère à la dignité d'une vertu civique? C'est plutôt cette proscription de l'amour tendre et chevaleresque que plusieurs peuvent trouver dure; mais, dès qu'on raisonne en philosophie, n'est-il pas tout à fait remarquable que Béranger ait placé dans les plus doux plaisirs du cœur le devoir le plus nécessaire? Une telle manière de comprendre la vie et le rôle de l'individu prédispose Béranger à préférer moralement à un amour dont il connaît les voluptés dangereuses cette tranquille et féconde amitié qui n'a que des plaisirs utiles à nous offrir. Voilà pourquoi Béranger a été

la femme, non comme une épouse ou comme une maîtresse, ce qui n'est trop souvent qu'en faire une

toute sa vie un ami incomparable, et pourquoi il y a eu peu de place dans cette vie pour le roman de l'amour.

Le chantre des joies faciles de la Rome antique, Horace, n'a-t-il pas également mis l'amitié au-dessus de l'amour et pratiqué cette morale avec une joie sans mélange? Quand il rencontre, dans son voyage à Brindes, et Varius, et Plotius et Virgile, avec quel sincère élan de l'âme il s'écrie :

> O qui complexus et gaudia quanta fuerunt!
> Nil ego contulerim jucundo sanus amico.

« Non, il n'y a rien pour l'homme de sens au-dessus d'un aimable ami. » Ou bien

> Les longs romans qui font pitié
> Ne vaudront jamais quelques pages
> Du doux roman de l'amitié.

A citer toutes les pièces de Béranger dans lesquelles il a loué l'amitié, ou chanté ses amis, ou prouvé combien il les aimait, l'énumération serait longue. Il y en a vingt dans l'ancien recueil: il y en a tout autant dans les *Œuvres posthumes*. Cette tendresse, qui se marquait par des actions plus encore que par des couplets, prend dans *Ma Biographie* une couleur plus sentimentale que dans les chansons de la jeunesse. Béranger, oubliant son rôle et sa renommée, va jusqu'à recueillir naïvement des vers dont le plus grand mérite est de dater de loin et de lui rappeler ses plus chers souvenirs. Non-seulement il donnait toutes ses pensées, tout son crédit et tout son temps à ses amis, il leur eût donné jusqu'à sa gloire. Ne soyons pas sévères pour ces quelques chansonnettes qui n'ont pas le grand coup d'aile lyrique, mais qui gardent un si charmant parfum d'amitié.

Dans la *Couronne retrouvée*, le poëte illustre, le vieil ami, est seul, à Fontainebleau, devant ses souvenirs de jeunesse. Il se raconte les joies passées, et une larme mouille ses yeux.

> Et ces convives si fidèles
> Au joyeux chant qui rend l'aï plus doux,
> Que plus tard j'ai pris sous mes ailes,

esclave ou un tyran, et je n'ai jamais vu en elle qu'une amie que Dieu nous a donnée. La tendresse

> Pensent-ils même à moi qui pense à tous ?
> Oiseaux charmants, au souvenir volage,
> Tous sont épars, chacun dans son enclos.
> Nous n'avons plus le même ombrage,
> Plus les mêmes échos.

Quand on songe que c'est Béranger qui se plaint ainsi, si délicatement, si tendrement, lui qui n'a besoin de personne, lui qui s'est toujours voué au bonheur d'autrui, on comprend que sa maxime sur l'amour et l'amitié n'est pas une maxime de théâtre, bonne à débiter, mais qui ne se pratique pas.

L'amour n'a pu être pour Béranger, même en théorie, qu'une amitié charmante échangée entre les deux sexes. L'amour est autre chose encore ; mais il ne l'avilissait pas sans doute en disant :

> D'un amante faire une amie,
> Mes amis, ce n'est pas vieillir ;

ni en écrivant, à la fin de sa vie : « J'ai toujours regardé la femme, non comme une épouse ou comme une maîtresse, ce qui n'est trop souvent qu'en faire une esclave ou un tyran, et je n'ai jamais vu en elle qu'une amie que Dieu nous a donnée. »

Certes, c'est une noble chose que la passion, et il nous vient de Dieu, cet amour lyrique,

> Amour, fléau du monde, exécrable folie !

Elle descend du ciel, cette étincelle d'une électricité superbe qui frappe au sein les plus vaillants, les plus sages, les plus cruels, comme elle a charmé ou désespéré les Sapho et les la Vallière ; elle est admirable encore, en ses jeux enfantins, la respectueuse religion de la faiblesse et de la beauté dont les chevaliers du moyen âge, au prix de leur sang, défendaient partout l'honneur. C'est l'amour qui a jeté dans le monde les plus beaux cris poétiques ; c'est l'amour qui a révélé à l'âme ce qu'il y a de plus délicieux dans la joie, ce qu'il y a de plus fier dans le courage, dans l'espérance de plus ardent, de plus gracieux dans le souvenir ; mais peut-être est-il utile qu'une voix s'élève, et, non plus

pleine d'estime que ce sexe m'a inspirée dès ma jeunesse n'a cessé d'être la source de mes plus douces

au nom de l'esprit d'humiliation et de pénitence, mais au nom de ces devoirs si nombreux que les siècles en marchant nous imposent, parle aux voluptueux des caresses menaçantes de la *Sirène*. Béranger l'a peinte, dans un merveilleux paysage, à l'heure où tout s'endort,

> Le vent, le travail, la gaîté,

à l'heure où seulement, dans le silence et dans les dernières lumières du soir,

> Du sein de l'onde un mot surnage,
> Mot que la nuit fera redire au jour :
> Amour! amour!

La sirène (c'est l'amour même) appelle les jeunes gens qui ont leur vie courageuse à vivre :

> La vie, enfant, la douce vie,
> N'est parmi nous, qui savons l'attiser,
> Qu'un long baiser.

Le malheureux l'écoute, hésite et disparaît pour jamais sous les flots. C'est en vertu d'un système à la fois philosophique et politique que Béranger, pour combattre les amours énervantes, a loué l'amour rapide, et, plus tard, l'amour-amitié.

Quand nous voulons nous faire chacun notre élégie du *Lac*, nous sommes perdus pour longtemps et courons risque d'être perdus pour toujours : au contraire, l'amour, tel que l'entend Béranger, laisse l'homme à la patrie, à la raison, à l'avenir. Il sait bien qu'il y a un temps pour la rêverie nonchalante, et que nous n'avons pas été créés pour prononcer toujours ou pratiquer des sentences; mais la vie est courte, le temps nous presse;

> Chaque baiser qu'on se donne
> Peut être un dernier baiser.

Au galop! Si nous tenons à vivre en hommes, ne nous attardons pas aux enivrements de la passion.

> Notre vie ainsi lancée
> Ira cent fois dans un jour

consolations. Ainsi j'ai triomphé d'une secrète disposition à l'humeur noire, dont les retours devin-

> De l'amour à la pensée,
> De la pensée à l'amour.

Point de faiblesse, pas de servilité (et c'est ici le correctif qui ne manque pas de fierté) :

> Jamais la tendre volupté
> N'approcha d'une âme flétrie;
> Doux enfant de la liberté,
> Le plaisir veut une patrie!

Ainsi parle au jeune Grec, qui n'avait plus de patrie, l'*Ombre d'Anacréon*.

Sans doute, c'est mettre de la raison en toute chose, et jusqu'en ce qu'il y a de plus ennemi de la raison. Béranger n'est pas loin, en réalité, de croire lâche un cœur qui ne veut s'emplir que d'amour, et il considère comme des cris de folie, en un siècle chargé de fatigues et de peines, ces voluptueuses et dédaigneuses déclamations que tant de poëtes, et, à leur imitation, tant d'hommes lancent à la face des champs, des bois, des prés, des eaux, comme si la nature éternelle n'était qu'un théâtre dressé pour leurs plaisirs d'une heure. Lisez la parabole de la *Rivière :*

> Qui parle ainsi? c'est l'âme folle
> D'un poëte qui dans ce lieu
> Oublie aux pieds de son idole
> Ceux qui travaillent devant Dieu.

Béranger ne nous corrigera pas tous : il y en aura toujours quelques-uns parmi nous pour aimer la solitude, pour mener leurs amours au plus profond des bois, pour supprimer en rêve ce qui environne cette retraite, pour prier Dieu d'éteindre autour d'elle toutes les lumières et d'assoupir tous les bruits. Mais qu'ils se relèvent, qu'ils se réveillent de cette langueur; qu'ils songent à leur tâche : voilà ce qu'il demande.

Si la passion, l'ancienne passion chevaleresque, si l'amour romanesque et dramatique était une part nécessaire de la vie, si chacun devait aimer à la façon des héros de nos livres, Béranger aurait tort de

rent de moins en moins fréquents, grâce aux femmes et à la poésie. Il me suffirait de dire grâce aux femmes; car la poésie me vient d'elles.

Alors même que cette fâcheuse humeur me tourmentait le plus, je n'en étais pas moins, dans nos réunions d'amis, le plus fou et le plus gai de tous. Quelle douce chose que des amis[1]. Mes méditations littéraires ne m'empêchaient pas d'avoir des chansons pour tous les joyeux dîners que notre bourse nous permettait. Pas un carnaval ne se passait sans mascarades : jouer la comédie fut un de mes grands divertissements, et je composais de petits vaudevilles pour nos fêtes particulières, ce qui rend plus extraordinaire le peu de plaisir que, par la suite, j'ai trouvé à aller au spectacle.

A cet âge j'ai formé d'aimables liaisons qui me restent encore : Antier[2], qui a donné beaucoup d'ouvrages à nos théâtres secondaires et qui a fait tant de

---

nier le grand caractère de ces crises ; mais combien y a-t-il d'hommes capables d'une belle passion, même enivrante, même énervante? combien y en a-t-il qui connaissent la folie de l'amour? La plupart n'en veulent qu'au plaisir. (*Philosophie et politique de Béranger*, par Paul Boiteau, in-8°, 1850.)

[1] Que de soupers! que d'amourettes!
Que de vrais amis à vingt ans!
C'est là le temps des chansonnettes!
Oh! le bon temps! oh! le bon temps!
(CHANSONS POSTHUMES. — *A Brazier*.)

[2] M. Benjamin Antier, plus jeune que Béranger de quatre années.

jolies chansons restées inédites, car il n'a jamais visé sérieusement à se faire une réputation, ce qui eût été facile; Lebrun[1], homme d'un caractère si pur et

[1] M. Lebrun (Pierre-Antoine) est né à Paris le 29 novembre 1785. Il est membre de l'Académie française depuis 1828. La très intéressante notice que M. Sainte-Beuve lui a consacrée fait partie des trois volumes de *Portraits contemporains*. Poëte lauréat, par la volonté même de l'Empereur, il resta fidèle au culte des grands souvenirs d'une histoire dont la pompe et la gloire l'avait surtout frappé. A vingt ans, une ode lui avait valu une réputation. C'était après Austerlitz et avant Iéna.

Peu de temps après, M. Lebrun connut Béranger et conçut de l'estime pour un talent qui n'était encore qu'agréable. Beaucoup plus en vue alors et bien autrement choyé, quoique plus jeune, M. Lebrun était un maître dans l'art des grands vers, et Béranger n'était presque qu'un amateur dans l'art des chansons. Avec quel doux et modeste sourire M. Lebrun lui-même rappelle ces commencements de leur amitié, qui est devenue plus tard si intime! La gloire de Béranger s'est levée peu à peu au-dessus de l'horizon et a plané tout d'un coup au-dessus de bien des renommées. M. Lebrun n'en aima que mieux ce vainqueur dont il avait été comme le patron chez Regnaud de Saint-Jean-d'Angély.

C'est grâce à lui que l'Académie française, en grande séance solennelle, s'est approprié une renommée qu'elle avait si souvent désirée et qu'il ne lui avait pas été donné de consacrer par son choix, tant que le poëte populaire avait vécu.

Le 28 février 1858, M. Lebrun, directeur de l'Académie française, recevait M. Émile Augier. A la fin de son discours, il a dit, et c'était l'Académie elle-même qui parlait par sa bouche :

« Entre les pertes récentes des lettres, il y en a une bien grande, qu'il appartient à l'Académie de ressentir avec toute la France, et qui, bien qu'elle semble étrangère à cette compagnie, a droit d'y recevoir un solennel hommage. Je parle de notre cher et illustre Béranger. L'Académie me permettra de marquer ici, comme une des plus irréparables pertes qu'elle pût faire elle-même, celle de ce poëte, homme si bon, devenu académicien, mais que de beaux et légitimes succès littéraires n'ont pas empêché de se décourager trop tôt, Wilhem Bocquillon[1], inventeur d'une admirable méthode musicale, qui, en popularisant son art, a rendu un grand service à la France et surtout aux classes ouvrières, pour lesquelles la musique est un moyen d'amélioration.

En parlant de Wilhem, qui a fait de si charmants airs pour quelques-unes de mes chansons et que le temps donné à sa *Méthode* a empêché d'arriver à une haute réputation de compositeur, il me prend envie

de bien, l'Horace à la fois et le Franklin de la France, qui a jeté sur la littérature de notre temps, avec l'éclat de sa riche poésie, tout le lustre que le caractère ajoute au talent. Il appartenait à ce grand artiste de langage, qui a cultivé son génie avec tant de constance et l'a élevé si haut par la volonté et le travail, à cet amateur passionné de la belle langue française dont nous sommes les conservateurs, il lui appartenait d'en venir partager avec nous la tutelle. Nous avons ici le fauteuil de la Fontaine; il attendait le grand chansonnier qui fit de ses chansons, comme la Fontaine l'a dit de ses fables,

« Une ample comédie à cent actes divers. »

La *Marie Stuart* (1820), le *Cid d'Andalousie* (1825) et le *Voyage en Grèce* (1828) de M. Lebrun lui ont valu, dans la haute littérature, une place des plus enviées.

Il était le camarade, au Prytanée impérial, de Wilhem et de M. Antier; et c'est par eux qu'il devint l'ami intime de Béranger.

[1] Mort en 1842. « Louis-Guillaume Bocquillon est né à Paris en 1781. C'est en voyant le goût français pour tout ce qui a un air d'étrangeté, surtout en musique, qu'il prit le nom de Wilhem, traduction d'un de ses prénoms, et qu'il faut lui conserver, puisqu'il l'a mis en réputation. » (*Correspondance*. Lettre du 7 mai 1842.)

de rapporter une lettre en couplets, comme j'en ai écrit beaucoup, et que je lui adressai à l'occasion d'un *Te Deum* chanté à Notre-Dame[1], devant tous les rois courtisans de Napoléon. J'avais un billet d'entrée.

> Dimanche, nous verrons cinq rois
> Faire oublier Dieu dans l'église.
> Ils m'y chercheront, je le crois,
> Et j'ai fait blanchir ma chemise.
> J'ai le chapeau, j'ai l'habit noir,
> J'ai des bas fort bons pour la crotte,
> J'aurais tout ce qu'il faut avoir,
> S'il ne fallait pas de culotte.
>
> Vive la femme de bon sens
> Qui culottait l'Académie !
> Des neuf sœurs, et je m'en ressens,
> Bien différente est la manie.
> Entre nous, amis, je crois peu
> A leur vertu qui nous assotte,
> Car ces dames se font un jeu
> De voir leurs amis sans culotte[2].

---

[1] Le dimanche 3 décembre 1809. Napoléon était revenu récemment de Vienne. Les rois de Saxe et de Wurtemberg, Murat et Jérôme l'attendaient.

[2] Dans l'original de cette pièce, qui a été retrouvé dans les papiers de Wilhem (*Corresp. de Béranger*, t. I, p. 102), le second couplet de cette chanson est ainsi tourné :

> Vive cette bonne Geoffrin
> Qui culottait l'Académie !
> Des neuf sœurs, et c'est mon chagrin,
> Bien différente est la manie;

> Toi dont le cœur est généreux,
> Toi que j'ai toujours vu sensible,
> Toi qui jamais d'un malheureux
> N'as trouvé la plainte risible;
> Toi qui vis comme un Robinson,
> Tandis que le sort me ballotte;
> Toi qui peux garder la maison,
> Veux-tu me prêter ta culotte[1]?

Un seul de mes anciens amis a rompu avec moi, en 1815, par humeur politique. C'était un artiste célèbre[2], homme d'un caractère ordinairement aimable et doux, mais dont la vanité sans doute s'éprit des sociétés aristocratiques. Cet ancien ami se repentit de s'être éloigné de moi; mais en amitié je n'ai jamais cru les raccommodements possibles, à moins de malentendu[3].

> Leur honneur, auquel je crois peu,
> Est en grand péril sous leur cotte;
> Car ces dames se font un jeu
> De voir leurs amis sans culotte.

---

[1] Dans l'original, il y a, de plus : « C'est ta culotte de soie noire dont il est question; sans elle je renonce au *Te Deum*; mais, avec ou sans culotte, je n'en serai pas moins ton plus sincère ami. »

[2] Le peintre Guérin, l'auteur de *Marcus Sextus*, du *Départ d'Hippolyte*, d'*Andromaque*, d'*Énée et Didon*.

[3] « Faites comme je fais à cet égard. L'amitié est une chaîne trop peu tendue pour qu'elle se casse d'elle-même : ce n'est point comme l'amour. Or, puisque c'est volontairement qu'on la brise, disons toujours *adieu* à ceux qui nous quittent, et jamais *au revoir*. » (*Correspondance de Béranger*. Lettre du 22 octobre 1811.)

C'est à une longue maladie de cet artiste, pendant laquelle je ne cessai de le veiller, que je dus l'idée d'écrire mes chansons pour la première fois[1]. Je m'en rappelai plus de quarante, dans les nuits que je passai auprès de son lit, où il ne pouvait souffrir une garde, quoique sa fortune lui eût permis d'en avoir plusieurs. En les écrivant je les lui chantais pour le distraire dans ses douloureuses insomnies. Toute bonne qu'est ma mémoire, elle dut en laisser échapper[2] beaucoup : j'en ai tant fait[3] ! Aujourd'hui, elle vient me fournir encore des couplets en réponse à une lettre où cet ingrat ami me disait, après le 20 mars, qu'il fallait attendre, pour nous revoir, le rétablissement des Bourbons. Je ne lui envoyai point

---

[1] « Je fais le garde-malade. J'ai encore passé la nuit du dimanche au lundi, et je crois bien encore passer celle-ci, qui sera la quatrième. Je me fatigue moins de ces soins que d'avoir affaire à un malade un peu trop difficile. J'espère, au reste, que sa maladie ne se prolongera pas longtemps. Pour égayer un peu mes veillées, je recopie mes anciennes chansons, et j'en fais quelques nouvelles; mais mon poëme se repose, et ma conscience n'est pas tranquille. » (*Lettre* du 12 mai 1812.)

Cette lettre nous donne la date précise du moment où Béranger commença de travailler à élever le monument dont il a enrichi notre littérature.

Guérin, né à Paris le 13 mars 1774, n'avait que six ans de plus que lui. Il est mort à Rome le 16 juillet 1833.

[2] Béranger regrettait surtout le *Bœuf gras* et le *Décrotteur suivant la Cour*.

[3] Toutes celles qui sont postérieures à 1815, ou à peu près toutes, ont été recueillies; mais, avant 1815, Béranger a composé beaucoup de chansons qui n'ont pas été imprimées.

ces vers; et, tant qu'il a vécu, j'ai cru ne pas devoir les publier.

> Suspendons nos rapports intimes,
> M'écris-tu, jusqu'à l'heureux jour
> Qui de tes princes légitimes
> T'entendra bénir le retour.
> Ah! garde ton indifférence;
> De ton espoir, moi, j'ai frémi.
> C'est trop que les pleurs de la France
> Pour me rendre un pareil ami.
>
> Je t'aimais, et tu crois qu'on chasse
> L'amitié comme un mendiant
> Qui, le soir, au foyer prend place
> Pour partir quand luit l'orient.
> Non, du toit qui lui sert d'asile
> A charge de joie et de deuil,
> Si l'ingratitude l'exile,
> Elle meurt en passant le seuil.
>
> Elle meurt! Je sens qu'elle expire;
> Fière, elle subit ton arrêt
> Dont seul tout bas mon cœur soupire,
> Mais qu'en vain le tien casserait.
> Crois-moi, si ton parti l'emporte,
> Eussé-je à courir des dangers,
> Je n'irai point chercher ta porte :
> Tu peux l'ouvrir aux étrangers.

Mais revenons à 1801, dans mon grenier du boulevard Saint-Martin. La misère augmentait et la conscription était venue jeter une nouvelle inquiétude dans ma vie. Il était facile de se nourrir de pain et de fromage, malgré la violence de mon appétit; mais comment échapper à la levée militaire et à ses exécuteurs?

Ma frêle constitution, et surtout la faiblesse de ma vue, qui eussent fait de moi un soldat d'hôpital, me plaçaient dans le cas d'exemption certaine. On ne croyait pas, tant j'étais pâle et maigre, que je pusse atteindre trente ans : ma poitrine semblait fort mauvaise, et mon père me répétait sans fin : « Tu n'as pas longtemps à vivre. Je t'enterrerai bientôt. » Nous ne nous en affligions ni l'un ni l'autre. Malheureusement la position que semblait lui donner son cabinet de lecture l'obligeait, si ma réforme n'était pas prononcée, à payer un remplaçant, ce qui lui était réellement impossible.

Ma conscience, bien rassurée sur mon incapacité militaire, je ne trouvai qu'un moyen de sauver à mon père la dépense qui en fût résultée pour lui. Je ne me fis pas inscrire sur les contrôles, ce qui alors était encore possible. Mais je me plaçais ainsi sous le coup d'une arrestation presque inévitable. Cruel tourment ajouté à tant d'autres! Beaucoup de jeunes gens se découragent à moins. Je tins bon contre l'adversité, et le ciel me vint en aide. Chauve à vingt-trois ans, sans cause appréciable que mes maux de tête, je pus, grâce à l'apparente maturité que donne la calvitie, braver gendarmes et officiers de police, toujours à l'affût des conscrits réfractaires. Il me suffisait de mettre chapeau bas devant eux pour que mon front, qui bien avant trente ans en marquait quarante-cinq, leur ôtât l'idée de me demander mes papiers. J'ai eu longtemps [1] à saluer ces messieurs, car les réfractaires de ma classe ne furent amnistiés qu'au mariage de Napoléon avec Marie-Louise. Ce qui prouve que les petits ne pâtissent pas toujours des sottises des grands.

Quant à la fortune, elle parut aussi se laisser toucher. J'avais usé trois ans à chercher quelque petit emploi et surtout à rimer, passant de la satire politique aux odes et aux idylles, de la comédie au poëme épique. Pressé par des besoins sans cesse renaissants, un jour je m'avise d'écrire à M. Lucien Bonaparte : c'était au commencement de 1804. J'ai dit ailleurs [2] combien fut heureuse pour moi cette démarche désespérée; mais j'aime à me rappeler dans quelle misérable situation et sous quel avenir menaçant j'étais placé quand tomba sur moi ce rayon de soleil.

---

[1] « Vous savez que nous montons la garde à Paris. J'ai tort de dire nous, car je ne sais comment cela se fait, mais je n'ai point encore eu mon tour. Je ne le désire pas : non que je veuille éviter les charges générales, mais parce que je me trouverais exposé à un examen sérieux au sujet de la conscription. Vous pouvez bien penser que, malgré cette réflexion et l'espèce de danger que je cours, je n'en suis pas moins tranquille. » (Lettre du mois d'août 1809.)

[2] Dans la belle Préface du Recueil de 1833.

Depuis longtemps la montre d'or et quelques autres débris de notre passagère opulence servaient d'hypothèque au Mont-de-Piété; ma garde-robe se composait de trois mauvaises chemises qu'une main amie se fatiguait à raccommoder, d'une mince redingote bien râpée, d'un pantalon percé au genou et d'une paire de bottes qui faisait mon désespoir, parce qu'en les décrottant chaque matin j'y découvrais toujours quelque blessure nouvelle. Je venais de jeter à la poste quatre ou cinq cents vers dans une lettre d'envoi à M. Lucien, ne révélant à personne cette tentative faite après tant d'autres tentatives. Deux jours passés sans réponse, un soir, la meilleure amie que j'aie eue, la bonne Judith [1], avec

---

[1] On a dit que mademoiselle Judith Frère était la nièce de M. Valois, maître d'armes dans la pension où fut élevé Béranger en 1789, et que son oncle se servait d'elle comme d'un prévôt pour donner des leçons à ses élèves. Ce professeur d'escrime s'appelait Levalois. Il avait en effet une nièce que Béranger a beaucoup connue; c'est madame Redouté, qui fut aussi la nièce du peintre de fleurs de ce nom. Judith était sa cousine germaine. Ni l'une ni l'autre n'ont touché aux fleurets de M. Levalois. Mademoiselle Judith était la jeune fille la plus douce et la mieux élevée. Béranger, qui l'avait entrevue dès le temps où il demeurait avec sa mère dans la rue de Notre-Dame-de-Nazareth, ne la connut bien qu'en 1796, au moment où elle allait avoir dix-huit ans. Il la rencontra chez une tante fort respectable, mademoiselle Robbe, qui l'élevait et qui lui laissa, en 1818, les chétifs débris d'une fortune détruite par la Révolution (moins de 300 francs de rente).

Quoiqu'elle n'ait demeurée sous le toit de Béranger qu'à partir de 1835, on peut dire que cette amie a partagé sa vie tout entière; elle

qui je finis mes jours, s'amuse à me tirer les cartes et me prédit une lettre qui doit me combler de joie.

n'est morte que trois mois avant lui. Elle avait été fort belle; elle avait conservé dans la vieillesse l'art de chanter avec pureté et avec grâce; elle était pleine de sens, elle était pour lui une digne compagne. Est-il nécessaire de dire que cette femme qu'il aima toute sa vie d'une tendresse si respectueuse n'est pas la coquette et légère *Lisette* des chansons? Il n'y a que deux ou trois chansons de Béranger où reste gravé le souvenir de mademoiselle Judith. C'est *Maudit Printemps*, c'est le *Temps*, c'est la *Bonne Vieille*, l'une des pièces les plus tendrement émues qu'il ait écrites, et la ravissante romance dont le refrain est :

> Grand Dieu, combien elle est jolie!

La plus exquise délicatesse y respire à chaque vers. C'est donc une erreur que de faire de cette excellente amie, si fière et si dévouée, l'héroïne de quelques couplets légers. Il suffit de lire avec soin les anciennes chansons de Béranger pour ne pas se méprendre. Les chansons nouvelles montrent bien nettement que la Lisette n'est qu'un personnage de fantaisie que Béranger a emprunté au dix-huitième siècle*,

> Va revoir chaque Lisette
> Qui t'a devancé là-bas;

dit-il quelque part. Ailleurs encore il dit :

> Et la beauté tendre et rieuse
> Qui de ses fleurs me couronna jadis,
> Vieille, dit-on, elle est pieuse :
> Tous nos baisers, les a-t-elle maudits?
> J'ai cru que Dieu pour moi l'avait fait naître;
> Mais l'âge accourt qui vient tout effacer;
> O honte! et sans la reconnaître,
> Je la verrais passer!

Il est impossible d'appliquer ces vers, que le poëte consacre au

---

* Chaulieu avait depuis longtemps chanté une *Lisette*. M. Sainte-Beuve, dans un de ses articles sur Béranger (1833), a indiqué le rôle tout à fait imaginaire que le personnage de Lisette a joué dans les *Mercures de France* du dix-huitième siècle et qu'i continua de jouer dans les premières chansons de Béranger.

Malgré mon peu de foi dans dans la science de mademoiselle Lenormand, j'éprouve à cette prédiction un

souvenir de ses amours volages, à la tendre amie que Béranger ne quittait plus au moment où il écrivait ses dernières chansons. Jamais il n'a donné à personne le droit de mettre un nom qu'il vénérait sur les marges de son livre. Mademoiselle Judith, jusqu'à la fin de sa vie, a séduit tous ceux qui l'ont connue par la délicatesse de son esprit et la grâce sévère de son langage. Il arriva un jour où Béranger fut obligé de parler d'elle au public. On avait eu l'étrange idée d'annoncer le mariage de Béranger « avec sa servante. » Béranger n'exprima pas toute son indignation, mais il la fit sentir sous l'ironie de sa réponse.

Cette lettre porte la date du 5 juin 1848. Béranger y venge Judith. C'est, dit-il, « une amie de ma première jeunesse à qui je dois de la reconnaissance. Plus favorisée que moi par sa position de famille, il y a cinquante ans qu'elle rendait à ma pauvreté bien des petits services d'argent. » Et d'autres services encore dont Béranger ne voulait pas alors entretenir le public. Lorsqu'en 1809, comme nous le verrons, il eut à se charger, dans sa détresse, du jeune Lucien Paron, son fils, Judith adopta cet enfant d'une mère qu'elle ne pouvait aimer, et elle le soigna longtemps comme si c'eût été son propre fils.

Jamais aucun soupçon ne l'atteignit au milieu des compagnies où elle eut à paraître. Judith a été la constante, l'irréprochable amie de Béranger.

Mademoiselle Judith-Nicole-Françoise Frère est morte le 8 avril 1857, à Paris, rue de Vendôme, n° 5, trois mois et huit jours avant Béranger, âgée de soixante-dix-huit ans et demi.

Inhumée alors dans le cimetière du Père-Lachaise, derrière la chapelle, elle a été récemment placée dans une tombe qui avoisine celle de Béranger.

Sur la pierre funéraire ont été gravés ces vers qui résument leur commune histoire :

« Près de la beauté que j'adore
Je me croyais égal aux dieux ;

commencement de la joie que Judith m'annonce : la pauvreté est superstitieuse. Rentré dans mon taudis, je m'endors en rêvant du facteur. Mais, au réveil, adieu les illusions! Les bottes percées m'apparaissent et il faut de plus que le petit-fils du tailleur ravaude son vieux pantalon. L'aiguille à la main, je ruminais quelques rimes bien misanthropiques, comme il m'arrivait d'en faire alors, quand ma portière, essouflée, entre et me remet une lettre d'une écriture inconnue. Rime, aiguille, pantalon, tout m'échappe ; dans mon saisissement je n'ose décacheter la missive. Enfin, je l'ouvre d'une main tremblante : le sénateur Lucien Bonaparte a lu mes vers et il veut me voir ! Que les jeunes poëtes qui sont dans la même position se figurent mon bonheur et le décrivent, s'ils le peuvent. Ce ne fut pas la fortune qui m'apparut d'abord, mais la gloire. Mes yeux

> Mais au bruit de l'airain sonore
> Le Temps apparut à nos yeux.
> Faible comme la tourterelle
> Qui craint la serre des vautours.
> « Ah! par pitié, lui dit ma belle,
> « Vieillard, épargnez nos amours. »
>
> — « Levez les yeux vers ce monde invisible
> Où pour toujours nous nous réunissons. »

La tombe de Judith est à quelques pas sur la gauche de celle de Béranger. Elle deviendra, comme celle du poëte, le but d'un pèlerinage, et, aux jours d'anniversaire, une partie des fleurs d'immortelle qui sont déposées sur la tombe de Béranger seront placées sur celle de sa fidèle amie.

se mouillèrent de larmes, et je rendis grâces à Dieu que je n'ai jamais oublié dans mes instants prospères[1].

Empruntant bien vite des vêtements plus convenables que les miens, je me rendis auprès du frère du Premier consul. En vérité, quand je pense aux deux faibles poëmes dithyrambiques (le *Rétablissement du culte* et le *Déluge*) que j'osai envoyer à cet homme illustre, orateur et poëte lui-même, je dois m'étonner des marques de bienveillance qu'il me prodigua. Il voulut bien m'assurer qu'il se chargeait de veiller sur mon sort et m'en donna la preuve, malgré son départ précipité pour Rome, d'où il ne tarda pas à m'envoyer une procuration[2] pour toucher

---

[1] « Le sénateur Lucien Bonaparte a reçu, citoyen, et a lu avec intérêt les poëmes que vous lui avez adressés. Il vous recevra avec plaisir pour en conférer avec vous; il est ordinairement chez lui dans la matinée, de midi à deux heures. J'ai l'honneur de vous saluer,
«THIÉBAUT, *secrétaire*.

« Le 30 brumaire an XII. »

[2] La pièce suivante était dans une lettre que Béranger avait conservée et dont il a cité quelques lignes, mais que nous n'avons pas eue entre les mains. La lettre commençait ainsi : « Je vous adresse une procuration pour toucher mon traitement de l'Institut. Je vous prie d'accepter ce traitement, et je ne doute pas que, si vous continuez de cultiver votre talent par le travail, vous ne soyez un jour un des ornements de notre Parnasse. Soignez surtout la délicatesse du rhythme : ne cessez pas d'être hardi, mais soyez plus élégant, » etc.

« Rome, le 27 octobre 1804.

« J'autorise M. Béranger, porteur de la présente, à recevoir pour

son traitement de membre de l'Institut, dont trois années arriérées me furent payées d'abord. Je donnai la plus grande partie de cette somme à mon père[1], à qui je devais bien des mois de nourriture ; et je sus faire assez pour moi des mille francs annuels que me valut le traitement d'académicien[2].

Dans les deux seules entrevues que j'eus, à cette époque, avec M. Lucien, il me fit beaucoup d'observations sur les hardiesses de mon style. Je ne voulus rien défendre et lui avouai que j'étais complétement dépourvu d'instruction classique. Jamais il ne m'avait tant coûté de dire que je ne savais pas le latin, cette langue dont je croyais, avec tout le monde alors, qu'on ne pouvait se passer pour bien écrire en français[3]. M. Lucien le pensait sans doute aussi ;

---

mon compte et à donner quittance de mon traitement fixe de l'Institut national de France, depuis l'époque où j'ai cessé de toucher ce traitement. La présente à valoir auprès du caissier de l'Institut comme procuration suffisante et spéciale.

« Lucien Bonaparte, *membre de l'Institut.* »

Lucien Bonaparte avait quitté la France au mois d'avril.

[1] Le père de Béranger demeurait rue Saint-Thomas-du-Louvre, n° 19.

[2] Le traitement des académiciens est de quinze cents francs pour toutes les classes de l'Institut ; mais, dans la classe de littérature, on fait une retenue du tiers à chaque membre pour payer les jetons de présence et faire des pensions à ceux qui, ayant soixante ans, n'ont pas au moins six mille francs de revenu personnel. (*Note de Béranger.*)

[3] « La France a le bonheur d'avoir en ce moment un poëte éminent ; un poëte qui offre l'union si rare d'un grand talent et du plus noble caractère ; un poëte dont l'imprimerie a vainement essayé de reproduire

mais il eut la bonté de ne m'en rien témoigner ; seulement il m'engagea à traiter un sujet romain, la *Mort de Néron*. J'essayai, dans un poëme d'environ deux à trois cents vers, de peindre les derniers moments de cet histrion couronné ; mais je n'étais plus là dans mon élément. Jamais je n'ai pu traiter que les sujets qui viennent s'offrir d'eux-mêmes à mon esprit, et l'imitation m'a toujours été impossible. D'ailleurs, le paganisme et l'antiquité, que je connaissais aussi bien que si j'avais eu plusieurs années de collége, n'offraient aucun attrait à ma jeune muse, toute moderne, toute française et déjà révoltée contre la mythologie, dont abusaient surtout alors Delille et Lebrun-Pindare. Ce poëme de *Néron* ne contenait que quelques passages assez vigoureux, où paraissait une certaine tendance à la simplicité, que j'ai tant estimée aussitôt que, renonçant à l'effroyable facilité que j'avais eue d'abord d'accumuler des tas de vers, je me fus mis à travailler

---

les œuvres au gré de l'impatience publique ; un poëte enfin dont tout le monde sait les vers par cœur (prenez garde, messieurs, ce n'est pas M. de Lamartine que j'entends signaler ; si je n'en avertissais pas, la méprise serait naturelle); je parle de Béranger, du chansonnier que le public a salué du nom si flatteur et si juste de poëte national. Eh bien, Béranger ne sait pas le latin. Je ne commets pas une indiscrétion, car le poëte le dit à qui veut l'entendre. » (Discours de F. Arago la séance de la Chambre des députés du 23 mars 1837, dans la discussion sur l'enseignement secondaire. — V. les ŒUVRES D'ARAGO, *Mélanges*, p. 699.)

avec réflexion. Cela, soit dit en passant, n'est pas une contrainte légère pour un rimeur de vingt ans. Il est vrai que j'avais eu assez de patience pour copier deux fois *Athalie*, étude qui, je le crois, m'a porté bonheur.

Dans une de mes conversations sur la versification française avec M. Lucien, partisan de formes que j'accusais d'être un peu vieillies, pour lui prouver comment j'entendais le style, je lui récitai une quarantaine de vers composés dans une manière opposée à la manière de Delille. Ce poëte était en grande faveur ; mais, malgré l'admirable talent du maître, sa façon d'écrire me semblait, sous certains rapports, fausse et dangereuse. Je parlais, dans ce morceau, de la chute des Bourbons et de l'élévation de Bonaparte ; il s'y trouvait ce passage :

« Le soleil voit, du haut des voûtes éternelles,
Passer dans les palais des familles nouvelles ;
Familles et palais, il verra tout périr[1]. »

---

[1] Voici le morceau tout entier :

Nos grandeurs, nos revers, ne sont point notre ouvrage :
Dieu seul mène à son gré notre aveugle courage ;
Sans honte succombez, triomphez sans orgueil,
Vous, mortels, qu'il plaça sur un pompeux écueil.
Des hommes étaient nés pour le trône du monde,
Huit siècles l'assuraient à leur race féconde :
Dieu dit ; soudain aux yeux de cent peuples surpris,
Et ce trône et ces rois confondent leurs débris.
Les uns sont égorgés, les autres en partage
Portent, au lieu de sceptre, un bâton de voyage,

S'il n'y avait là rien de bien neuf dans l'expression, il était au moins étrange de réciter de pareils vers à un homme nouveau, dans la splendide galerie où il me recevait. C'était se donner l'air du prophète Habacuc. Mon indulgent auditeur n'en loua pas moins ma méditation.

> Exilés et contraints, sous le poids des rebuts,
> D'errer dans l'univers, qui ne les connaît plus.
>
> Spectateur ignoré de ce désastre immense,
> Un homme enfin, sortant de l'ombre et de l'enfance,
> Paraît. Toute la terre, à ses coups éclatants,
> Croit, dès le premier jour, l'avoir connu longtemps.
> Il combat, il subjugue, il renverse, il élève ;
> Tout ce qu'il veut de grand, sa fortune l'achève.
> Nous voyons, lorsqu'à peine on connaît ses desseins,
> Les peuples étonnés tomber entre ses mains.
> Alors son bras puissant, apaisant la victoire,
> Soutient le monde entier, qu'ébranlait tant de gloire.
> Le Très-Haut l'ordonnait. Où sont les vains mortels
> Qui s'opposaient au cours des arrêts éternels !
> Faibles enfants qu'un char écrasa sur la pierre,
> Voilà leurs corps sanglants restés dans la poussière.
>
> Au milieu des tombeaux qu'environnait la nuit,
> Ainsi je méditais, par leur silence instruit.
> Les fils viennent ici se réunir aux pères
> Qu'ils n'y retrouvent plus, qu'ils y portaient naguère,
> Disais-je, quand l'éclat des premiers feux du jour
> Vint du chant des oiseaux ranimer ce séjour.
> Le soleil voit, du haut des voûtes éternelles,
> Passer dans les palais des familles nouvelles ;
> Familles et palais, il verra tout périr !
> Il a vu mourir tout, tout renaître et mourir ;
> Vu des hommes produits de la cendre des hommes ;
> Et, lugubre flambeau du sépulcre où nous sommes,
> Lui-même, à ce long deuil fatigué d'avoir lui,
> S'éteindra devant Dieu, comme nous devant lui.

Voilà ce qu'écrivait, à vingt-quatre ans, le poëte qui depuis a choisi la chanson pour son genre.

La protection de M. Lucien, malgré l'exil auquel il se condamna depuis, ne cessa pas de m'être utile. Il faut avoir quelque chose à dire de soi, et c'était beaucoup de pouvoir dire qu'il me protégeait. A vingt-cinq ans, j'eus enfin ce que j'avais toujours souhaité, un modeste emploi. J'entrai dans les bureaux du peintre Landon, où je rédigeai le texte de son *Musée*. C'est un recueil de dessins au trait des tableaux et statues des galeries du Louvre, si riche alors du fruit de nobles et loyales conquêtes, quoi que se soit permis de dire Wellington, qui eût dû réserver ses leçons morales pour les spoliateurs de

[1] Ce sont les tomes XI, XII, XIII, XIV, XV et XVI des *Annales du Musée et de l'École moderne* qui parurent pendant que Béranger était employé dans les bureaux de Landon (chez le libraire Soyer, rue du Doyenné, n. 2), et c'est là que l'on doit rechercher les pages qui peuvent le plus vraisemblablement lui appartenir. Landon a publié aussi (de 1805 à 1811) une *Galerie historique des hommes célèbres*, en 13 volumes in-8°, à laquelle Béranger a certainement beaucoup travaillé. Le gendre de Landon lui avait en même temps proposé la rédaction d'une *Galerie mythologique*, dont il a écrit une centaine de pages en divers articles détachés sur Achille, Apollon, Thésée, etc., qui n'ont pas été imprimés, mais dont le manuscrit existe. (V. la *Correspondance de Béranger*, t. I, p. 90.)

Béranger rappelait volontiers ces études. Un passage d'une de ses lettres (2 mai 1847) donne quelque facilité pour retrouver ses articles de peinture dans la collection des *Annales*. « Pour moi, dit-il, un grand coloriste n'est pas seulement un homme qui possède une riche palette, mais celui qui a le sentiment de l'harmonie et dont le pinceau nage dans l'air. Voyez Rubens. Ajoutons que ce roi des Flamands était un grand dessinateur, en dépit de ce qu'en ont dit nos pères. C'est là ce que j'ai eu l'honneur d'écrire il y a quarante ans. »

l'Inde. Lié avec plusieurs peintres[1], il me fut facile de remplir ma nouvelle tâche : j'y achevai de perfectionner mon goût pour les arts plastiques, grâce aux conseils de Landon, qui ne manquait ni de tact ni de savoir. Les dix-huit cents francs de cette place, joints aux mille francs de l'Institut, me procurèrent les plus douces jouissances de la richesse; car je pus aider mon père et secourir ma pauvre grand'mère, la veuve du bon vieux tailleur, dont les assignats avaient complété la ruine. Je pus même aussi me rendre utile à ma sœur, ouvrière chez une de nos tantes.

Toujours tourmenté de la crainte d'être un jour obligé de faire de la littérature un métier, prévoyant que mon emploi actuel avait peu de stabilité, je ne négligeai pas les moyens d'en obtenir un plus solide, et pour cela je m'adressai à M. Arnault[2], poëte tra-

---

[1] Guérin; Bourdon (Pierre-Michel), né à Paris en 1778, mort peu de temps avant Béranger, récompensé d'une médaille de 2ᵉ classe en 1806, élève de Regnault et collaborateur du *Musée Filhol;* et M. Évrard, qui a survécu à Béranger et qui l'avait fait entrer chez Landon.

[2] Voici cette lettre :

« Paris, ce 25 vendémiaire an XIII.

« Monsieur, je n'ai point l'honneur d'être connu de vous, et ma démarche vous paraîtra sans doute extraordinaire; quelques détails suffiront peut-être pour la rendre au moins excusable; je dois, monsieur, vous les donner avant tout.

« Il y a environ dix mois que je recherchai la protection de M. Lucien

gique, ami de Lucien Bonaparte et chef de la division de l'instruction publique au ministère de

Bonaparte. Il connut différents essais de ma faible muse, entre autres, un poëme du *Déluge* et du *Rétablissement du Culte*. Il daigna m'en témoigner sa satisfaction, me dit les avoir lus à différents littérateurs distingués (dont sans doute, monsieur, vous faisiez partie), m'engagea à beaucoup travailler, et comme je n'ai personne pour diriger ma jeunesse, me promit des conseils que dès lors ses voyages l'empêchèrent de me donner. A son retour à Paris, il y a six mois, je lui remis un poëme de la *Mort de Néron*, dont je lui devais le sujet. Il me donna des marques de son contentement, m'engagea de nouveau à lui faire parvenir mes ouvrages, et, par malheur, s'éloigna encore, sans qu'on puisse prévoir le moment de son retour. Les avis qu'il m'avait promis, les connaissances qu'il devait me faire faire, tout m'a manqué.

« Voilà les détails qui, j'espère, monsieur, fourniront une excuse à mon importunité. Je viens maintenant au motif de ma lettre.

« J'ai besoin d'avoir un guide éclairé, avant de me lancer dans la carrière des lettres. Vous êtes intimement lié avec M. Lucien Bonaparte ; j'ose vous prier de m'en servir. A cet effet, je joins à la présente le petit poëme de *Néron*, et une ode que j'ai envoyée, il y a quelques mois, à celui pour qui j'ai conçu la plus vive reconnaissance. Soit par écrit, soit en m'accordant quelques instants, ce qui me serait infiniment agréable, indiquez-moi, de grâce, monsieur, les corrections à faire à ces deux morceaux. Permettez-moi aussi de vous en présenter d'autres ; enfin, soyez pour ma faiblesse un appui aussi constant qu'il est nécessaire.

« Je ne dirai rien de plus, monsieur ; pour réussir auprès de M. Lucien Bonaparte, j'ai dédaigné la voie de l'adulation, et je pense même que mes manières franches m'ont mieux servi que tout autre moyen ; je dois en agir de même avec vous, monsieur : de quoi me serviraient d'ailleurs les éloges que je pourrais donner à l'auteur de *Marius*? Lorsque la voix du public s'est fait entendre en pareil cas, celle des particuliers ne peut que paraître bien faible et même bien ennuyeuse.

« J'espère, monsieur, que vous daignerez me faire une réponse

l'intérieur. J'aurais pu penser à M. de Fontanes, également ami de mon protecteur, qui m'avait dit lui avoir lu mes vers; mais on m'avait parlé de l'indépendance de caractère d'Arnault, qui en effet n'avait pu s'avancer dans la faveur du Premier Consul : cela détermina mon choix. Arnault devint bientôt un ami pour moi, et, si les bornes de son crédit ne lui permirent de me placer que trois ans plus tard[1], il ne m'en donna pas moins sans cesse des marques d'un véritable intérêt, et m'ouvrit les portes du monde littéraire, que jusque-là je n'avais pu fréquenter.

Il eût voulu me voir écrire dans les journaux[2];

---

quelconque. Je l'attends avec impatience, et quelle que soit votre détermination à mon égard, je n'en serai pas moins toujours, avec considération, monsieur, votre très-humble serviteur. »

[1] Le 1er juillet 1809.

[2] Dix ans plus tard, quand sa réputation commençait, Étienne lui proposa de faire un feuilleton de théâtre. D'accord avec lui-même, Béranger lui répondit :

Novembre 1816.

« Mon cher Étienne, si vous avez été au café depuis deux jours, vous avez dû trouver étrange de ne m'y point voir. Mais la proposition que vous m'avez faite était si séduisante, que j'ai craint que les instances de votre amitié, en rendant la séduction complète, ne m'empêchassent de considérer la chose sous son véritable point de vue.

« Après avoir pris des conseils (avec la discrétion que vous m'aviez recommandée), je reste seul contre tous ; et, malgré cela, je me sens encore la force de refuser une offre si brillante. J'ai une conscience trop timorée pour faire le métier de journaliste. Mon caractère ne serait point là placé convenablement, et, dès lors, plus de bonheur

mais je ne me sentis jamais de vocation pour ce genre de travail, qui a fini chez nous par dévorer tant de

pour moi. La partie à laquelle vous vouliez m'attacher est, sans contredit, celle qui m'eût présenté le plus de charmes ; mais, même dans cette partie, un journaliste qui craint le scandale devient bientôt froid, et c'est être ridicule. Il ne faut point être catin ni bégueule. Un autre cas de conscience se joint à celui-là : la route tracée par ceux dont je serais le successeur est diamétralement opposée à celle que mes principes et mes opinions me forceraient de suivre. Pour moi, Voltaire serait un modèle (au moins souvent) et Chénier une autorité. Ne regardant point le théâtre comme étranger à la politique, pensant même qu'une route immense serait ouverte à l'auteur qui oserait tenter de donner, par le spectacle, une direction à l'esprit public, il me serait impossible d'accorder mon utopie théâtrale avec les maximes précédemment débitées dans la chaire où l'on me ferait monter. Chaque jour même je jetterais du rez-de-chaussée des pierres à ceux qui occupent les étages supérieurs de la maison ; et, comme ils tiennent à leurs vitres, sans faire cas de la lumière, il est à croire qu'ils videraient sur moi leurs cassolettes, pour se débarrasser d'un voisin incommode. Peut-être on me dira qu'il serait nécessaire d'abord de courber la tête ; mais, puisqu'on vous demande un honnête homme, on ne doit point vouloir le soumettre à cette épreuve. C'est aussi en honnête homme que j'ai dû consulter mes forces littéraires. Sur ce point encore, accepter serait une témérité dont je me repentirais bientôt. Je suis dépourvu de cette première éducation qui doit être la base de toute critique. Je suis également privé de la plupart des connaissances particulières au genre auquel il faudrait que je me livrasse. Je veux parler ici et des productions théâtrales étrangères et des traditions de coulisses ; ma pauvreté, vous savez que je ne rougis point du mot, ma pauvreté ne m'a jamais mis à même de suivre les spectacles. Or, je crois que cette habitude doit être acquise depuis longtemps, pour écrire sur la manière dont les ouvrages dramatiques sont rendus. Enfin, j'ai bien fouillé dans tous les plis de mon cerveau, et il ne me semble point y trouver cette forme légère, ces tournures piquantes, cette facilité de style, qui rendent un article

jeunes talents, nés peut-être pour un avenir de gloire, et qui d'ailleurs effrayait ma plume paresseuse et ma conscience timorée. Pour m'adonner à une pareille profession, il eût fallu renoncer à mes belles espérances poétiques, à mes rêves : c'eût été rendre ma mansarde bien solitaire.

Le *Génie du Christianisme,* malgré les critiques que ce livre provoqua dans le monde philosophique, et quelle que fût la forme adoptée par l'auteur, me remplit d'enthousiasme. Chateaubriand révélait les

agréable aux lecteurs, et permettent à celui qui les possède de parler cent fois de la même chose en paraissant toujours nouveau. J'aurais tout cela moins que Geoffroy ; bien d'autres qualités moins encore, et je n'aurais de plus que lui qu'un amour de justice qui ferait des ennemis au rédacteur et pas un abonné au journal.

« Pardonnez-moi cette longue lettre : je ne voulais que vous écrire un mot, et j'ai été entraîné par mon sujet. Je reviens à ce que je voulais vous dire d'abord : c'est qu'il m'est impossible de n'être pas pénétré de reconnaissance pour l'amitié que vous me montrez dans cette circonstance, car je reste persuadé que je vous ai toute obligation de cette démarche. Ce n'est pas la première preuve d'intérêt que je reçois de vous ; ne trouvez point, je vous prie, que j'y réponds mal. Ayez la bonté de peser mes raisons, de consulter un peu mon caractère, et vous verrez que ma reconnaissance doit rester d'autant plus entière que je n'aurai point accepté une fortune qui serait suivie de trop d'inconvénients.

« Encore une fois pardonnez à cette longue lettre : c'est la seule fois que je ferai le Duviquet.

« Tout à vous de cœur pour la vie.   BÉRANGER.

« *P. S.* Voici le *Marquis de Carabas.* Faire des chansons, voilà mon métier ; c'est fâcheux qu'il soit peu lucratif. » (*Correspondance*, tome I, p. 205.)

beautés des écrivains de l'antiquité d'une façon toute nouvelle et faisait rentrer dans la littérature l'élément religieux qui semblait banni de notre poésie. Son livre devint pour moi un cours d'études bien autrement inspirateur que ceux de Le Batteux et de La Harpe. A l'exception des larmes d'admiration que m'avait arrachées l'*Iliade* de madame Dacier et l'espèce de passion que m'inspirait Aristophane, génie qui me semble encore mal apprécié chez nous, je n'avais pu me rendre bien compte de la poésie grecque. Je dus à M. de Chateaubriand de l'entrevoir à côté de la poésie biblique. Je lui dus aussi de juger plus sainement notre propre littérature, sans que pour cela je me sois soumis à toutes les opinions du grand écrivain. J'ai eu le malheur, car c'en est un, de ne pouvoir complétement courber la tête sous aucun joug, ce qui ne m'a pas empêché de vouer une entière reconnaissance à ceux que j'ai choisis pour maîtres.

Avec un fond inébranlable de cette foi que nous appelons déisme, foi si fortement gravée dans mon cœur, qu'unie à tous mes sentiments, elle irait jusqu'à la superstition, si ma raison le voulait permettre, avec les dispositions mélancoliques, nées du malheur, et sous l'influence des ouvrages de Chateaubriand, je tentai de retourner au catholicisme ; je lui consacrai mes essais poétiques, je fréquentai les églises aux heures de solitude, et me livrai à des lectures ascétiques, autres que l'Évangile, qui, malgré ma croyance arrêtée, a toujours été pour moi une lecture philosophique et la plus consolante de toutes. Hélas! ces tentatives furent vaines. J'ai souvent dit que la raison n'était bonne qu'à nous faire noyer quand nous tombions à l'eau. Toutefois j'ai eu le malheur qu'en ce point elle se soit rendue maîtresse au logis : la sotte! elle refusa de me laisser croire à ce qu'ont cru Turenne, Corneille et Bossuet. Et pourtant j'ai toujours été, je suis et mourrai, je l'espère, ce qu'en philosophie on appelle un spiritualiste. Il me semble même que ce sentiment profond se fait jour à travers mes folles chansons, pour lesquelles des âmes charitables auraient eu plaisir, il y a une vingtaine d'années, à me voir brûler en place publique, comme autrefois Dolet et Vanini.

De cet appel à une croyance, que ce spiritualisme persévérant m'inspira sans doute, il ne m'est resté que d'assez méchants vers que je brûlerai probablement bientôt, mais qui me font sourire quand j'y jette les yeux. Autant j'aime que le poëte se fasse religieux dans les sujets religieux, autant je trouve absurde de se donner soi-même comme rempli d'une foi qu'on n'a réellement pas. L'œil des vrais dévots ne s'y trompe point, et l'on ne peut faire ainsi que de la religiosité, à laquelle encore ne tarde-t-on pas à se montrer infidèle[1]. Sans compter qu'on court le risque de fausser son talent, la sincérité des sentiments en étant toujours l'appui le plus solide. Je ne suis pas de ceux qui pensent que le poëte remplit aujourd'hui un sacerdoce. Loin de moi un tel anachronisme; mais, pour n'être guère plus qu'un objet de luxe dans le monde actuel, le poëte n'en doit pas moins tâcher d'offrir assez d'unité morale pour que sa bonne foi ne puisse être mise en doute dans les opinions qu'il veut servir et propager.

Pour parler rapidement de quelques-uns de mes premiers essais, je dirai que j'eus l'idée d'un poëme sur Clovis, où je voulais montrer l'épiscopat gaulois l'aidant à fonder notre vieil empire. Je terminai presque un poëme pastoral, dont le sujet touchait à l'époque de Jeanne d'Arc, et bon nombre d'idylles en rapport avec les mœurs modernes. J'essayai aussi plusieurs comédies dont deux en cinq actes; il y en avait une entre autres sur ou contre les savants (à qui il m'est souvent arrivé de manquer de respect, malgré mon respect pour la science), et une autre intitulée *les Hermaphrodites*, titre bizarre, sous lequel je peignais des hommes efféminés, reste de l'ancien régime, et des femmes

---

[1] Chateaubriand même, de combien d'hérésies on le peut accuser! (*Note de Béranger.*)

affectant les habitudes de notre sexe. J'écrivis même plusieurs actes de ces deux pièces ; ce n'est pas ce qui devait leur manquer de sens commun qui m'arrêta, mais le soin que, presque malgré moi, je donnais à la facture des vers, préoccupé que j'étais du choix de la forme, de la saillie du mot, substituant même parfois l'image à l'expression simple de la pensée. De cette façon, qui tient de l'épître, on fait la comédie comme Gresset dans *le Méchant ;* mais on reste loin, je ne dirai pas de Molière[1], qui atteint seul la perfection du style comique, mais bien loin

---

[1] « Bien des gens se croient poëtes, parce qu'ils alignent des rimes ; ils se trompent : tout le monde fait des vers plus ou moins, cela n'est pas plus difficile que d'écrire en prose. Il faut de la force, de la concision, de l'énergie et de la simplicité ; la versification vient après : c'est pourquoi Molière est et restera le poëte par excellence. On approchera peut-être un jour de Corneille, mais jamais on n'égalera Molière, jamais on ne surpassera La Fontaine. Quelle clarté ! quelle aisance ! quel feu ! Diriez-vous autrement en prose l'idée exprimée par ces deux vers :

L'ami du genre humain n'est pas du tout mon fait...
La place m'est heureuse à vous y rencontrer.

« Quelle concision et quelle abréviation ! En prose vous pourriez à peine vous exprimer en aussi peu de mots. Quant à La Fontaine, croyez-vous qu'il n'a pas fallu plus de génie et d'études pour écrire les *Deux Pigeons, Philémon et Baucis, le Chêne et le Roseau* (j'en passe et des meilleures) que pour composer cinq actes ? L'étude la plus approfondie de l'art dramatique se trahit dans ces petits chefs-d'œuvre ; toutes les règles classiques y sont observées, comme dans une tragédie de Racine, et le dialogue donc ! tenez, si jamais un homme approche de Molière, c'est La Fontaine. (*Correspondance*, t. IV, p. 239.)

même de Regnard, qui, comme l'auteur du *Misanthrope*, avec des moyens et un but différents, produit d'un jet la tirade et le dialogue dans une forme pleine d'esprit, d'abondance et de gaieté. Car, je ne puis m'empêcher de le dire ici, on néglige trop cet auteur dans nos cours littéraires, et l'on ne semble pas assez apprécier son style, improvisation folle et charmante, dont La Harpe n'a pu sentir tout le mérite. A mon avis, Regnard serait le premier des comiques modernes, si Molière ne nous eût pas été donné. Plus nous lui reconnaîtrons de génie, plus nous admirerons Molière, puisque ce sera encore avec plus d'étonnement que nous mesurerons la distance qui les sépare. Rousseau qui semble toujours croire que ceux qui font rire font rire de lui, ne l'a pas mieux traité que Molière[1]. Mais, je le demande, au *Légataire universel* donnez le titre du *Vieux Célibataire*, qu'auriez-vous à dire?

Pour la centième fois, je me mis donc à relire mes auteurs favoris, et je ne me sentis plus le courage

---

[1] « Regnard, un des moins libres successeurs de Molière, n'est pas le moins dangereux. C'est une chose incroyable qu'avec l'agrément de la police on joue publiquement au milieu de Paris une comédie où dans l'appartement d'un oncle qu'on vient de voir expirer, son neveu, l'honnête homme de la pièce, s'occupe, avec son digne cortége, des soins que les lois payent de la corde ; et qu'au milieu des larmes que la seule humanité fait verser en pareils cas aux indifférents mêmes, on égaye à l'envi de plaisanteries barbares le triste appareil de la mort. » (*Lettre de J.-J. Rousseau à d'Alembert.*)

d'achever des comédies, dont plus de sept actes allèrent rejoindre tant d'autres ébauches abandonnées. Je m'avouai que je pourrais être un homme de style, d'imagination même, mais que je ne serai pas un écrivain dramatique. A l'âge des présomptions, il est rare que l'on découvre ainsi ses côtés faibles : je me suis toujours su un gré infini de cet acte de bon sens.

Si, depuis lors, j'ai tenté quelquefois d'aborder la scène, le besoin seul m'y a contraint[1]. Heureusement je n'obtins jamais les honneurs d'une lecture. A part mon incapacité, que serais-je devenu dans une carrière hérissée d'obstacles, où les intérêts et les amours-propres luttent sans cesse et par tous les moyens? Même avec le génie de Molière, mon caractère m'eût fait échouer dans les coulisses[2].

---

[1] « Je viens de faire un opéra-comique en dix jours ; je déteste ce genre méprisable, mais le désir de fournir à Bosquillon un poëme sur lequel il pût s'exercer m'a donné le courage de l'entreprendre. J'en suis sorti mieux que je ne le pensais. La musique faite, le plus aisé sera terminé ; la difficulté sera de le faire recevoir, d'essuyer les dédains de MM. les acteurs, les maux de tête de mesdames les actrices, etc., etc. J'espère cependant que, si dans dix ans nous nous revoyons encore à Paris, nous pourrons aller à la première représentation. Au reste, je n'y attache d'autre intérêt que celui que je porte à Bosquillon. » (*Correspondance*, t. I, p. 128 ; — année 1810.)

[2] Je fus cependant nommé une fois au théâtre du Vaudeville, dans les premières années de la Restauration. Moreau et Wafflard m'avaient proposé de travailler à une pièce intitulée *les Caméléons*. Mais je ne remplis point ma tâche, renonçai à la collaboration et ne devais pas

On faisait peu de politique sous le gouvernement impérial ; cependant la politique me préoccupait toujours, et, quoique j'eusse prévu à peu près la marche que suivrait l'ambition de Bonaparte, le rétablissement d'un trône fut pour moi un grand sujet de tristesse. Bien moins homme de doctrines qu'homme d'instinct et de sentiment, je suis de nature républicaine. Je donnai des larmes à la République, non de ces larmes écrites, avec points d'exclamation, comme les poëtes en prodiguent tant, mais de celles qu'une âme qui respire l'indépendance ne verse que trop réellement sur les plaies faites à la patrie et à la liberté. Mon admiration pour le génie de Napoléon n'ôta rien à ma répugnance pour le despotisme de son gouvernement, d'autant plus qu'alors je me rendais moins bien compte que je ne l'ai fait depuis des nécessités que lui imposait la lutte à soutenir contre les entreprises sans cesse renaissantes de l'aristocratie européenne.

Un autre chagrin vint s'ajouter à celui-là. Seul de

être nommé. Je n'ai jamais vu ni lu la pièce, et, malgré les instances des deux auteurs, je refusai ma part des recettes. Je sais qu'un bibliomane, M. de Soleinne, m'a attribué les couplets de plusieurs pièces d'Antier. Ceci est d'autant plus ridicule, que mon ami a un bien autre talent que moi pour cette sorte de travail. Je fis, je crois, une douzaine de couplets pour les *Caméléons*, et, à sa grande surprise, Moreau n'en trouva que trois ou quatre de passables. (*Note de Béranger.*)

tous les frères de l'Empereur, M. Lucien n'eut point part à sa fortune élevée, et resta dans un exil qui n'a été suspendu que pendant les *Cent-Jours*. Ma reconnaissance souffrit de le voir oublié à Rome, qu'il habitait alors, et m'inspira l'idée de lui rendre un hommage public. Je n'avais d'à peu près terminé que quelques poésies pastorales[1]. Laissant de côté

---

[1] « Vous travaillez donc? allez-vous me dire. Oui, mais peu. Je crains bien de n'avoir point terminé pour l'hiver; mais je m'applaudis pourtant de ma lenteur : combien de corrections le temps ne fournit-il pas! Mon premier chant y a gagné même depuis que vous l'avez lu. J'en ai encore fait disparaître dernièrement une omission assez étrange. J'avais négligé d'indiquer positivement la saison dans laquelle se passe la scène; cela m'a fourni un trait heureux pour ce premier chant, et un autre au second. Je ne crois pas, mon ami, qu'il y ait de poésie plus difficile que celle de ce genre. Sans doute, beaucoup d'autres genres sont au-dessus de la sublimité des conceptions et des pensées; mais aucun ne présente plus de difficultés de style. » (*Correspondance*, t. I, p. 161; année 1812.)

« J'écris aussi, et si ce que Buffon a dit du génie, que c'est une aptitude à la patience, est absolument vrai, j'ai furieusement de cette drogue. Figurez-vous, mon ami, que je suis obligé de refaire les deux tiers de mon second chant; les cent premiers vers m'ont déjà occasionné des changements qui donnent à ce début un air tout nouveau. Je suis plus content que pour mon premier chant; celui-ci a déjà subi aussi plusieurs corrections depuis que vous l'avez lu. Enfin je travaille continuellement, mais j'avance peu; il faudra pourtant bien que cela finisse. Arnault, à qui dernièrement je faisais l'histoire de ces corrections, sans les lui communiquer toutefois, s'étonnait de ma constance et de mon peu d'empressement à me faire connaître; il m'invite souvent à publier mes ouvrages; je n'en ferai rien que je ne les aie portés au point de perfection où je sens que je puis arriver.

« Ensuite il en sera tout ce qui plaira au sort; mais je ne crois

tout amour-propre d'auteur, toute prétention à une perfection que ces poésies ne devaient jamais atteindre, j'en formai un petit volume, décoré d'une épître dédicatoire, et m'occupai de trouver un libraire. Avec la moindre liberté de la presse, la dédicace seule m'eût procuré l'éditeur dont j'avais besoin ; mais il fallait passer par la police littéraire.

Je fus recommandé par Arnault à Lemontey [1], académicien, qui avait la réputation d'être le plus accommodant des censeurs impériaux. A la première vue, il condamna la dédicace du livre et l'épilogue d'un poëme pastoral, que j'adressai à M. Lucien. Le voici : il suffira pour faire apprécier la susceptibilité officielle du bon Lemontey, qui, entre quatre

---

pas recueillir jamais le fruit des peines que je me donne; j'ai tort, au reste, d'appeler peines ce qui est plutôt une charme pour moi qu'une occupation. » (*Ibidem*. Lettre du 24 juin 1812.)

[1] Lemontey (Pierre-Édouard), né à Lyon le 14 janvier 1762, mort à Paris le 26 juin 1826 ; avocat, puis homme de lettres, attaché en 1787 à la cause des protestants, procureur de la commune de Lyon en 1789, député à l'Assemblée législative, émigré après le 10 août. Rentré en France en 1795, il vint à Paris en 1797, y fit jouer des opéras, et y publia de piquants articles de littérature. Membre du conseil de l'administration des droits réunis, dès sa création, et chef d'un bureau de police littéraire, il fut, en outre, pensionné à 6,000 francs par an pour écrire une histoire de la France au dix-huitième siècle. Mais il se borna à préparer son *Essai sur l'Établissement monarchique de Louis XIV* et son *Histoire de la régence*, qu'il publia sous Louis XVIII. La Restauration le traita presque aussi bien que l'Empire. En 1814, il entra à l'Académie française. La phrase de Béranger suffit pour le peindre.

yeux, n'en médisait pas moins des rois et des empereurs.

. . . .
. . . .

Pourquoi faut-il, dans un siècle de gloire,
Mes vers et moi, que nous mourions obscurs?
Jamais, hélas! d'une noble harmonie
L'antiquité ne m'apprit les secrets ;
L'instruction, nourrice du génie,
De son lait pur ne m'abreuva jamais.
Que demander à qui n'eut point de maître?
Du malheur seul les leçons m'ont formé,
Et ces épis que mon printemps voit naître
Sont ceux d'un champ où ne fut rien semé.
Ah! je voudrais, par d'agrestes images,
Cher protecteur, vous qui fuyez les cours,
Vous attacher aux paisibles ombrages
Dont les parfums révèlent tant d'amours.
Dieu pour les champs garde aussi des orages,
Mais que bien vite il leur rend de beaux jours!
Vous qui fouillez sous cette arène antique[1]
Où triomphaient les rois de l'univers,
Que reste-t-il de leur pompe héroïque?
De vains débris et des tombeaux déserts.
Là, pour les grands quelle leçon profonde!
Puissiez-vous donc, attentif à ma voix,
Plein des vertus que le calme féconde,
Aimer les champs, la retraite et les bois!
Oui, fier du sort dont vous avez fait choix,
Restez, restez, pour l'exemple du monde,
Libre de l'or qui pèse au front des rois.

[1] M. Lucien a fait faire, dans les environs de Rome, des fouilles considérables. (*Note de Béranger.*)

Si l'on peut juger des rigueurs de la censure par cet échantillon, on verra peut-être aussi, à la lecture de ces vers, ce qu'il y avait d'abnégation personnelle dans leur publication. La preuve que je jugeais ainsi du recueil entier, c'est que je renonçai à l'impression, dès que je fus convaincu de l'impossibilité d'en faire hommage à M. Lucien. Ce morceau ne fut pas plus heureux sous la Restauration. Arrangé à la circonstance pour obtenir qu'il pût paraître, je l'envoyai aux *Almanachs des Muses*, sans pouvoir en obtenir la publication. Ce ne fut enfin qu'en 1833 que, par quelques lignes de prose, je pus, d'une manière convenable, rendre publique l'expression de ma reconnaissance pour l'illustre proscrit, que je n'ai revu que deux fois après le 20 mars 1815. A cause de ma réputation de chansonnier, il m'adressa alors de vifs reproches [1] sur l'abandon que je semblais faire des genres élevés. N'ayant pu le persuader que cet abandon était loin d'être encore dans mes projets, je crus devoir me tenir à l'écart, jus-

---

[1] Vous êtes un peu sévère, vous et votre ami, sur les poésies de madame Lucien Bonaparte. Il y a de fort belles choses dans *Bathilde, reine des Francs*. Le quatrième chant, la scène des druidesses, a un grand mérite comme couleur locale et harmonie des vers. Je suis peut-être partial en ce qui concerne votre grand-père et sa femme; mais Lucien m'a toujours fait l'effet d'un maître. J'en suis encore à admirer sa fameuse tragédie : vous savez ! » (Lettre à madame M. de Solms; *Correspondance*, tome IV, p. 227.)

qu'après la bataille de Waterloo; mais, dans cette funeste circonstance, il me fut impossible [1] de pénétrer jusqu'à ce prince, que je n'aurai peut-être jamais le bonheur de revoir.

Retournons en 1807. Ayant perdu ma place chez Landon, qui avait à peu près terminé son œuvre, et me trouvant réduit au traitement de l'Institut, avec des charges aussi lourdes [2], je serais retombé dans la misère, sans un de mes amis d'enfance, Quénescourt, de Péronne, qui me rendit facile l'attente d'un temps meilleur [3]. Je me suis entendu accuser de

---

[1] Lucien Bonaparte ne put rester à Paris que jusqu'aux derniers jours de juin. Il était revenu en France le 9 mai.

[2] Béranger soutenait son père et élevait auprès de lui le fils qui lui était né en 1800, et dont il va parler tout à l'heure.

[3] C'est dans la *Correspondance de Béranger*, au tome Ier, pendant plus de cent pages, qu'est marquée dans toute sa simplicité la noblesse de l'amitié qui unit M. Quénescourt et Béranger; que de lettres comme celle-ci! « Eh! que m'importe l'argent! N'ai-je pas des amis? Je les mets à la gêne, il est vrai, mais ils ne me le reprocheront pas, et qui sait si la Providence ne me mettra pas à même de reconnaître un jour tout ce qu'ils font pour moi? N'y comptez pas trop cependant, mon cher ami. Une personne qui m'est attachée voulait, et devait me prêter 400 francs que je vous demande (*pour payer les frais du décès de son père*); mais elle a moins le moyen de les perdre que vous, et je vous ai donné la préférence. » (Lettre du 8 janvier 1809.)

On n'ignore pas qu'il y a dans les chansons de Béranger un chant funéraire composé après la mort de son ami. M. Quénescourt est mort à Nanterre le 20 janvier 1831.

Avec Lucien Bonaparte, c'est à M. Quénescourt que revient l'honneur de nous avoir donné Béranger.

M. Quénescourt (François-Gabriel) naquit à Péronne en 1784, de

fierté pour avoir souvent refusé les offres de beaucoup de gens riches; on se méprenait. Seulement,

parents assez âgés et fut presque toute sa vie maladif et mélancolique. La Révolution avait fort appauvri, sans la ruiner, sa famille, et il fut élevé d'une manière si triste, qu'il prit dès sa plus tendre jeunesse des habitudes de réflexion et de solitude que n'altéra pas la gaieté du commerce de plusieurs de ses amis. Quoique un peu plus jeune que Béranger, il fut de bonne heure à Péronne son camarade dans les écoles fondées par M. de Bellenglise, et il aima et devina le génie du poëte dont il a été le généreux et simple Mécène. Son dévouement était si noble et son amitié si douce, que ses amis le nommaient l'*Ange*.

Prédisant à Béranger sa renommée future et sachant bien quels fruits sa muse philosophique devait un jour retirer de la gaieté des réunions de jeunes gens, M. Quenescourt fonda, pour lui ouvrir une carrière, la petite académie joyeuse de Péronne, qui, sous le nom de *Couvent des Sans-Soucis*, vivra dans notre histoire littéraire. Une grande partie du premier recueil de Béranger y a été faite ou du moins y a été chantée.

Tout fleuve est parti d'une source étroite. Ici, du moins, la sincère amitié, une gaieté franche et la muse des chansons anoblissent la rive.

> Las sur les flots d'aller, rasant le bord,
> Je saluai sa demeure ignorée.
> Entre, et chez moi, dit-il, comme en un port,
> Raccommodons ta voile déchirée.
>
> Proclamé roi de ses festins joyeux,
> A son foyer je fais sécher ma lyre.

En 1813, Béranger décida son ami à quitter Péronne et à venir habiter Paris. De 1813 à 1819 il le visita presque chaque jour, lui payant de sa gloire naissante le prix de sa noble amitié. Madame Quenescourt pourvoyait à ses besoins et soignait son linge. En 1819, M. Quenescourt alla s'établir à Passy; et c'est en l'allant voir que Béranger prit l'habitude de la route et du pays jusqu'à y placer lui aussi ses pénates.

M. Quenescourt maria sa fille en 1829 et alla demeurer chez son

je n'ai voulu accepter que le secours de mains amies ;
et si, dès qu'une espèce de rôle politique me fut
marqué, j'ai résisté aux instances d'hommes recommandables, dont je ne pouvais mettre en doute l'attachement, c'est que ces amis avaient eux-mêmes,
dans l'opposition, un rôle trop important pour que
l'indépendance du chansonnier ne dût pas craindre
d'être suspectée, s'il avait accepté de devenir leur
obligé. Mais jamais, par orgueil, je n'aurais repoussé la main qu'un ami serait venu me tendre dans
mes adversités : c'eût été me rendre indigne de secourir, à mon tour, des amis malheureux. Grâce au
ciel, mon esprit d'ordre a pu, dans les bons jours,
me permettre d'obliger souvent, et je n'ai jamais
pensé qu'on eût à rougir d'avoir accepté des services
qui ne pouvaient causer à ceux qui en étaient l'objet
autant de joie qu'à moi-même.

Au reste, je n'ai pas été le seul écrivain de cette
époque à maintenir son indépendance par une conduite désintéressée. Le nombre de ceux qui l'ont fait
a été grand, malgré les calomnies répandues. On a
souvent imprimé, par exemple, que Thiers avait eu
des obligations d'argent à Laffitte : l'écrivain, jeune

gendre, à Nanterre, où il est mort. Béranger ne s'est jamais consolé
de sa perte. Son œil se mouillait de larmes quand il allait revoir la
maison où étaient restées la veuve et la fille de son ami.

Puisse l'exemple de M. Quenescourt susciter des amitiés prévoyantes et constamment généreuses comme l'a été la sienne !

alors et vivant de son travail, a souvent aidé le financier [1]; mais c'était le rigide Manuel qui était l'arbitre de leurs relations, et je crois être certain qu'elles n'ont jamais été avantageuses à l'écrivain. Thiers a toujours conservé un cœur bon et des mains pures. Lorsqu'on lui a reproché d'avoir été ingrat envers Laffitte, il a gardé le silence : c'est un noble courage dont je suis juge par tout ce que je sais ; et je dois ajouter que cette injuste imputation n'est jamais sortie de la bouche de Laffitte. Au contraire, il s'est souvent loué, avec moi, de la conduite qu'en plusieurs occasions graves Thiers a tenue à son égard depuis 1830.

Dans cette notice, que j'aurais voulu faire succincte, je ne cesse de parcourir de haut en bas et de bas en haut l'échelle de mes jours, amené par un mot à sauter dix ou quinze ans; qu'il me faut ensuite remonter. Cette fois encore, retournons à ma jeunesse et à quelques-uns de ses plus heureux moments : grand plaisir pour un vieillard.

Les fréquents voyages que je faisais à Péronne, pour voir ma tante et Quenescourt, chez qui je logeais, eurent beaucoup d'influence sur le dévelop-

[1] Les écrits publiés sous le nom de Laffitte, de 1820 à 1830, sont : *Opinion sur le projet de loi de finances de 1822*; *Réflexions sur la réduction de la rente et sur l'état du crédit* (1824) ; *Laffitte, banquier à Paris, à MM. les Électeurs de l'arrondissement de Vervins* (1826).

pement presque involontaire de mon chansonnier. D'anciens amis, de bons parents, les Forget, entre autres, à peu près de mon âge, se réunissaient pour me faire fête. Les plaisirs de la table sont les seules distractions des petites villes : belle occasion pour égayer par des couplets le dessert, qui souvent ne finissait qu'à minuit. Je les improvisais presque, et plusieurs de ces chansonnettes ont pris place dans mes volumes. La chanson des *Gueux* date de cette époque, car nous étions loin d'être de grands seigneurs. L'un de nos convives les plus assidus était le compositeur qui, autrefois, à l'imprimerie, m'avait donné mes premières leçons de casse. Brave Beaulieu ! excellent homme, qu'un verre de vin consolait de bien des misères, et que nous aimions tant à consoler !

Arrivé aujourd'hui à cet âge que les Grecs ont appelé la fin du banquet, il me prend envie de me redire à mon triste dessert quelques-unes des chansons de ce temps de joie et d'amitié[1].

---

[1] C'est Laisney qui donna à la maison de M. Quenescourt le nom de *Couvent des Sans-Soucis*. La communauté se composait de sept frères, qui étaient : M. Quenescourt, frère gardien ou prieur; Poticier, sommelier, surnommé frère Asinard; Laisney, dit le frère Chopine; Béranger, dit frère Hilarion, de France; frère Boniface, M. Mascré, et le compositeur Beaulieu, à qui on avait décerné le surnom rabelaisien de Ripailles. M. Antier alla visiter le couvent : il y reçut le nom de frère Bienvenu.

Nous avions donné à notre réunion le nom de *Couvent des Sans-Soucis,* et je fis ces couplets sur l'air de *Lætamini :*

Un couvent va renaître,
Couvent des Sans-Soucis.
Frères, il nous faut être
Douze au plus, au moins six.

Proclamons en buvant
La règle du couvent. } *Bis.*

Sous cette règle austère
Si l'on veut demeurer,
Ce n'est qu'au monastère
Que l'on doit s'enivrer.

Proclamons, etc.

Sans cloches ni crécelles
Annonçant aux dévots
Nos fêtes solennelles
Par des refrains nouveaux.

Proclamons, etc.

Entre poire et fromage
Écrions-nous : Grands saints,
Du froid et de l'orage
Préservez les raisins !

Proclamons, etc.

Confessons les fillettes,
Et chez nous, grands docteurs,

Qu'un couvent de nonnettes
Prenne ses directeurs.

Proclamons, etc.

Nos douces sympathies
N'ont à craindre aucun choc.
Pas même ici d'orties
Pour y jeter le froc.

Proclamons en buvant } *Bis.*
La règle du couvent. }

Revenant à Péronne, en 1809, je salue ainsi la communauté :

Air : *Ermite, bon ermite.*

Ave, mes joyeux frères,
Au couvent je reviens.
Le monde et ses chimères
Ne plaisent qu'aux vauriens.
Dieu, qui veut qu'on se range,
Me tirant du bourbier,
M'a fait, par mon bon ange [1],
Reconduire au moutier.

Salut au monastère
Où tout moine est fervent.
Je sonne avec mon verre :
C'est un bon frère
Qui rentre au couvent.

Laissons dire à la Trappe :
« Frères, il faut mourir. »

---

[1] Mon bon ange : Quenescourt. (*Note de Béranger.*)

Quand le destin nous frappe,
Gaîment sachons souffrir ;
Mourir va de soi-même,
N'en ayons point souci.
Bien vivre est le problème
Qu'il faut résoudre ici.

Salut au monastère, etc.

Des ordres que l'on cite,
Vivent les Templiers,
Qui n'avaient d'eau bénite
Qu'au fond de leurs celliers !
On préfère, après boire,
Quand sagement on vit,
Les psaumes de Grégoire
Aux chansons de David.

Salut au monastère, etc.

Frères, j'ai vu le diable ;
Il a peau fine, œil doux,
Teint frais, gorge impayable,
Bouche à nous damner tous.
De ses bras où l'on brûle,
Enfin, sorti vainqueur,
Je reprends ma cellule
Et viens chanter en chœur :

Salut au monastère
Où tout moine est fervent.
Je sonne avec mon verre :
 C'est un bon frère
 Qui rentre au couvent.

Il faut se quitter bien souvent, et voici des couplets d'adieu :

Air : *On ne sait comment faire.*

Amis, dans nos joyeux débats
Que tout vain regret s'évapore ;
Puisque l'on voyage ici-bas,
Nous nous rencontrerons encore.

Au revoir donc, bons moines gris !
Oui, plein d'un espoir agréable,
Pour trinquer ensemble, à Paris,
Je vais faire dresser la table.

Entre l'amour et les plaisirs
Sans beaucoup d'apprêts je voyage,
Et le charme des souvenirs
Compose mon plus gros bagage.

Jeunes, sommes-nous jamais las ?
A tout vent l'âme est emportée.
L'espérance guide nos pas
Aux sons d'une flûte enchantée.

Qu'on aille en poste ou bien à pied,
Au même but l'on court sans doute.
Heureux celui que l'amitié
Attend aux deux bouts de la route !

Amis, dans nos joyeux ébats
Que tout vain regret s'évapore ;
Puisque l'on voyage ici-bas,
Nous nous rencontrerons encore.

Autre départ.

Air : *Comme ça vient, comme ça passe.*

Adieu donc troupe folle !
A profit mettons ce jour.
Au départ le temps vole
Pour avancer le retour

Je quitte l'hôtellerie
Où, quand j'étais las d'errer
Sur le chemin de la vie,
L'amitié m'a fait entrer.

Adieu donc, etc.

« Le plaisir, douce chimère,
Fuit toujours, » dit le vieillard.
Rétorquons sa plainte amère :
Le plaisir reste et l'on part.

Adieu donc, etc.

Au dîner qui nous rassemble,
Quoi ! l'on brise un rouge bord !
C'est qu'ici l'amitié tremble
En signant mon passe-port.

Adieu donc, etc.

En voyageant, si je passe
La borne de nos douleurs,
Puissiez-vous suivre ma trace
Au parfum de quelques fleurs !

Adieu donc, troupe folle !
A profit mettons ce jour.
Au départ le temps vole
Pour avancer le retour.

Je me trouvais à Péronne pour une Saint-Jean-Porte-Latine[1], fête des imprimeurs : j'allai, avec les ouvriers, porter le bouquet au vieux père Laisney, mon ancien maître, et, paré du bonnet et du tablier de papier, je lui chantai, ainsi qu'à sa femme :

>Nos bourgeois, ma toilette est faite,
>Avec bonnet et tablier ;
>J'ai, pour chanter à cette fête,
>Les droits d'un ancien ouvrier.
>
>>L'amitié m'anime.
>>Amis, c'est cela,
>>Qu'il faut qu'on imprime,
>>Qu'on imprime là.
>>(La main sur le cœur.)
>
>Qu'à travailler chacun s'empresse ;
>Savant, prenez le composteur.
>Nous autres, courons à la presse :
>Tout ira bien sans correcteur.
>
>>L'amitié m'anime, etc.
>
>Saint Jean, à qui nous allons boire,
>Devait me reprendre au cassier :
>Que l'art qui fait vivre la gloire
>N'est-il mon père nourricier !
>
>>L'amitié m'anime, etc.

Ces chansonnettes me rendent d'heureux souvenirs et me parlent d'amis dont beaucoup, hélas !

[1] Le 6 mai.

m'ont précédé dans la tombe. J'en fis alors de bien plus folles, qui eurent un grand retentissement dans le pays : mais l'une d'elles faillit m'attirer de fâcheuses affaires [1].

Péronne avait et a peut-être encore une compagnie de chevaliers de l'arc. J'étais dans cette ville, lorsque ces messieurs, tirant un geai, oiseau de bois peint, perché au bout d'un mât de cinquante pieds de haut, s'y prirent à deux fois sans abattre l'oiseau. Je broche à la hâte une espèce de vaudeville, et le voilà qui court, gros d'une vingtaine d'épigrammes, plus mordantes que spirituelles, à l'adresse de chacun des maladroits archers. Le scandale fut grand, et Piron, à Beaune, n'en causa pas plus par une imprudence à peu près pareille. Si je n'avais quitté promptement le pays, il eût pu m'arriver mésaventure. Avec des ministres, même avec des rois, on en est quitte pour la prison et de fortes amendes ; nos chevaliers n'avaient pas l'air de vouloir se contenter de si peu. Mais les bons Picards se calment aussi vite qu'ils s'emportent : ils me pardonnèrent une folie dont bientôt ils rirent eux-mêmes, et je pus retourner chanter dans cette ville, dont le souvenir m'est resté cher à tant de titres. Voici ma chanson de retour :

[1] En 1809. Voyez les lettres de 1810 dans la *Correspondance*.

MA BIOGRAPHIE.

Air : *Pan, pan, pan.*

Dans ces lieux, par mes bons mots,
J'ai des sots aigri la bile ;
Puis-je chanter en repos
Ayant contre moi les sots ?

Din, din, din, din, din, din, din,
Ah ! sur moi dans notre ville,
Din, din, din, din, din, din, din,
On va sonner le tocsin.

Le corps de l'arc outragé
A tirer sur moi s'apprête ;
Vous sentez la peur que j'ai,
Car je suis plus gros qu'un geai.

Din, din, din, din, din, din, din,
Entendez-vous leur clochette [1] ?
Din, din, din, din, din, din, din,
Sur moi sonne le tocsin.

Pour guérir les imprudents,
De Piron l'histoire est bonne.
Bigots, fripons et pédants,
Sur les esprits trop mordants,

Din, din, din, din, din, din, din,
Soit dans Beaune ou dans Péronne,
Din, din, din, din, din, din, din,
Sonnent toujours le tocsin.

Mais vous serez mes appuis,
Vous, mes amis, mes confrères ;

---

[1] Au jeu d'arc, une sonnette annonçait chaque coup. — *(Note de Béranger.)*

En revanche aussi je puis
Vaincre avec vous les ennuis,

Din, din, din, din, din, din, din,
Et gaîment, au bruit des verres,
Din, din, din, din, din, din, din,
Sur eux sonner le tocsin.

Peut-être trouvera-t-on curieux de voir une autre face de cette vie de jeune homme. A côté de ces chansons, inspirées par le plaisir, et dont je n'ose, sage que je suis devenu, rapporter les plus gaies, quelques accès de tristesse m'inspiraient des vers, tels que ceux-ci :

L'AURORE[1]

Des jours de mon printemps douce et dernière aurore,
Tu vas fuir sans retour :
Tu fuis ; mon printemps passe, et je demande encore
Pourquoi j'ai vu le jour.

Sous tes pleurs fécondants, scintillante rosée,
Que de fleurs vont s'ouvrir !
Mais trop vite en leur sein tu seras épuisée :
Que de fleurs vont mourir !

Petits oiseaux, chantez, un mois vous a vus naître
Et braver l'oiseleur ;
Vos chants, comme les miens, seront bientôt, peut-être,
Un écho de douleur.

---

[1] Cette ode a été sauvée par hasard de l'incendie qui a dévoré tant de ses tristes sœurs. (*Note de Béranger.*)

Pour chaque être souffrant qui crie à son oreille,
  L'homme est un faible appui ;
Il trouve tous les maux, si matin qu'il s'éveille,
  Éveillés avant lui.

Par deux fois douze étés, arbre épuisé de séve,
  Tombé-je donc flétri ?
N'est-ce donc plus pour moi qu'au soleil qui se lève
  La nature a souri ?

Le temps qui m'entraînait me mettait, dans sa fuite,
  Une main sur les yeux ;
Le cruel, aujourd'hui, la retire si vite,
  Que je me parais vieux.

Ainsi le voyageur, la nuit, errant sans guide,
  Lorsque l'ombre se fond,
Voit ses pas engagés sur le penchant rapide
  D'un abîme profond.

La vieillesse à l'œil terne, aux tremblantes pensées,
  A la froide rigueur,
Vers moi s'avance, hélas ! et de ses mains glacées
  Va me serrer le cœur.

Ce soleil éclatant réveille en leur tanière
  D'horribles animaux :
Plus sur la couche humaine il répand de lumière,
  Plus on y voit de maux.

Vous, qu'à notre matin l'espérance colore,
  Fuyez, songe d'amour.
Je voudrais de mes ans n'avoir vu que l'aurore,
  Et l'aurore du jour.

Je me suis laissé aller à bien des souvenirs de jeunesse et à bien des citations : revenons aux événements de ma vie.

Lorsque j'étais sur le point d'obtenir enfin un emploi, j'eus le chagrin de perdre mon père[1], frappé d'apoplexie, à cinquante-neuf ans, au moment où l'espoir me venait de pouvoir lui procurer des jours plus heureux[2]. Bientôt après, ma sœur et la sœur

---

[1] Le 1er janvier 1809.

[2] « Mon ami, je viens de perdre mon père. Le jour de l'an, à neuf heures du soir, il a rendu le dernier soupir. Ma douleur est vive ; elle est d'autant plus forte dans ce moment, qu'il s'y mêle une profonde amertume causée par les affaires malheureuses où je suis jeté et par les injustices révoltantes dont je suis la victime. La nièce[*] pour qui mon père a tout fait, pour qui il a fait dix fois plus que pour moi, me dépouille du reste du mobilier de mon père et de ma mère, seule compensation que je pusse recevoir des dettes que je contracte aujourd'hui pour subvenir à toutes les dépenses que le moment exige. Je ne suis point intéressé, mais j'abhorre l'injustice. On a été jusqu'à fabriquer des calomnies pour justifier le don qu'on dit avoir été fait par mon père de ces objets, peu considérables il est vrai, mais qui sont à moi. On a fait plus, on a gagné sur les dépenses qu'il m'a fallu faire depuis mon arrivée, et chaque chose m'a été comptée le double, le triple de sa valeur, ou, pour mieux dire, on a refusé de me faire aucun compte pour pouvoir me voler plus facilement. J'ai demandé au ciel un peu de patience ; j'en ai eu tant que mon père a respiré, mais maintenant je n'y tiens plus[**].

Je ne sais à quoi en est ma place. Je n'ai eu que peines et qu'em-

---

[*] Adélaïde Paron, fille de Marie-Marguerite-Adélaïde Béranger, sœur du père de notre poëte, et de François Paron, boulanger à Péronne. Adélaïde Paron était née le 22 janvier 1777 ; elle est morte à la fin de l'année 1812.

[**] Béranger avait à se plaindre de son père ; il n'avait à attendre que des ennuis de son héritage ; il n'avait que de l'argent d'emprunt pour subvenir à toutes les dé-

de ma mère, chez qui elle travaillait, entrèrent dans un couvent. J'opposai de sages réflexions au parti que Sophie voulait prendre à vingt-deux ans, pensant que sa détermination ne venait que de la crainte de m'être, un jour, à charge ; mais elle persista et n'a eu qu'à s'en applaudir, ainsi que sa vieille tante. Elles ont trouvé, dans le cloître, une sécurité et un repos que le monde leur eût difficilement donnés.

A la formation de l'Université impériale[1], Arnault

---

barras. Ah ! si je n'avais point à remplir d'autres devoirs, je fuirais d'un pays où je ne suis revenu que pour être en proie aux tourments, aux injustices et aux regrets. J'irais auprès de vous tous, mes amis, retrouver quelque tranquillité. Ah! je n'y porterais plus la même gaieté. J'ai pour longtemps à souffrir, et mon cœur est trop ulcéré. » (*Correspondance*, tome I, p. 68.)

[1] La loi d'institution est du 10 mai 1806 ; mais l'Université nou-

---

penses de la maladie et de l'inhumation ; mais il se conduisit aussi honorablement que possible et voulut que son père eût de justes funérailles. C'est ainsi que l'on a trouvé dans ses papiers divers reçus datés de cette époque. L'un, de la *Ville de Paris*; c'est une quittance de frais d'inhumation donnée le 2 janvier 1809. La somme est de 40 francs. L'autre est un reçu signé Poirot, prêtre, receveur des convois, de 78 francs, pour les frais du service religieux fait le 3 janvier en l'église Saint-Germain-l'Auxerrois. Un autre, des *Pompes funèbres*, monte à 147 francs. A ces reçus, il faut joindre une quittance de 60 francs, signée le 4 février 1809, par Balluet, docteur en chirurgie, et une autre quittance de 48 francs, signée le 6 janvier, par Demolle, docteur en médecine. C'est un total de près de 400 francs qui représentent presque 700 francs d'aujourd'hui. Béranger, aidé par ses amis, sut donc remplir jusqu'au bout et largement ses devoirs.

Un bordereau d'adjudication, trouvé avec les reçus et quittances dont il vient d'être fait mention, prouve qu'il acheta la montre et les matelas de son père à la vente après décès qui eut lieu le 18 janvier dans la maison paternelle. Le père de Béranger logeait alors de sa personne dans une chambre du cinquième étage, rue Saint-Thomas-du-Louvre, n° 19. Voici le commencement de l'acte de décès.

VILLE DE PARIS. *Premier arrondissement.* — « *Extrait du registre des actes de décès de l'an* 1809. — Du 2 janvier mil huit cent neuf, à une heure du soir, acte de décès de monsieur Jean-François de Béranger de Mersix, décédé à neuf heures du soir, rue Saint-Thomas, n° 19. Présent Pierre-Jean de Béranger, âgé de vingt-huit ans, homme de lettres, » etc.

obtint pour moi une place dans les bureaux. Il me présenta au grand-maître Fontanes [1], ancien obligé

velle ne fut organisée que par les décrets du 17 mars 1808 et du 15 novembre 1811.

[1] La lettre que Béranger, sur l'invitation d'Arnault, écrivit à Fontanes, a été conservée.

« Mon nom, lui dit-il, vous est inconnu ; la circonstance qui aurait pu lui donner une place dans votre mémoire est trop éloignée pour que vous puissiez vous le rappeler. Je crains même de retracer inutilement à votre souvenir cette circonstance qui seule me donne l'espoir de vous inspirer quelque intérêt.

« Il y a quatre ans que M. Lucien Bonaparte, mon protecteur, vous lut, Monsieur, deux poëmes, l'un du *Rétablissement du culte*, et l'autre du *Déluge*. Selon ce qu'il m'a dit, ces ouvrages, quoique chargés de fautes, obtinrent votre éloge. Apparemment que quelques-uns de ces traits que parfois le hasard fait rencontrer à la médiocrité vous portèrent à l'indulgence envers une muse novice. J'ai su, Monsieur, que votre suffrage ainsi que celui de M. Arnault, qui depuis m'honore de son amitié, contribua dans le temps à me faire obtenir la protection de M. Lucien : la pension qu'il m'a accordée, des bienfaits particuliers, et les lettres aimables et flatteuses qu'il daigne m'adresser, me donnent la certitude qu'il n'a pas cessé de s'intéresser à moi. Malheureusement j'ai des charges qu'il n'est pas obligé de connaître, et l'état de gêne dans lequel je vis me fait hasarder de vous faire la demande, Monsieur, de quelque emploi dans l'Université ; non dans le corps enseignant (je n'ai reçu aucune éducation, et c'est contre toute raison que je cultive les muses), mais dans l'administration de ce vaste établissement à la tête duquel vous êtes si dignement placé.

« Dans ce moment, sans doute, Monsieur, un grand nombre de personnes de mérite s'adressent à vous pour le même objet ; aussi n'est-ce pas une injustice que je sollicite ; mais, lorsque vous aurez pourvu ceux qui ont des droits réels à votre bienveillance, j'espère, Monsieur, que vous voudrez bien songer à moi, dont le plus grand regret, si mon espoir était trompé, serait d'avoir perdu l'occasion de connaître particulièrement l'un de nos poëtes les plus distingués. Je

de M. Lucien. Fontanes n'en fit pas plus attention au pauvre diable qui lui était recommandé, bien qu'Arnault lui eût fait l'éloge de mes essais littéraires. On parut d'abord vouloir me laisser le choix entre deux ou trois mille francs d'appointements. L'emploi inférieur d'expéditionnaire donnant, comme on sait, fort peu d'occupation à l'esprit, me parut mieux convenir à un rimeur, et je lui accordai la préférence.

suis, Monsieur, avec le plus profond respect, votre très-humble et très-obéissant serviteur.

« P. J. DE BÉRANGER. »

« *P. S.* M. Arnault doit avoir la bonté de vous confirmer les détails que j'ai l'honneur de vous donner. »

« On saisit bien, ce me semble, dit M. Sainte-Beuve (1832) dans cette lettre digne, mesurée, touchante, le point de départ littéraire de Béranger, et comment il a dû suppléer à tout. Fontanes répondit à cet appel du jeune homme ; mais nous voudrions savoir ce que dirait aujourd'hui quelqu'un de nos célèbres poëtes, en s'entendant appeler tout simplement un *poëte distingué.* » Cette note est juste et finit par un trait piquant ; mais M. Sainte-Beuve s'est trompé, sans le savoir, en disant que Fontanes répondit à l'appel de Béranger. Il lui mesura sa faveur et chercha même à le dégoûter de tout emploi. Béranger était un ami de Lucien. Fontanes, qui devait à Lucien son élévation, traitait alors les amis de Lucien disgracié comme des gens dangereux. Il était pourtant d'un naturel doux et d'une humeur obligeante ; mais ces personnages, qu'un heureux hasard et les services d'une plume servile ont élevés à de grands postes, sans que leur mérite y réponde, deviennent bientôt jaloux et ombrageux. Ils sentent plus vivement qu'on ne croit ce qu'il y a de factice dans leur grandeur et d'incertain dans leur fortune. Napoléon ne s'y méprenait pas. Se frappant la poitrine, un jour qu'on lui parlait des beaux discours de Fontanes : « C'est très-bien, dit-il, mais il n'y a pas de cela. » C'était traduire le *Pectus est quod facit disertos* de Quintilien.

C'était un tort, car, avec trois mille francs, j'aurais été plus utile aux miens ; mais je ne savais pas encore faire passer complétement mes devoirs avant mes goûts. Il en résulta que, voyant combien je tenais peu aux riches émoluments, M. de Fontanes, malgré les instances d'Arnault, laissa réduire ses promesses au don d'une place de mille francs : il n'y en avait pas au-dessous. Je m'en affligeai peu, bien qu'il m'ait fallu huit ou neuf ans pour arriver, d'augmentation en augmentation, aux deux mille francs promis d'abord. Il y avait longtemps que M. de Fontanes n'était plus grand-maître, quand on me fit si riche.

A peine assuré de cet emploi, une nouvelle charge me fut imposée par la Providence. Je l'acceptai, comme toutes celles qu'elle m'envoya. Je pouvais voir, dans celle-ci, des consolations pour ma vieillesse, mais il n'en fut pas ainsi, et je la supporte encore sans compensation, mais sans murmure[1]. Il

---

[1] En 1798, le père de Béranger avait été chargé par l'une de ses sœurs de Péronne d'entretenir et de surveiller, à Paris, sa fille Adélaïde Paron, qui désirait apprendre le commerce. Cette jeune personne, qui était douée d'un joli visage, était malheureusement d'un naturel qui rendait la surveillance difficile. Elle ne put se tenir aux places qu'on lui procura, et son oncle, par faiblesse, la garda auprès de lui. Béranger, qui était de trois ans plus jeune qu'elle, fut exposé plus que personne à ses séductions, et, n'ayant pas su y résister, il en eut un fils : Furcy Paron, qu'il appela plus tard Lucien. Cet enfant est né le 26 nivôse an IX.

Élevé d'abord en nourrice par les soins de sa mère, qui s'était créé

est bizarre que moi, qui de bonne heure, me pressentant une carrière incertaine, évitai tous les engagements qui eussent alourdi le bagage du pauvre pèlerin, je me sois toujours vu charger d'assez pesants fardeaux. Ma confiance en Dieu m'a soutenu, et ce n'est pas ma faute, si ceux, au sort desquels je me suis intéressé, n'ont pas su mettre à profit les privations que je me suis imposées pour leur éviter les ornières du chemin que j'ai parcouru. J'en gémis souvent ; mais quel cœur n'a sa plaie ? Au vieux soldat reste toujours quelque blessure qui menace de se rouvrir. Pour tout bonheur, et cela est bien vrai,

---

des ressources, il n'eut plus que Béranger pour appui à partir de 1809. Béranger se conduisit jusqu'en 1840 comme le meilleur des pères. Il essaya d'abord d'instruire son fils lui-même, et il fit les sacrifices nécessaires pour le mettre en pension quand il vit que sa peine était inutile. Aidé par Judith, il parvint ainsi à le mener à l'âge d'homme. Mais Lucien Paron n'a cessé d'être un pénible fardeau pour son père. Un peu après sa vingtième année, Béranger dut chercher à lui procurer un emploi aux colonies et chercha à lui donner le goût du commerce en sacrifiant d'un coup quinze mille francs pour lui faire une pacotille. Tout fut dépensé sans profit. Béranger, sans se lasser, lui fit jusqu'à sa mort une pension annuelle de mille francs.

Lucien Paron est mort à l'île Bourbon dans une petite case où il vivait avec une négresse, sans travailler à rien, et n'ayant d'autre occupation que celle de la pêche. Béranger lui a plusieurs fois offert de lui donner son nom et de le reconnaître s'il voulait changer de conduite.

Il y a dans la *Correspondance de Béranger* plusieurs lettres qu'il a écrites à son fils : ce sont des chefs-d'œuvre de raison, de bonté et de simplicité. Rien n'honore plus Béranger que ces lettres.

j'ai souhaité le bonheur des autres, au moins autour de moi. Mes prières sont loin d'avoir été exaucées.

En dépit de quelques folies de jeunesse et des épines que la misère laisse toujours aux jambes de ceux qui l'ont traversée, c'est de ce moment que ma vie put prendre un essor plus régulier. Je sortais d'une époque critique, surtout pour les hommes dont l'intelligence se développe d'elle-même et, pour ainsi dire, au hasard. De vingt-six à trente ans, il s'élève en eux un combat entre l'imagination exaltée par le sens et la raison éclairée par un commencement d'expérience, où celle-ci ne triomphe pas toujours. Quelle qu'en soit l'issue, le champ de bataille en est profondément remué. La lutte fut en moi aussi douloureuse que longue[1], et il me semblait par instant

---

[1] « Quel avenir ! Quoi ! toujours dépendre des autres ! devoir à tout le monde ! Ne vaudrait-il pas mieux mettre un terme à tant de peines que d'être continuellement obligé de montrer à ceux qui nous entourent un front serein et joyeux, qui contraste si fort avec ce qui se passe en nous ? Ah ! mon ami, je cherche en vain à m'étourdir : l'âge va bientôt m'ôter cette dernière ressource.

« N'allez pas, au moins, montrer cette lettre à nos amis. Quand je serais avec eux, ils se défieraient de ma gaieté. » (*Lettre* du 6 février 1809.)

« Je puis me tromper ; mais ce qu'il y a de sûr, c'est que ma philosophie se fortifie de plus en plus, et que la promenade et l'air de la campagne me sont plus nécessaires que jamais. La poésie est pour moi maintenant une occupation douce qui ne me nourrit point d'idées chimériques, mais qui n'en charme pas moins tous mes instants. Voilà du moins ma situation actuelle. Il faut que je vous avoue pourtant que le dernier ouvrage de Chateaubriand a réveillé en moi le désir des

que j'allais devenir fou. Enfin, la raison l'emporta : bientôt mon âme devint plus sereine, les accès de mélancolie disparurent; je vis les hommes tels qu'ils sont, et l'indulgence commença à pénétrer dans toutes mes pensées. Depuis lors, ma gaieté, d'inégale et bruyante, devint calme, soutenue, et ne m'abandonna plus que quelquefois dans le monde, mais toujours pour venir m'attendre dans ma retraite ou auprès de mes amis, qu'elle consola souvent, ce qui m'a permis de dire qu'*elle n'offensait pas la tristesse.*

C'est alors aussi que je fis les plus grands efforts pour perfectionner mon style ; les idées m'ont rarement fait faute, bonnes ou mauvaises ; mais je n'apportais pas un soin aussi judicieux au choix de l'expression. Quand on n'a que soi pour maître, les

---

voyages, non pas en Terre-Sainte, mais en Italie, terre sacrée des arts et presque aussi poétique que la Grèce. Je dis presque ; mais laissons ma philosophie et mes désirs. » (*Lettres* de 1811.)

Entre les deux dates de 1809 et de 1811 plaçons encore ce fragment qui marque la marche de la pensée :

« Je suis vraiment heureux. Mes prétentions en littérature se bornent à des chansons, ou du moins mes essais dans d'autres genres sont si secrets, que je suis absolument inconnu ; car je ne publie même pas les chansons, quelque éloge qu'elles me vaillent de mes amis et particulièrement de M. Arnault. Vous ne sauriez croire combien je trouve de douceur à mon obscurité. » Cette dernière phrase est à remarquer ; elle explique la peine qu'eut plus tard Béranger à entrer dans le bruit et dans l'éclat de sa gloire. Attaché d'esprit et de cœur à une vie modeste, il ne contraignit jamais sa nature.

études sont bien longues. Je m'appris à couver longtemps ma pensée, à en attendre l'éclosion, pour la saisir du côté le plus favorable. Je me dis, enfin, que chaque sujet devait avoir sa grammaire et son dictionnaire, et jusqu'à sa manière d'être rimé ; car tout ce qui est élégiaque n'exige pas la grande exactitude des rimes. Je ne rapporte ces détails que pour les gens qui pensent que, pour bien écrire, il suffit de laisser tomber au hasard des mots sur le papier, et qui ne font cas ni de la réflexion, ni des lectures préparatoires. Si cela continue, vous en verrez qui écriront sans savoir lire. Certes, il y a des génies privilégiés, qui réussissent à tout sans peine ; mais qui a droit de se croire un génie ?

Les corrections que je fis à mon poëme pastoral, ébauche restée inachevée, furent le travail qui me révéla le plus des secrets de notre langue. J'avais fait des odes et des dithyrambes, mais bientôt je crus m'apercevoir que, plantes exotiques transportées de l'antiquité chez nous, ces genres n'y avaient point de profondes racines, malgré tout le mérite de nos grands lyriques. Je n'ose dire que je raisonnais juste ; mais il me semble encore que l'ode, comme nous la faisons, pousse à l'emphase, c'est presque dire au faux ; et rien n'est plus contraire à l'esprit français, pour qui le simple est un des éléments nécessaires du sublime, ainsi que l'attestent l'éloquence de Bossuet et les plus beaux morceaux de Corneille. On cite souvent Pindare, que personne ne comprend bien peut-être ; mais quelle différence entre les poëtes modernes et le lyrique grec, qui, remplissant, en effet, un véritable sacerdoce, à la vue de vingt populations sœurs, assemblées à Olympie, célébrait les héros, la patrie et les dieux, et, entouré de chœurs de danse et de chant, déclamait ses vers d'une voix soutenue par la musique! Chez nous, le poëte est presque toujours en dehors de son œuvre pour les lecteurs de sang-froid, ce qui devrait lui faire sentir le besoin d'un cadre pour presque tous ses sujets. C'est par l'invention de ses cadres que son génie devrait surtout se signaler, et non par un déluge de vers toujours beaux sans doute, mais qui font penser à cette princesse des contes de fées, dont la bouche ne pouvait s'ouvrir sans vomir des torrents de perles, de rubis et d'émeraudes : pauvre princesse !

Si je tombe ici dans quelque hérésie littéraire, que nos académiciens, qui sont tous si forts sur le latin et le grec, veuillent bien me le pardonner ! Toujours est-il que j'abandonnai l'ode et le dithyrambe, et que je brûlai la valeur d'un petit volume très-emphatique, qui m'avait donné bien des folles espérances. On a dit que rien n'éclaire comme la flamme des manuscrits qu'on a le courage de livrer au feu : je devrais voir bien clair. J'ai connu des auteurs qui n'ont pas perdu un des vers qu'ils ont faits. Je n'ai pas conservé plus du quart des miens, et, je le sens aujourd'hui, je n'en ai que trop conservé.

On doit comprendre, d'après ce que je viens de dire, la contrariété que j'ai toujours éprouvée lorsque, pour louer mes chansons, on leur faisait l'honneur de les appeler des *odes*. Nous avons peine à nous défaire de toutes les aristocraties, et celle des genres en littérature n'a pas encore cessé de régner chez nous, en dépit des puissants efforts tentés par ce qu'on appelle l'école romantique. Sous ce rapport et sous beaucoup d'autres, je lui dois de la reconnaissance. Ce vers du *maître*, qui a dédaigné de donner place à la fable dans son *Art poétique*:

Il faut, même en chansons, du bon sens et de l'art,

est resté pour beaucoup de gens l'appréciation la plus élevée du genre auquel j'ai fini par consacrer tout mon temps et mes soins. De là le nom d'*ode* donné à celles de mes chansons qu'on croyait appartenir à un genre supérieur, en dépit de la synonymie réelle des deux mots. Je le tiens de Rouget de l'Isle lui-même[1]; il se fâchait lorsqu'on appelait la *Marseillaise* une chanson. Puisse-t-on ne me trouver d'autre tort, dans ces réflexions, que celui de défendre un

---

[1] Voir la *Correspondance*, tome III, p. 5.

intérêt personnel! C'est un reproche que j'ai dû braver dans l'intérêt même du genre auquel je dois tant de reconnaissance.

J'arrive à l'année 1813, qui marque le commencement de ma réputation, lorsque j'allais me résigner à n'en avoir jamais.

Au milieu de beaucoup d'autres travaux, on a vu que j'avais toujours fait des chansons. Par une indiscrétion de mon père, plusieurs de celles qui n'avaient été faites que pour amuser notre petite société d'amis furent imprimées dans un des nombreux recueils qui encombraient alors la librairie des étrennes; elles y passèrent inaperçues, et ne méritaient pas mieux. Mais enfin des copies à la main du *Sénateur*, du *Petit Homme gris*, des *Gueux*, et surtout du *Roi d'Yvetot*, révélèrent mon nom aux amateurs du genre, toujours si nombreux en France. Quelques-unes furent imprimées; mais la dernière, qui ne courut que manuscrite, devint l'objet d'une attention particulière. Critique fort modérée du gouvernement impérial, lorsque le mutisme était d'ordre public, elle eut la bonne fortune de voir la police la suivre à la piste. Le travail des vers, l'exactitude de la rime, n'empêchèrent pas d'abord de l'attribuer à des hommes du monde haut placés, ce qui me décida à prier mes amis, et Arnault surtout, de faire savoir le nom de l'auteur à ceux qui, disait-on, avaient mission de le découvrir. On a répété plusieurs fois que cette chanson m'avait valu des persécutions; il n'en est rien, et j'ai lieu de croire pourtant qu'elle avait été mise sous les yeux de l'Empereur[1].

Beaucoup de mes refrains égrillards couraient aussi le monde; ils avaient d'autant plus de succès qu'ils se rapprochaient davantage des chansons de Collé, que M. Auger, censeur royal, fit réimprimer au commencement de la Restauration. Ces refrains n'étaient pas faits pour voir le jour; mais les amis à qui seuls ils étaient destinés ne virent point d'inconvénients à en répandre des copies. Ces vers n'étaient heureusement pas plus la peinture de leurs mœurs que des miennes; mais j'avoue que mes principes n'étaient pas tout à fait conformes à ceux qu'affiche la haute société, qui allait m'attirer dans plusieurs de ses salons. J'avais, pour braver l'hypocrisie de quelques-unes de ses lois, un âge mur, des idées arrêtées et un caractère éprouvé par la mauvaise fortune : cela me mit à l'abri des périls qu'un jeune homme rencontre dans les rangs supérieurs, où trop

---

[1] Croirait-on qu'il y a peu de temps quelques-uns de ceux qui ont injurié jadis la mémoire de Napoléon ont eu l'idée de me reprocher d'avoir attaqué ce grand homme au moment de sa chute par cette chanson du *Roi d'Yvetot?* Ils feignent d'oublier qu'elle courut plusieurs mois avant les victoires de Lutzen et de Bautzen, que ces messieurs auraient célébrées sans doute s'ils avaient alors pu tenir ma plume. (*Note de Béranger.*)

souvent se brisent sa force et son originalité. Combien de nobles pensées, de généreux desseins avortés par l'effet de l'air qu'on respire dans les lieux où règnent le luxe et la mode! N'allez pas croire à la perfidie de ceux qui vous y entraînent ou vous y accueillent! leur bienveillance ne se doute pas du mal qu'ils vont vous faire. Ne vous laissez pas transplanter dans les salons dorés; ils ne tarderaient pas à vous séparer de vos amis d'enfance et de jeunesse, qui n'ont pu parvenir comme vous et à qui sans doute vous devez une partie de votre première séve. Déjà homme d'expérience, je me suis cramponné à mon berceau et à mes vieux amis. Aussi que de fois, après avoir pris place à de somptueux banquets, au milieu de connaissances nouvelles, j'ai été dîner, le lendemain, dans une arrière-boutique ou dans une mansarde pour me retremper auprès de mes compagnons de misère! Ne l'eussé-je fait que dans l'intérêt de la libre langue que je voulais parler, il y aurait eu sagesse de ma part. J'y gagnais aussi de ne pas rester étranger aux classes inférieures, pour qui je devais chanter et à l'amélioration desquelles j'aurais voulu pouvoir contribuer.

Quoique la société riche ait beaucoup plus étouffé de génies qu'elle n'en a fait éclore, il y a pourtant, pour de certaines intelligences, nécessité de la connaître. La parcourir fut pour moi un voyage à faire;

c'était mon tour du monde. Après l'avoir accompli, arrivé à plus de cinquante ans, j'ai quitté cette société sans peine, bien que je ne l'aie pas visitée sans plaisir ni sans fruit ; je dois, en effet, à cette pérégrination d'excellents amis et des souvenirs heureux. Je lui dois aussi de savoir qu'il y a autant de cœurs nobles et bons dans les classes d'en haut que dans les autres classes : en haut, malheureusement, la bonté est trop souvent l'esclave des habitudes, de l'oisiveté, de toutes les exigences du luxe, et des mauvaises idées qui sont mises en commun dans tout ce qui forme cercle à part.

En 1813 existait depuis plusieurs années une réunion de chansonniers et de littérateurs qui avait pris le nom du *Caveau*[1], en mémoire du caveau il-

---

[1] Aujourd'hui que les sociétés chantantes ne sont plus en vogue, il est à la mode de railler ces réunions que nos pères aimaient si bien et où se développa une partie de notre ancienne littérature légère. L'institution d'un Caveau date de 1729. On peut voir en détail l'histoire de cette sorte d'académie dans un article rédigé par M. Ourry pour le *Dictionnaire de la conversation*. Le spirituel épicier Gallet, ami de Piron, de Collé et de Crébillon fils, se ruinait volontiers à les héberger chez lui. Ils voulurent une fois le traiter à leur tour, et organisèrent chez le célèbre Landelle, rue de Buci, un festin d'apparat auquel ils convièrent, pour plus de solennité, Fuzelier, Saurin, Sallé, et en outre l'ombre de Crébillon le père qui était brouillé avec son fils, et qu'il s'agissait de désarmer de ses tragiques ressentiments. La réunion fut si gaie, qu'on la convertit en une fondation mensuelle. Les fondateurs s'adjoignirent successivement, pour soutenir leur œuvre, Duclos, Labruyère, Gentil-Bernard,

lustré par Piron, Panard, Collé, Gallet et Crébillon père et fils. Désaugiers, à la mort du vieux Laujon,

Moncrif, Helvétius, le peintre Boucher, le musicien Rameau, et d'autres. Plus tard Favart y brilla ; Vadé n'y vint jamais.

Quelquefois on y vit le savant Fréret, que sa vigoureuse et vaillante érudition n'empêchait pas d'aimer à rire ; et jusqu'à l'ancien et futur ministre Maurepas, fureteur, amateur, collectionneur, et, au besoin, faiseur d'épigrammes et de chansons.

Cet ancien Caveau dura dix ans, de 1729 à 1739.

Un second Caveau fut institué en 1759 par les commensaux des dîners que donnait le mercredi le fermier général Pelletier. C'étaient Marmontel, Boissy, Suard et Lanoue. Ils appelèrent à eux Crébillon fils, Helvétius, Bernard, Collé et Laujon. Sterne, Garrick, Wilks, visitèrent cette assemblée, à laquelle mit une fin le malheureux mariage de Pelletier.

La Révolution de 1789 ne fut pas propice à un rétablissement de Caveau. En 1796 seulement furent établis les *Diners du Vaudeville*, où figurèrent Barré, Radet, Desfontaines, Piis, Deschamps, Desprez, les deux Ségur, Bourgueil, le Prévôt d'Iray, Demautort, Despréaux, Chéron, Léger, Rossière, Monnier, Chambon, puis Philipon de la Madeleine, Emmanuel Dupaty, Alissan de Chazet, Goulard, Dieu la Foy, Laujon, Philippe de Ségur, Armand Gouffé, Maurice Séguier. Ces dîners furent clos le 2 nivôse an X.

La collection des chansons et pièces diverses auxquelles ils donnèrent naissance forme neuf petits volumes assez rares. On en fait un choix en deux volumes in-18. Les *Diners du Vaudeville* furent plus tard réorganisés sous la présidence de Désaugiers. Le *Caveau moderne* date de 1806. Il fut fondé par Armand Gouffé et le libraire Capelle, qui recueillait les œuvres de la compagnie, publiait un cahier tous les mois, un volume tous les ans, payait la grosse dépense de la table, et faisait encore quelque profit. On vit bientôt au Caveau moderne, établi chez Baleine, au *Rocher de Cancale*, Antignac, Brazier, Chazet, Laujon, Désaugiers, Moreau, Francis Philipon de la Madeleine, Piis, Ségur aîné, Demautort, Despréaux, Dupaty, Ducray-Duménil, Cadet-Gassicourt, qui écrivait ses œuvres légères sous le

avait été appelé à présider cette société, dont les chants contrastaient alors si singulièrement avec les

nom de Charles Sartrouville, et enfin Grimod de la Reynière et le docteur Marie de Saint-Ursin, fondateur de l'*Almanach des Gourmands*, dont Béranger s'est moqué vertement.

Il y avait dans les départements de nombreux affiliés au Caveau.

Le second ban se composa de Lonchamps, de Jarry, Rougemont, Eusèbe Salverte, Gentil, Réveillère, Ourry, Tournay, Coupart, Jacquelot, Théaulon.

On admit, comme musiciens, Frédéric Duvernois, Mozin, Doche, Alexandre Piccini, Lafont, Romagnesi.

On accueillit avec distinction, et plus d'une fois, comme membres d'honneur, Delille, Mercier, Boufflers, le docteur Gall, le fin dîneur d'Aigrefeuille et Régnault de Saint-Jean-d'Angély.

La politique, quand les Bourbons furent revenus, fit tant de ravages dans cette académie, que, dès 1817, elle n'existait plus.

Le recueil du Caveau moderne forme onze volumes in-18.

Les *Soupers de Momus* étaient une sorte de succursale du Caveau, formée chez le restaurateur Beauvillier, où divers membres du Caveau se réunissaient. Béranger en faisait partie. Le *Tour de Marotte* y a été chanté. Les membres du Caveau trouvaient là des rivaux comme MM. Frédéric de Courcy, Justin Cabassol, Martainville, Jouslin de la Salle, Armand Dartois, Carmouche, Félix, Jacinthe Leclerc, Félix Dusaulchoix et d'autres.

Le recueil des *Soupers de Momus* forme quinze volumes. Cette réunion a duré jusqu'en 1828.

Voilà quelle a été la succession des diverses académies de chansons. Béranger ne se plut guère au Caveau, mais il s'y fit des amis nombreux. On voit, dans une lettre écrite à Réveillère, qu'il fit, comme les autres, ses fonctions de secrétaire-rédacteur du recueil de la société. Il fut également trésorier, comme l'était alors Réveillère.

Le recueil du Caveau contient, de Béranger, en 1814, la *Gaudriole*, le *Mort vivant*, la *Bacchante*; en 1815, le *Voyage au pays de Cocagne*, *Roger Bontemps*, les *Infidélités de Lisette*, le *Roi d'Yvetot*, *Madame Grégoire*, *Ma Grand'Mère*, *Mon Curé*, *Des-*

malheurs dont la France était menacée. Je n'ai jamais eu de goût pour les associations littéraires, et l'idée de faire partie d'une société ne devait pas venir de moi-même : le hasard décida que je serais membre de celle-ci. Désaugiers eut occasion de voir de mes couplets et chercha à me connaître. Arnault et le

cente aux enfers; en 1816, l'*Habit de Cour, ou une Visite à une Altesse*, la *Mère aveugle ou la Fileuse*, le *Deo gratias d'un épicurien*, *Vieux habits, vieux galons, ou Réflexions morales et philosophiques*, *Frétillon*, la *Grande Orgie*, le *Nouveau Diogène*, *Plus de politique*, *A mon Ami Désaugiers*, la *Censure*.

En même temps avaient paru ou paraissaient dans l'*Épicurien français*, en 1813, les *Infidélités de Lisette*, le *Mort vivant;* en 1814, le *Voyage au pays de Cocagne*, *Roger Bontemps*, l'*Éducation des Demoiselles*, *Madame Grégoire*, l'*Age futur ou ce que seront nos enfants*, le *Printemps et l'Automne*, le *Roi d'Yvetot*, le *Bon Français*, *Ma Grand'Mère*, *Mon Curé*, *Descente aux enfers*, la *Mère aveugle ou la Fileuse*, *Vieux habits, vieux galons;* en 1815, *Parny*, romance, la *Grande Orgie*, *Frétillon*, le *Deo gratias d'un épicurien*, la *Censure*, l'*Habit de cour ou Visite à une Altesse*, *Plus de politique*, le *Vieux Célibataire*, le *Vieux Ménétrier*.

D'autres recueils plus tard continrent des chansons de Béranger. Les amateurs d'éditions originales iront les y chercher pour collationner les textes. On trouve, par exemple, dans les *Étrennes lyriques*, en 1815, *Beaucoup d'amour;* en 1817, *Parny n'est plus!* romance, par P. J. de Béranger, mise en musique et dédiée à madame la vicomtesse de Parny par Wilhelm; en 1818, *Si j'étais petit oiseau*, l'*Aveugle de Bagnolet;* en 1819, la *Double Ivresse;* en 1821, *On s'en fiche*, la *Fortune*.

Un certain nombre de chansons de Béranger, plus ou moins remaniées ou même répudiées depuis, figurent dans divers recueils de la fin du Consulat et du commencement de l'Empire, comme la *Guirlande de fleurs*, de Cousin d'Avalon, et l'*Almanach des Muses*.

comte Regnault de Saint-Jean-d'Angély arrangèrent, à mon insu, un dîner chez le frère du maréchal Suchet, où Arnault, qui redoutait ma sauvagerie, me conduisit en feignant de me mener chez le restaurateur. Désaugiers m'attendait là[1].

L'intimité ne tarda pas à s'établir entre nous, et nous n'étions pas au dessert qu'il me tutoyait déjà. Ma réserve naturelle s'en fût peut-être blessée avec tout autre; mais mon habitude de juger les gens au premier coup d'œil ne pouvait être que favorable à cet homme excellent et de mine si gaie. J'éprouvai un véritable entraînement et ne résistai point aux instances qu'il me fit accepter de dîner au moins une fois au Caveau avec tous ses collègues, que je ne connaissais que de nom. Je m'y rendis au jour fixé et j'y chantai beaucoup de chansons. Chacun parut surpris que, si riche en productions de ce

---

[1] Désaugiers est né à Fréjus le 17 novembre 1772, et est mort le 6 août 1827 à Paris, des suites d'une opération de taille. Il avait eu le critique Geoffroy pour professeur au collége Mazarin, et dès ses dix-sept ans, débutait sur le théâtre de la rue de Bondy en y faisant jouer une comédie en un acte et en vers. De 1792 à 1797 il vécut à Saint-Domingue. A peine de retour en France, il devint l'auteur favori du théâtre des Variétés. C'est en 1815 que Barré lui offrit de lui succéder dans la direction du Vaudeville, qu'il quitta un moment après 1820, quand le Gymnase-Dramatique commença de lui faire concurrence, et qu'il reprit en 1825. Les pièces de théâtre de Désaugiers sont fort nombreuses. Il n'y a point de comparaison à faire entre ses chansons et celles de Béranger. Les unes sont oubliées; les autres ne sauraient périr.

genre, je n'eusse jamais pensé à les publier. « Il faut qu'il soit des nôtres ! » fut le cri de tous. Pour obéir aux règlements, qui défendaient de nommer un candidat présent, on me fit cacher derrière la porte, un biscuit et un verre de champagne à la main. J'y improvisai quelques couplets de remercîment pour mon élection faite à l'unanimité, au bruit de joyeuses rasades, et confirmée par une accolade générale.

Absent de ce dîner, le vieux chevalier de Piis[1], membre du Caveau, protesta contre mon élection : les plus petites gloires ont leurs jaloux ; serait-ce pour cela qu'elles donnent autant d'orgueil que les grandes ? Piis avait eu un vrai talent et beaucoup d'esprit ; mais, par l'humeur, il ne ressemblait en rien à Désaugiers et s'en prenait aux réputations naissantes de la perte de la sienne, tort assez commun aux invalides littéraires. Aussi, lorsque plus tard courut la chanson du *Bon Dieu*, y fit-il une réponse, insérée dans les journaux officiels, et qu'il présenta à Louis XVIII. Ce prince, qui avait bonne mémoire, dut bien rire en voyant cette nouvelle palinodie d'un homme qui, ancien serviteur du comte d'Artois, n'en avait pas moins chanté tous les pouvoirs révo-

---

[1] Né à Paris le 17 septembre 1755, le chevalier de Piis avait fait ses débuts sous les auspices du joyeux abbé de Lattaignant, dont Béranger prisait particulièrement la verve.

lutionnaires, même le bris des cloches et les vertus de Marat. Tombé dans le besoin à la Restauration, Piis courait après une pension que malheureusement il ne put obtenir. Il n'était certes pas méchant homme, et, s'il abusa de l'autorité que, sous l'Empire, lui donnait sa place de secrétaire général de la préfecture de police, ce ne fut que lorsqu'il s'avisa d'envoyer à bon nombre de personnes des exemplaires de ses œuvres complètes[1]. Qui eût osé refuser de prendre et de payer les huit volumes in-octavo ? Il avait chargé des gendarmes de faire cette distribution à domicile. Plaignons l'auteur qui a besoin de pareils commis libraires, surtout lorsqu'il survit à une réputation qui avait eu de l'éclat.

Malgré mes préventions contre les associations plus ou moins littéraires, je fus vivement touché de la bienveillance et des applaudissements qui m'accueillirent au Caveau. Dès ce jour, ma réputation de chansonnier se répandit à Paris et dans toute la France. Il ne fut pas possible néanmoins de me faire longtemps illusion sur les inconvénients d'une réunion d'hommes livrés à une vie si différente de mes habitudes, quels que fussent le mérite littéraire et les qualités personnelles de beaucoup d'entre eux.

---

[1] *Chansons choisies*, 2 vol. in-12 (1806); *OEuvres choisies*, 4 vol. in-8 (1810). C'est de ce dernier recueil que parle sans doute Béranger; il n'y a point eu d'édition des œuvres complètes de Piis.

L'esprit des coulisses et les intérêts du théâtre dominaient dans les conversations, qui n'étaient pas toujours exemptes de l'aigreur qu'engendrent les rivalités. J'ai aimé les plaisirs de la table pour l'épanchement qu'ils font naître et les spirituelles folies qu'ils font dire; mais, dans ces plaisirs, il a toujours fallu pour moi qu'il se trouvât quelque grain de philosophie et surtout qu'il y eût le charme des affections. J'étais loin de compte au Caveau moderne. L'ancien, tant vanté par nos pères, ne valait sans doute pas mieux sous ce rapport; les sociétés qui se prétendent joyeuses sont rarement gaies.

Armand Gouffé[1], qui me rechercha avec beaucoup de bonté, avait présidé le Caveau, mais l'avait quitté, disait-on, par la jalousie des succès de Désaugiers, qu'il y avait amené. Ce n'est pas lui qui eût pu égayer cette réunion; mais il n'en était pas moins un des plus spirituels et des plus habiles faiseurs de couplets. Son genre, qui était celui de Panard[2], n'est

---

[1] Né à Paris le 22 mars 1770, mort le 19 octobre 1845 à Beaune, Armand Gouffé, qui était d'une humeur triste, a laissé des chansons célèbres : *Plus on est de fous, plus on rit;* l'*Éloge de l'eau; Saint-Denis;* le *Corbillard.* Il a produit, comme Désaugiers, un très-grand nombre de pièces de théâtre.

[2] Armand Gouffé, qui a donné une édition des œuvres choisies de Panard (1808, 3 vol. in-18), le peignait ainsi dans un couplet :

> La gaieté dicte ses chansons,
> Mais l'innocence peut les lire;
> A la fois discret et malin,

peut-être pas ce qu'on doit appeler la chanson ; c'est plutôt le vaudeville, où l'auteur procède par couplets reliés seulement par quelque dicton proverbial ou même par un mot mis en refrain. Dans ce genre, Gouffé conserve une véritable supériorité, et c'est lui qui, dans notre temps, donna le plus de soin à la correction des vers et à la richesse de la rime, trop négligée depuis le siècle de Louis XIV. Il est singulier que ce soient des chansonniers, car moi aussi de très-bonne heure je rimai avec une grande exactitude, qui, chez nous, aient remis la rime pleine en honneur. L'école nouvelle n'avait sans doute pas besoin de cet exemple ; mais elle n'en convint pas moins que je l'avais devancée dans une de ses réformes les plus heureuses.

Lorsque arrivèrent les dernières convulsions de l'Empire, et surtout les *Cent-Jours*, la diversité des opinions ne tarda pas à semer les mésintelligences dans notre société, comme dans toute la France, et mon patriotisme ne put s'arranger longtemps de ce que je voyais et entendais dans nos dîners. Je désertai donc : pour m'en éloigner, il eût suffi d'ailleurs de la petite aventure que je vais raconter.

Invité un jour par une lettre de Baleine, le fameux

> En piquant jamais il n'afflige ;
> Sans ivresse il chante le vin,
> Et sans outrager il corrige.

restaurateur du *Rocher de Cancale*[1], à un dîner de famille et croyant qu'il voulait me remercier ainsi des soins que j'avais donnés, comme secrétaire du Caveau, à l'acquittement de nos comptes avec lui, je m'y rends à l'heure indiquée. Conduit dans un des cabinets particuliers, j'y trouve Désaugiers, Gentil et plusieurs personnes que je ne connaissais pas. Étonné de voir qu'on se mettait à table sans attendre Baleine, le soupçon me gagne. Je quitte le dîner et cours déclarer à l'amphitryon que, s'il ne vient pas occuper son couvert, je déserte les convives. Force lui fut d'abandonner ses fourneaux et de venir prendre place à table, ce dont ne put s'empêcher de sourire Désaugiers. Le dîner fini, il s'empressa de me mettre au courant des usages de notre restaurant. On y commandait un repas quelques jours d'avance, en indiquant sur la carte ceux des membres du Caveau qu'on désirait avoir, comme on commande une dinde truffée et un poisson rare. Le genre de la chanson, véritable amusement de dessert, entraînait les plus distingués d'entre nous à ce rôle dégradant. Aussi Désaugiers, qui, j'en suis sûr, n'agissait ainsi que par imitation, se moquait-il de ce qu'il appelait ma pruderie : « Si tu savais, disait-il, combien il y en a qui se plaignent de n'être pas assez souvent invités !

---

[1] Rue Montorgueil, au coin de la rue Mandar.

tu es un ingrat ! à ta place Baleine pouvait servir un mets moins vinaigré, et plus d'un de nos confrères lui en fera des reproches ce soir. »

Je finis par rire de l'aventure ; mais elle n'en fut pas moins pour moi une utile leçon, et pour Baleine aussi, car il ne s'avisa plus de me servir à ses pratiques.

Hélas ! il fallut bientôt m'éloigner de Désaugiers, dont je n'admirais pas seulement le talent, mais dont j'aimais la personne. Trop faible pour n'être pas le jouet des intrigants qui l'entourèrent dès qu'il fut nommé directeur du *Vaudeville*, par faveur ministérielle, il afficha un fanatisme politique que n'expliquaient pas son humeur insouciante et sa bonté naturelle. Son esprit n'allait point à de pareilles préoccupations. Son royalisme ne nous avait pas séparés, et je célébrai son arrivée à la direction avec un vrai plaisir ; mais, quand il alla jusqu'à attaquer tous ceux dont il avait été l'ami sous l'Empire, par la chanson qu'il fit au sujet de *Germanicus*, quelque regret qu'il m'en coutât, je cessai de le voir, et, je dois le dire, dans de passagères rencontres il s'en montra toujours affligé. On voulut lui faire croire que la chanson de *Paillasse*[1] était dirigée contre lui ; il y fit une assez faible réponse ; puis, mieux

---

[1] Décembre 1816. (Voir à la fin de ce volume les notes inédites n° LVIII.)

inspiré, me trouvant un jour à son théâtre, il me dit :
« Non, ce n'est pas moi que tu as attaqué : je n'ai
pas sauté dans les Cent-Jours. » On était parvenu à
cette époque à lui faire faire bien pis : on le poussa
à insulter aux malheurs de la France par une chanson intitulée le *Règne d'un terme ou le Terme d'un règne*.

J'étais, en effet, loin d'avoir pensé à lui en faisant
Paillasse. Jamais je ne me suis attaqué qu'à ceux
qui étaient haut placés et en position de se venger.
J'aurais rougi de m'en prendre à des confrères qui
se jetaient inconsidérément dans la voie des palinodies, surtout quand j'avais eu à me louer d'eux.
Une chanson, dont chaque couplet était une épigramme amère et très-spirituellement tournée, courut contre Désaugiers, quand Louis XVIII lui fit don
d'une soupière d'argent. Je sus qu'on me l'attribuait
(on m'en a attribué de toutes les couleurs) ; je lui
écrivis pour l'assurer que je la connaissais à peine[1].

---

[1] Voici cette chanson, qui passe pour être d'Armand Gouffé.

Air : *Rendez-moi mon écuelle de bois !*

As-tu vu mon écuelle d'argent,
   As-tu vu mon écuelle ?
Dit Buteux en se rengorgeant ;
Ah ! qu'elle est large ! ah ! qu'elle est belle !
As-tu vu mon écuelle d'argent,
   As-tu vu mon écuelle ?

D'où te vient cette écuelle d'argent,
   D'où te vient cette écuelle ?

MA BIOGRAPHIE.

Voici sa réponse : « Quels que soient le talent et la verve de ces couplets, ils sont d'un mauvais cœur;

> Chez le czar ou chez le régent
> As-tu fait le polichinelle?
> D'où te vient cette écuelle d'argent,
> D'où te vient cette écuelle?
>
> D'où te vient cette écuelle d'argent,
> D'où te vient cette écuelle?
> De Paris Regnaud délogeant
> A-t-il oublié sa vaisselle?
> D'où te vient, etc.
>
> D'où te vient cette écuelle d'argent,
> D'où te vient cette écuelle?
> Bonaparte, esclave indigent,
> N'a plus de quoi payer ton zèle.
> D'où te vient, etc.
>
> D'où te vient cette écuelle d'argent,
> D'où te vient cette écuelle?
> A ses amis Arnault songeant,
> Te l'envoya-t-il de Bruxelle?
> D'où te vient, etc.
>
> — Je la tiens, cette écuelle d'argent,
> Je la tiens, cette écuelle,
> D'un roi trop bon, trop indulgent,
> Qui prend des chansons pour du zèle;
> Je la tiens, etc.
>
> — Qu'on lui donne une écuelle d'argent,
> Qu'on lui donne une écuelle,
> Dit le prince, puisque en mangeant
> Pour chacun sa verve étincelle.
> Qu'on lui donne, etc.
>
> Il aurait cent écuelles d'argent,
> Il aurait cent écuelles,
> Si l'on en gagnait en changeant
> De héros, d'amis et de belles;
> Il aurait cent écuelles d'argent,
> Il aurait cent écuelles.

tu dois donc bien penser que je ne les ai pas crus de toi. Je vais t'apprendre le nom de l'auteur, si tu ne l'as pas encore deviné. »

J'ai plaisir à revenir sur mes rapports avec cet homme si aimable et j'ai toujours regretté d'avoir été contraint de rompre des relations qui peut-être ne lui eussent pas été inutiles. Désaugiers, qui était si gai dans le monde, surtout à table, où réellement il trônait, ne pouvait supporter l'isolement, même momentané. C'est à cela qu'il faut attribuer l'empire qu'on prenait si facilement sur lui. « Quoi ! tu peux rester seul ! me disait-il un jour ; dans la solitude, je mourrais d'ennui et de consomption. On m'appelle le joyeux Désaugiers ; et bien, au fond, il y a de la tristesse en moi. » La vérité de ces paroles m'a été confirmée par Gentil[1], un de ses amis d'enfance. Si, en effet, sa gaieté n'a été qu'un rôle joué pour se distraire, on peut affirmer qu'il n'y a pas eu d'acteur plus parfait que Désaugiers.

Je ne voudrais pas faire de politique ici : j'ai dit ailleurs l'impression douloureuse qu'avaient produite sur moi les deux invasions que la France a subies : mes chansons, si elles me survivent, le prouveront suffisamment.

Toutefois, comme ce qui se passe dans la rue est souvent le point de départ du chansonnier, je veux

[1] Qui depuis a été attaché à l'administration de l'Opéra.

rapporter quelques faits dont j'ai pu être témoin ou que des témoins sûrs m'ont racontés. L'histoire néglige trop les petits détails ; c'est lui rendre service que d'en conserver même d'insignifiants en apparence. Elle y peut trouver l'expression de la pensée de la foule, qu'elle semble trop dédaigner. C'est une mauvaise habitude que de réunir, pour représenter chaque époque, quelques figures qu'on débarbouille ou qu'on grime selon sa fantaisie et auxquelles le style sert de piédestal.

En 1814, je demeurais dans une maison voisine de la barrière de Rochechouart[1], qui, le 30 mars, fut saluée de plusieurs obus. D'après ce que je savais du peu de dispositions prises pour la défense, je pensais que ma chambre pourrait, dans la journée, être envahie par l'ennemi. C'était presque une position militaire ; de ma fenêtre, on planait sur Paris et ses environs. Après une canonnade qui ne trouva d'opposition sérieuse que du côté de Ménilmontant, où le combat fut long et acharné et où se conduisirent en héros les élèves de l'École polytechnique et de l'École de Saint-Cyr, vers cinq heures, je vois une colonne de cavalerie arriver sur la butte Montmartre,

[1] Rue de Bellefonds, dans l'ancien château du fameux comte de Charolais, transformé alors en pension bourgeoise. (*Note de Béranger.*) C'était chez le docteur Mellet, homme fort enjoué qui avait une famille spirituelle.

du côté et par la pente de Clichy. Ce sont des hussards ; ils montent lentement : sont-ils des nôtres ? Arrivés auprès des moulins, où, à l'aide d'une lunette, je les suis pas à pas, plein d'une douloureuse anxiété, la tête de leurs chevaux se tourne vers Paris. Grand Dieu ! c'est l'ennemi ! Le voilà maître des hauteurs si mal défendues. Bientôt cesse le bruit de la fusillade et de l'artillerie ; mon effroi augmente et je descends vite dans la rue pour savoir des nouvelles. A travers les blessés qu'on rapporte, les fourgons qui rentrent pêle-mêle, je cours jusqu'aux boulevards, et là, comme j'en avais le triste pressentiment, j'apprends qu'une capitulation vient d'être signée par les seuls aides du duc de Raguse. Ce maréchal, travaillé depuis longtemps par les conspirateurs bourboniens (fait dont je suis sûr), après s'être très-bien conduit pendant la durée du combat, osa donner, un peu plus tard, le signal de la défection.

Le peuple des ouvriers, entassé derrière la ligne de défense que j'avais voulu voir le matin, compta toute la journée sur l'arrivée de l'Empereur, qui n'était qu'à quelques lieues ; il s'apprêtait au spectacle d'une victoire. Apercevait-on au loin dans la plaine un général sur un cheval blanc, suivi de quelques officiers : « Le voilà ! le voilà ! » s'écriait cette foule, qui ne supposait même pas que Paris pût courir un danger sérieux. A la nouvelle de la capitulation, il fallait voir la stupeur et la rage de cette multitude courageuse qui a le goût et l'instinct des combats et qui, tout le jour, n'avait cessé de solliciter des armes qu'on s'était bien gardé de lui accorder. Moi aussi, j'avais en vain été demander un fusil à ceux qu'on disait chargés d'en faire la distribution.

Il m'a toujours semblé que j'aurais été brave ce jour-là. Certes, il est du moins des choses que je n'aurais pas faites : céder à de perfides insinuations ; aller tendre la main aux ennemis de notre pays ; signer une capitulation qu'on pouvait retarder de deux jours au moins, rien qu'en refusant de laisser entrer leur armée, qui était trop faible pour se hasarder contre une ville si populeuse ; voilà, je le sens, ce qu'on n'eût pu obtenir de moi, m'eût-on menacé de la mort la plus cruelle. Mais on avait satisfait aux exigences de tactique et de stratégie ; les canons avaient tiré autant de coups qu'ils en doivent tirer dans un jour ; on comptait le peuple pour rien ; l'honneur militaire était satisfait, et des hommes renommés par leur bravoure, n'ont pas hésité à signer la reddition de la capitale, c'est-à-dire l'asservissement de leur patrie !

Ne pouvant plus douter de cette capitulation, je passai une bien triste nuit dans mon misérable galetas, si voisin alors du camp étranger. Barbares ou civilisés, tous ces soldats, dont quelques-uns peut-être avaient vu la grande muraille de la Chine, semblèrent ne se reposer que dans la joie de leur triomphe. Ce ne fut, jusqu'au jour, qu'un bruit de farandoles étranges et de cris sauvages, mêlés aux clairons des Allemands, des Cosaques et des Baskirs. Je pus voir les illuminations qu'ils dressèrent à notre honte sur ce Montmartre où si souvent, aux derniers rayons d'un beau soleil couchant, j'avais été rêver à l'aspect de Paris étendu à mes pieds.

De grand matin, je me mets en quête et j'apprends par les proclamations affichées pendant la nuit qu'il n'est plus d'espoir et que l'entrée de ceux que désormais on nomme les *alliés* aura lieu dans quelques heures. De petits imprimés, non signés, sont encore répandus dans la foule pour l'engager à la résistance. Vaine protestation! l'Empereur avait tellement habitué le peuple à ne croire qu'en lui, que sa voix seule eût pu alors dissiper toutes les incertitudes, relever tous les courages et surtout leur donner une direction utile. Bien convaincu de notre malheur, je pris le parti de rentrer chez moi pour me cacher, ne voulant rien voir du spectacle qui allait déshonorer Paris. Mais quelle fut ma surprise en rencontrant plusieurs cocardes blanches au milieu des groupes échelonnés le long des boulevards! Un homme ivre cria même auprès de moi : « Vivent les Bourbons! » La foule ne semblait rien comprendre à ces premières démonstrations royalistes, qui pourtant avaient déjà été faites plus en grand par une brillante cavalcade que dirigeaient les Duclos[1], les Maubreuil[2], des ducs, des marquis, des comtes de vieille roche et quelques intrigants empressés d'accourir pour avoir part au butin.

On sait que l'entrée des Russes et des Allemands se fit avec plus de courtoisie que les vainqueurs n'en mettent d'ordinaire. Nos ennemis semblaient se présenter chapeau bas dans la ville de Clovis, de saint Louis, d'Henri IV, de Louis XIV et de Napoléon, dans cette ville de la Constituante et de la Convention, où depuis des siècles s'élabore avec une activité incessante l'œuvre grande et sainte de la démocratie européenne. Les princes se rappelaient sans doute tout ce que la civilisation de leurs peuples et l'esprit de leurs cours nous avaient d'obligations. Presque tous les officiers de cette nombreuse armée parlaient la langue des vaincus, semblaient même n'en savoir point d'autre, si ce n'est quand il leur fallait réprimer les rares brutalités de quelques-uns de leurs soldats.

[1] Chodruc-Duclos, celui qui, sous Charles X, promena ses haillons sous les galeries du Palais-Royal, pour reprocher, chaque jour, et à la face de tous, leur ingratitude à ceux dont il avait servi la cause jusqu'à s'y ruiner.
[2] Celui qui fut chargé d'assassiner Napoléon et qui dépouilla de sa cassette l'ex-reine de Westphalie, Catherine de Wurtemberg.

Du haut des balcons, mille ou douze cents bourboniens (on m'assure que j'exagère le nombre de moitié), hommes ou femmes, gens nobles ou qui travaillaient à se faire anoblir, rendaient politesse pour politesse aux vainqueurs ; plusieurs même venaient se jeter aux genoux des chefs, dont ils baisaient les bottes poudreuses, tandis qu'aux fenêtres des mouchoirs blancs agités, des cris d'enthousiasme, de bruyantes bénédictions, saluaient cette armée qui défilait tout étonnée d'un pareil triomphe. Ainsi un lâche troupeau de Français foulait aux pieds les trophées de nos vingt-cinq dernières années de gloire devant des étrangers qui, par leur tenue, prouvaient si bien qu'ils en gardaient un profond souvenir.

Saisie d'abord d'une indignation patriotique, la classe des ouvriers fut longtemps à se rendre compte d'un changement aussi imprévu. Comme cette classe, plus que toute autre, avait besoin de la paix, ce fut ce mot qui seul put y faire des conversions favorables au régime qu'on nous préparait chez M. de Talleyrand. Cet homme habile, ainsi que l'empereur Alexandre, ne se rattachait aux Bourbons de la branche aînée que pour n'avoir plus affaire à Napoléon. On pourra juger de la différence des sentiments qui animaient le peuple et les royalistes, vieux ou nouveaux, par des faits qui se sont passés sous mes yeux.

Le lendemain de l'entrée des étrangers à Paris, une centaine de nos soldats, faits prisonniers dans nos murs, furent amenés par un détachement allemand et traversèrent les rues peuplées d'ouvriers. Ceux-ci, voyant des Français blessés, couverts de sang, crurent d'abord qu'on les conduisait aux hôpitaux ; mais, instruits que c'est à l'état-major ennemi, campé aux Champs-Élysées, qu'on les mène, ils poussent des clameurs et se disposent à délivrer ces malheureux restes de nos défenseurs, lorsque, soit hasard, soit prudence, les chefs de l'escorte lui font gagner les boulevards, où de fervents royalistes stationnent pour stimuler leurs agents. J'étais là : à la vue de nos pauvres soldats prisonniers, souffrants, mutilés, des vivats s'élèvent du groupe des bourboniens : de beaux messieurs et de belles dames se mettent aux fenêtres pour applaudir les soldats étrangers et ne pas manquer leur part d'une telle infamie. Ce n'était pas seulement la patrie insultée, c'était l'humanité méconnue.

Un spectacle non moins honteux, mais moins triste, me frappa sur la place Vendôme, où plusieurs des royalistes dont je viens de parler s'évertuaient à renverser du haut de la colonne la statue de l'Empereur, dont on avait à dessein déchaussé le socle. Des chevaux et des hommes attelés à de longues cordes tiraient cette grande figure, qui restait inébranlable, et que les meneurs du parti voulaient voir se briser sur le pavé de la place. Malgré la terreur de surprise qui paralysait encore la foule, le sentiment des outrages prodigués au soldat de la Révolution produisait d'abord de sourds murmures, puis éclatait par de longs rires, à chaque effort inutile tenté par les nouveaux iconoclastes. Ils furent obligés de se retirer sans avoir accompli leur tâche de destruction.

Je ne pense pas qu'on veuille conclure de ce que je viens de rapporter que pareille conduite a été tenue par tout ce qu'il y avait de légitimistes, de nobles et de riches à Paris. Les hôtels ont eu aussi leur patriotisme et les vertus n'ont sans doute manqué à aucun parti.

Chose remarquable! cette reddition de Paris ne dérangea rien à la vie de ses habitants. Le matin de l'attaque, les spectacles furent affichés, comme d'habitude, et, si le soir les représentations n'eurent pas lieu, je suis tenté de croire que ce fut uniquement parce que, comédiens et bourgeois, chacun voulait voir et savoir ce qui allait se passer. L'entrée des étrangers fut un autre genre de distraction où coururent beaucoup de gens dont le patriotisme n'était pas plus douteux que le mien. Leur en faisait-on un reproche : « Qu'y pouvions-nous faire? répondaient-ils; pourquoi l'Empereur n'est-il pas arrivé à temps?

pourquoi. Marie-Louise et Joseph nous ont-ils abandonnés? »

Au reste, si l'Empereur eût alors pu lire dans tous les esprits, il eût reconnu sans doute une de ses plus grandes fautes, une de celles que la nature de son génie lui fit faire. Il avait bâillonné la presse, ôté au peuple toute intervention libre dans les affaires, et laissé s'effacer ainsi les principes que notre Révolution nous avait inculqués : il en était résulté l'engourdissement profond des sentiments qui nous sont les plus naturels. Sa fortune nous tint longtemps lieu de patriotisme ; mais, comme il avait absorbé toute la nation en lui, avec lui, la nation tomba tout entière; et, dans notre chute, nous ne sûmes plus être devant nos ennemis que ce qu'il nous avait faits lui-même. Toutefois, disons-le à sa louange, ainsi que l'ont prouvé son désir de combattre jusqu'à la dernière cartouche et sa facilité à abdiquer, lui seul, en dehors du peuple, fut patriote dans ce moment solennel. Lui seul? Non : il y en eut un autre, un de nos anciens chefs suprêmes, guerrier savant, vieux républicain désintéressé, proscrit délaissé à qui Napoléon rendit justice trop tard, et qui, voyant la France en danger, n'écouta ni son juste ressentiment, ni même ses opinions, ce qui est un devoir de haute vertu en pareille circonstance. Il est inutile de dire que je parle de l'illustre Carnot, qui demanda à aller combattre, et sauvait Anvers de la destruction, pendant que, les bras croisés, nous laissions livrer notre capitale, sous les murs de laquelle Napoléon accourait écraser nos ennemis.

En parlant de mes premières années, j'ai dit que mon patriotisme avait encore, malgré mes soixante ans, toute la chaleur de la jeunesse. Peut-être trouvera-t-on que j'en donne trop bien la preuve dans l'expression des faits qui précèdent. J'ai entendu des chefs d'écoles philosophiques, de riches banquiers ou commerçants, des politiques de salon, prêcher le cosmopolitisme absolu. Loin de blâmer le sentiment dont ils se disaient animés, je le partage; mais ils se trompaient d'époque.

Lorsqu'une nation a pris l'initiative d'un principe, et surtout du principe démocratique, et qu'elle est dans la situation géographique où nous sommes placés, dût-elle espérer d'obtenir la sympathie des hommes éclairés chez tous ses voisins, elle a pour ennemis patents ou secrets les autres gouvernements, et particulièrement ceux qui sont dominés par une aristocratie puissante. Pour de pareils ennemis tous les moyens sont bons.

Malheur alors à cette nation si elle voit s'éteindre l'amour qui lui est dû, et qui est sa plus grande force! Il faut que ses fils se serrent autour de son drapeau, dans l'intérêt même du principe qu'elle a mission de faire triompher au profit des autres peuples. C'est quand ceux-ci auront conquis les mêmes droits qu'elle qu'on devra faire taire toutes les rivalités d'amour-propre et les antipathies que le sang nous a transmises. Quoi! Français, nous n'entretiendrions pas en nous, dans l'intérêt d'une pensée généreuse qui nous a déjà coûté tant de sang, un patriotisme que les Anglais poussent jusqu'à l'insolence et la cruauté pour des profits à faire sur le thé, l'indigo et le coton!

Tâchons que l'amour du pays soit toujours notre première vertu, et je le recommande surtout à nos littérateurs, qui mieux que d'autres peuvent prêcher cette vertu-là. Ai-je besoin de rappeler que mon vieux patriotisme ne m'a jamais empêché de faire des vœux pour le respect des droits de l'humanité et pour le maintien honorable de la paix, qui peut bien mieux que la conquête assurer les progrès du principe de notre Révolution. Quand on croise les baïonnettes, les idées ne passent plus.

L'entrée de Louis XVIII, que je voulus voir, offrit les plus singulières bigarrures. Comment l'enthousiasme se fût-il emparé des masses, qui ignoraient ce qu'étaient les individus ramenés ainsi? Il est certain qu'à peine un spectateur sur cinquante eût pu dire nettement le degré de parenté de ces princes avec Louis XVI. Le roi, que beaucoup de gens s'attendaient à voir affublé d'un cotillon, parce que l'erreur et la malignité l'avaient ainsi dépeint, montra, malgré ses infirmités, une physionomie affable, digne, qui plut assez généralement. Dans une cérémonie pareille, les vieillards obtiennent presque toujours de la bienveillance. Nous autres gens de la foule, nous eûmes à peine le temps de voir les personnages secondaires; mais dans tout ce cortége, qui dut paraître si gothiquement mesquin à des yeux habitués à la pompe des fêtes napoléoniennes, il n'y eut d'universels honneurs que pour quelques portions de la garde impériale, qu'on était parvenu à faire marcher derrière les voitures de la cour nouvelle ou de la vieille cour, si on aime mieux dire. A la vue de ces mâles figures, sillonnées de tant de cicatrices, hâlées à tant de soleils différents, aujourd'hui si graves, si tristes, presque honteuses des cocardes blanches qu'on leur impose, des cris éclatent de toutes parts : « Vive la garde impériale! » Ceux-là même qui ont crié : « Vive le roi! » viennent grossir cette clameur impérialiste, qui produit le plus étrange contraste et semble devoir effrayer l'oreille des princes. Accueillis ainsi, les vieux braves relèvent plus fièrement la tête et répondent à cette glorieuse salutation en criant : « Vive la garde nationale! » Les deux cris se mêlent et se prolongent pendant toute la marche, en dépit de la discipline, qui défend de parler sous les armes. On eût pu dès lors prophétiser le retour de l'île d'Elbe.

Malgré le ridicule surnom de *Désiré* donné à Louis XVIII, repoussé de France pendant près de vingt-cinq ans, la seule personne qu'alors on désirât vraiment de toute cette famille était la duchesse d'Angoulême. Celle-là, le peuple savait son histoire; chacun plaignait ses infortunes, et lui souhaitait une plus heureuse destinée. Tous les yeux la cherchaient comme un ange consolateur au milieu de tant de calamités. Hélas! rien dans sa figure, dans son air, dans le son de sa voix, ne répondit à nos espérances, et l'on peut dire que du jour de son entrée elle perdit l'affection qui ne l'avait pas abandonnée pendant toute la durée de ses malheurs. Sans doute, il y eut injustice dans un changement si brusque, et, quant à moi, j'ai toujours été persuadé que la duchesse mérite les éloges que j'en ai entendu faire à quelques-uns. Ses vertus ne peuvent pas plus être mises en doute que sa charité; mais comment se fait-il qu'on ait souvent exalté sa force de caractère et qu'on n'ait jamais cité d'elle quelques-uns de ces actes qu'une femme en si haut rang trouve toujours l'occasion de faire pour obtenir les bénédictions du peuple? L'héroïque madame de la Valette s'est-elle traînée à genoux devant elle sans obtenir la moindre parole de commisération? On l'a imprimé, je voudrais le voir démentir[1]. Remarquons que ceux qui approchaient le plus la duchesse d'Angoulême n'ont que faiblement essayé de lui ramener ce peuple dont tous les cœurs lui avaient été ouverts et qui bientôt ne vit plus en elle que la fille de l'*Autrichienne*. Car, il ne faut pas se le dissimuler, la fin épouvantable de l'infortunée Marie-Antoinette n'a pas réhabilité sa mémoire aux yeux du peuple parisien, qui a conservé une haine instinctive contre le sang royal d'Autriche[2]. Malgré son amour pour Napoléon et le roi de Rome, jamais il

---

[1] La publication des *Mémoires* du maréchal Marmont, qui a vu toutes ces scènes, n'a fait que confirmer ce que Béranger dit avec tant de modération. M. Guizot, dans ses *Mémoires*, exprime, à peu de chose près, la même opinion.

[2] Sans doute, il est bien qu'on cherche à apaiser jusqu'aux souvenirs de ce temps-là; mais que la Restauration, renversée par la bourgeoisie et par le peuple en 1830, se contente d'être excusée et pardonnée; qu'elle ne demande pas qu'on la réhabilite jusqu'à lui sacrifier la mémoire de tous ceux qui ont revendiqué contre elle l'héritage de 1789. On parle de l'animosité qu'ils ont montrée dans la querelle; on reproche à Béranger l'implacable résolution avec laquelle il est entré en lutte. Un homme d'État qui n'invente pas d'historiettes et qui eût aimé la Restauration libérale, a publié cette anecdote intéressante (M. Guizot, dans le 1er volume de ses *Mémoires*) : « J'ai entendu à « cette époque, raconte-t-il, une femme du monde, ordinairement « sensée et bonne, dire à propos de mademoiselle de Lavalette aidant « sa mère à sauver son père : Petite scélérate! » Voilà les temps dont on cherche à dénaturer la physionomie! voilà une preuve de la sérénité de ces âmes qu'on accuse les libéraux d'avoir aigries et troublées! (Paul Boiteau, *Erreurs des critiques de Béranger*.)

n'aima Marie-Louise, qui n'a que trop justifié nos pressentiments et l'accueil que fit Paris à son digne père en 1814.

Pendant le séjour des rois alliés, Alexandre s'attacha à mériter nos louanges par une magnanimité d'apparat, qui n'était pas sans charme. On tint compte au roi de Prusse de longs malheurs, d'une bravoure de soldat et d'une simplicité toute bourgeoise. Mais, quand parut l'empereur François, il n'y eut ni assez de malédictions, ni assez de quolibets, pour lui, dans toutes les classes de notre population. Que n'a-t-il entendu ce qu'il s'est dit sur son passage, chaque fois qu'il se montra en public! malgré son flegme, il eût peut-être rougi.

Chez nous autres Parisiens, admirateurs enthousiastes des grands talents, des grandes vertus, tout prestige nobiliaire et royal est à jamais détruit. A quelque condition qu'un homme appartienne, s'il a encouru le blâme, il reçoit la même épithète. Nos aïeux seraient bien étonnés s'ils pouvaient apprendre que, dans Paris, un empereur d'Autriche, un successeur de Rodolphe de Hapsbourg et de Charles-Quint, a été flétri, par le peuple, des injures les plus outrageantes. Et cela tout haut et à l'instant même où cette foule, qui le couvrait de son mépris, cherchait des yeux son glorieux frère, le prince Charles, qui n'était pas venu à Paris, mais qui y eût été reçu comme un ennemi généreux et loyal.

Des étrangers trouveraient sans doute que je parle trop irrévérencieusement des princes qui sont venus se faire passer en revue par les Parisiens. Mais qu'on réfléchisse à l'éducation que mes contemporains et moi nous avons reçue des événements, et l'on cessera de s'en étonner. La Convention, qui coupait la tête des rois, eût dû voir, d'après ce qui avait déjà eu lieu en Angleterre, qu'elle n'avait pas pris le meilleur moyen pour nous désenivrer des Majestés. La Providence y pourvut : elle poussa au faîte de la puissance un petit sous-lieutenant qui, pendant quinze ans, nous donna la mesure de toutes les marionnettes royales.

Peu d'heures après la reddition de Paris, nous arriva Bernadotte, qui, pour se justifier d'avoir combattu contre ses anciens compatriotes, disait qu'il avait dû se faire Suédois en acceptant l'héritage de la couronne de Suède; argument que plusieurs ont eu le front d'approuver. A ce compte, il n'a manqué qu'une couronne à Moreau pour effacer la honte de sa mort au milieu de nos ennemis. La place de Bernadotte, dans l'histoire, serait bien autre, s'il eût quitté un trône pour voler au secours de sa terre natale. D'ailleurs, la qualité de Suédois ne tenait pas tant à cœur à ce Gascon, si bien conservé dans les glaces du Nord, qu'il n'eût pu consentir à redevenir Français ; mais il n'y consentait qu'au prix du trône de France : avec ce vieux républicain point de marché possible, si un royaume n'en était le prix. Quant à sa religion, il la donnait pour épingles.

Son Altesse s'était fait accompagner de madame de Staël et de Benjamin Constant. Je veux parler de cet illustre publiciste, qui a offert, dans sa conduite, autant d'inconséquence et de mobilité qu'il a montré à la tribune et dans ses écrits, à peu d'exceptions près, de talent, de courage et de persévérance dans les principes d'une sage liberté. Malheureusement peut-être, la dextérité de son élocution était telle, que, pourvu qu'il eût une tribune abordable et une presse tant soit peu libre, il se fût, je crois, arrangé de tous les régimes ; mais ce n'était là que le tort d'une intelligence qui aime à se jouer des difficultés et regarde les applaudissements qu'elle obtient comme des triomphes pour sa cause. J'ai cru m'apercevoir que les obstacles opposés à l'expression de la pensée par les lois restreintes étaient un stimulant nécessaire à cet écrivain, le plus finement spirituel des hommes d'esprit que j'ai connus. Jamais conversation ne m'a paru avoir autant de grâce, d'enjouement, de flexibilité et d'apparente bonhomie que la sienne. Elle devenait brillante et forte par la contradiction. Je ne m'en faisais pas faute avec lui, et il était loin de m'en savoir mauvais gré[1].

Un perpétuel besoin d'émotions fit de Constant un

---

[1] L'une des lettres de Benjamin Constant à Béranger fait voir jusqu'où allait, en 1829, l'influence du poëte populaire.

« Mon cher Béranger, lui écrivait-il, le 29 janvier 1829, bien que votre lettre contienne plusieurs choses qui auraient pu m'affliger ou me blesser, il y règne, surtout vers la fin, je ne sais quel fonds d'amitié et d'intérêt qui a produit ce singulier effet, qu'elle m'a causé plutôt du plaisir que de la peine. Vous êtes un des hommes vers lesquels je me suis senti le plus attiré; plusieurs circonstances ont, à diverses reprises, combattu cet attrait sans le détruire; elles ne m'ont pas refroidi au fond du cœur, mais gêné et éloigné. J'ai ouvert votre lettre, j'y ai trouvé de l'amitié, et je viens m'expliquer avec vous dans le désir sincère que vous me compreniez et que vous m'approuviez.

« Je prends votre lettre phrase par phrase : je ne travaille ni ne m'oppose à la fusion. Je suis de votre avis sur ce qui m'est personnel. Je crois que ceux qui veulent se pousser pensent à eux et non à m'associer à leurs succès, s'ils en ont; et moi-même je n'achèterais pas le plus grand succès par l'abandon du moindre principe. Si vous pensiez que j'ai des vues ambitieuses, vous commettriez une erreur qui m'étonnerait de votre part. J'ai soixante ans; j'ai combattu pour la liberté, non sans quelque gloire; j'ai rendu des services assez grands; j'ai acquis ce que je désirais, de la réputation. Mon seul vœu, la seule chose à laquelle, à tort ou à raison, mon imagination s'attache, c'est de laisser après moi quelque renommée, et je crois que j'en laisserais moins comme ministre que comme écrivain et député. Je veux qu'on dise après moi que j'ai contribué à fonder la liberté en France, et on le dira longtemps après que les coteries, celles qui me repousseraient si j'essayais d'en être, aussi bien que celles qui me calomnient près de vous, ce qui me fait beaucoup plus de peine, seront enterrées et oubliées.

« Quant à la popularité, je l'aime, je la recherche, j'en jouis jusqu'ici, avec délice; mais je la dois aussi à la manière dont j'ai toujours dit toute ma pensée. Si je tentais de l'exagérer, je perdrais mon talent, comme si je m'avisais de la démentir. Vous croyez apercevoir dans mes lettres au *Courrier* des tergiversations; vous êtes

joueur : mais les intérêts politiques l'arrachaient facilement à cette passion d'emprunt. Pourtant la

dans l'erreur. Mon opinion est précisément comme je l'énonce dans ces lettres. Je crois fermement que la France ne peut d'ici à longtemps être libre qu'en consolidant sur les bases actuelles la dose de liberté qu'elle possède ou doit posséder. Je puis avoir tort ; mais j'ai la conviction que nous devons nous en tenir à la monarchie constitutionnelle. Je sais ou je crois savoir que les vieux gouvernements sont plus favorables à la liberté que les nouveaux. Si la dynastie se déclare hostile, advienne que pourra. Ma mission n'est pas de sauver ceux qui voudraient se perdre ; mon appui ne se donnera jamais au pouvoir absolu et la légitimité ne l'obtiendra pas. Mais tout désir de renversement sans autres motifs que des souvenirs ou des haines n'entrera jamais dans ma pensée. Voilà ma profession de foi vis-à-vis de vous : je puis me tromper, mais je ne cache rien, je ne voile rien, et, si mes opinions déplaisent, il faut en accuser le fond, non la forme, qui ne provient nullement des ménagements que vous me supposez, ni d'un désir de succès que je n'éprouve pas.

« Ceci me ramène à la *fusion*. Je répète que je n'y travaille point ; que pas un de ceux qui y travaillent ne m'en ont parlé ; que, si elle a lieu de manière que la portion hésitante et égoïste se fonde dans la portion libérale, j'en serai charmé ; mais que je m'opposerai toujours à ce que cette dernière se laisse affaiblir par l'autre.

« On vous a dit qu'on m'avait envoyé au *Courrier* comme à Strasbourg. M. Laffitte sait que les actionnaires du *Courrier* m'ont prié d'y concourir. Je n'en ai pas le premier conçu l'idée, j'y ai consenti. Je crois avoir bien fait. Je crois avoir dit des choses utiles, et, dans tous les cas, j'ai pensé ce que j'ai dit.

« Voilà une bien longue lettre, mon cher Béranger. J'ai du plaisir à vous parler avec tout abandon. Je voudrais que cette tracasserie que l'on a voulu me faire auprès de vous fût l'époque d'une amitié plus intime et plus confiante. Vous êtes, je le dis encore, l'homme de France pour qui j'ai le plus d'attrait. Vous êtes, quand vous jugez à vous seul, le juge que je choisirais avant tout autre. Je vous offre un plein et entier attachement. Si nous différons sur quelques points,

gloire littéraire était la première à ses yeux ; aussi l'Académie française, en lui préférant Viennet, lui causa-t-elle un vif chagrin, quelque chose qu'il m'ait pu dire pour le dissimuler.

Le mauvais côté de la gloire de l'intelligence, c'est son incertitude pour ceux qui l'obtiennent. Ayez six pieds de haut, pas ne sera besoin de faire partie d'une compagnie de grenadiers pour savoir que penser de votre taille. Et Constant, après tant de succès comme écrivain et comme orateur, avait besoin, pour croire à sa valeur littéraire, d'appartenir à un corps illustre. Il n'eût pas été plutôt de l'Académie, qu'il en eût ri le premier et fût retombé dans son incertitude, car nul homme ne se désenchanta plus vite de ce qu'il avait le plus souhaité.

Je lui avais conseillé moi-même de se mettre sur les rangs pour le fauteuil vacant, en lui avouant que si je n'ambitionnais pas le même honneur, c'est qu'il était entouré de trop d'inconvénients pour mon humeur et mes goûts ; ajoutant que, selon moi, les réputations qui naissent à une époque de transi-

---

c'est parce que notre esprit est différemment frappé. Cela ne fait rien à l'affection. J'aspire à vous voir accepter la mienne et je vous assure que je n'ai pas dit un mot, pas eu une pensée qui doive vous blesser.

« Vous voyez que je réponds non-seulement sans rancune, mais avec une affection vraie. Elle ne peut pas plus s'affaiblir que mon goût pour votre esprit et mon affection pour votre talent. J'irai vous voir incessamment avec La Fayette. Tout à vous pour la vie. »

tion ne méritent guère qu'on les étaye au prix de la moindre partie de son indépendance, parce qu'à l'exception de deux ou trois de ces réputations, les autres doivent disparaître complétement avec nous et peut-être avant nous. J'étais résigné : il ne l'était pas, et le sentiment qu'il devait avoir de sa force suffit pour le faire concevoir. Il ne devait pas souffrir longtemps de l'intrigue qui le priva de l'honneur auquel il avait certes des droits. Quelques jours après, il mourut[1], épuisé de travaux et de veilles, et l'Académie dut regretter que les obsèques magnifiques et populaires, qui lui furent faites, ne fussent pas celles d'un de ses membres : ces messieurs se font habituellement enterrer d'une manière beaucoup plus modeste.

Je viens de dire qu'il était rentré en France avec Bernadotte[2]. Il n'aimait pas que je lui parlasse de cette époque. Mieux lui convenait de parler du rôle qu'il joua, auprès de Napoléon, dans les Cent-Jours.

---

[1] Le 8 décembre 1830, à Paris. Constant (Henri-Benjamin-C. de Rebecque) était né à Lausanne, le 25 octobre 1767. Lorsque son corps sortit du temple protestant de la rue Saint-Antoine, les jeunes gens du cortége voulurent le porter au Panthéon. Il était devenu fort pauvre ; mais ses derniers jours furent plus heureux, le nouveau roi lui ayant offert noblement de le secourir. « J'accepte, dit Benjamin Constant, mais l'amour de la liberté doit passer avant la reconnaissance, et je serai toujours le premier à signaler les fautes de votre gouvernement. — Je l'entends ainsi, » lui répondit Louis-Philippe.

[2] Benjamin Constant avait quitté la France pour suivre madame de Staël dans son exil.

Il a avoué l'influence qu'avait exercé sur lui cet homme, qui, disait-il, savait prodigieusement, devinait tout ce qu'il ne savait pas, avait autant d'esprit que de génie et plus d'idées vraiment libérales qu'aucun des membres de son conseil. Sans vouloir relever le libéralisme des conseillers, j'ai toujours pensé que cette dernière partie de l'éloge du maître était, pour Constant, un moyen de se justifier d'avoir servi celui que, le 20 mars, il appelait un tyran. « Mais Bernadotte? lui répétais-je souvent. — Bernadotte est en négociation pour faire effacer quelques pages des *Mémoires de Sainte-Hélène*; s'il conclut ce marché, je vous en dirai tout le bien possible. » Telle fut la réponse qu'il me fit, un jour, qu'à propos de l'impression de ces Mémoires nous parlions de plusieurs des grands personnages de l'Empire. Et depuis, en effet, on a regardé comme positif que des pages relatives au maréchal Bernadotte, prince de Ponte-Corvo, avaient été enlevées du précieux manuscrit[1].

Je n'ai connu, ni désiré connaître madame de

---

[1] Bernadotte (Jean-Baptiste-Jules), né à Pau, le 26 janvier 1764, est mort roi de Suède, sous le nom de Charles-Jean XIV, le 8 mars 1844, après avoir rendu de grands services, sur le trône, à sa seconde patrie. Si en 1813 et en 1814, il ne fit pas pour la France ce qu'il aurait dû faire, comme ancien citoyen du pays et général de nos armées républicaines, il refusa, en 1815, de reprendre les armes contre elle.

Staël[1]. Quoique douée d'un esprit et d'un talent supérieurs, sa fortune et sa position ne contribuèrent pas peu néanmoins à exagérer la réputation littéraire qu'elle méritait. Napoléon avait dédaigné d'en faire son Égérie ; la chute du grand homme fut une joie pour ce cœur de femme. Aussi, dans ses salons, ne cessa-t-elle de faire aux étrangers les honneurs de notre ruine. J'ignore si elle eut jamais l'idée d'appuyer les prétentions qui ramenaient Bernadotte en France[2]. Quant à cet ancien républicain, voici une anecdote qui m'a été racontée par un homme qui avait pu la puiser à une bonne source, si même il n'avait pas été témoin du fait.

Dans le peu de jours qu'il passa presque incognito à Paris, avant de s'ouvrir à l'empereur Alexandre, en qui on avait d'abord remarqué de l'hésitation au sujet des Bourbons, Bernadotte, voulant jouer avec prudence son rôle de prétendant à la couronne

---

[1] Née à Paris le 22 avril 1766, madame de Staël y est morte le 14 juillet 1817.

[2] Dans ses *Considérations sur la Révolution française* (Ve partie, chapitre IV), madame de Staël, qui loue entièrement la conduite de Bernadotte, ne parle pas cependant de lui d'une manière qui fasse croire qu'elle eût pensé à le pousser au trône de France ; mais ce qu'elle dit fait entendre que Bernadotte songea réellement à y monter. « On a prétendu, dit-elle, qu'il avait eu l'ambition de succéder à Bonaparte ; nul ne sait ce qu'un homme ardent peut rêver en fait de gloire ; mais ce qui est certain, c'est qu'en ne rejoignant pas les alliés avec ses troupes, il s'ôtait toute chance de succès par eux. »

de France, crut devoir sonder un des ministres de l'autocrate. Un dîner fut arrangé avec le comte Pozzo di Borgo[1], autre transfuge, Coriolan d'antichambre, qu'un écrivain éhonté n'a pas rougi de mettre en parallèle avec Bonaparte. Charles-Jean, pressé d'aborder la question, demanda au ministre russe si les souverains avaient pris un parti définitif à l'égard de la France. « Ma foi ! prince, lui répondit le rusé Corse, on y est fort embarrassé, et je pense que les conseils de Votre Altesse, qui connaît si bien ce pays, viendraient fort à propos. Que pensez-vous que doivent faire les puissances ? Quel chef donner à une nation si difficile à gouverner ? » Le Gascon voulait une réponse et non des questions ; toutefois il demande si le choix est encore à faire. « Vous devez le savoir. — Oui, à peu près libre, malgré les instances de la maison de Bourbon. — Il me semble, monsieur le comte que cette famille est bien étrangère ici, et que ce qu'il faut surtout à la France, c'est un chef français qui n'ait rien à reprocher à la Révolution. — Cela ne peut faire aucun doute. — Qu'il faut un homme qui ait des connaissances militaires suffisantes. — Je pense comme Votre Altesse. — Un homme qui s'entende à la grande

---

[1] Né en 1760 au village d'Alala, en Corse, il fut nommé député à l'Assemblée législative en 1791. Peu après, il se rapprocha de Paoli et livra la Corse aux Anglais. Plus tard il prit du service en Russie.

administration, qui ait pratiqué les intérêts de l'Europe. — C'est cela, prince, c'est cela ! continuez, je vous prie. — Un homme, enfin, que les souverains aient déjà pu apprécier et dont le caractère soit une garantie de modération et de bonne foi. — Eh bien ! prince, ce que vous me faites l'honneur de me dire, j'ai pris la liberté de le dire et de l'écrire. J'ai fait plus, j'ai osé désigner celui que, selon moi, il conviendrait de charger des destinées de notre ancienne patrie commune. »

En parlant ainsi, Pozzo semblait porter un regard respectueux sur Bernadotte, qui, réprimant sa joie, dit en souriant : « Y aurait-il de l'indiscrétion à vous demander quel personnage votre expérience a désigné ? — Votre Altesse l'a deviné, je gage. — Je pourrais me tromper, monsieur le comte ; nommez, de grâce, celui qui a votre suffrage. — Vous l'exigez, prince. Eh bien !... c'est moi, oui, moi, qui suis Français, militaire, administrateur, à qui les intérêts de l'Europe sont connus et qui suis l'ami de presque tous les souverains. Ne sont-ce pas là les conditions qu'exige Votre Altesse ? »

Bernadotte, furieux d'une pareille mystification, se leva de table, et, sûr que le courtisan russe n'eût pas osé la risquer sans s'être entendu avec le czar, il délogea de Paris le matin même du jour où le comte d'Artois y fit son entrée, au milieu des caissons ennemis, avec un maigre état-major et sous escorte des mots spirituels[1] que lui avaient prêtés M. Beugnot[2] et quelques autres royalistes, nouveaux convertis.

En rapportant cette anecdote, embellie peut-être par l'homme d'esprit de qui je la tiens, mais qu'au fond je crois vraie, je ne puis m'empêcher de me rappeler M. de Vernon, cet hypothétique rejeton de Louis XIII, dont j'ai parlé plus haut. En 1814, il eût été plaisant de le voir réclamer ses droits et se donner même des airs de dévouement au salut de la France. Je crois, en vérité, que, si le peuple eût été consulté, le descendant du *Masque de fer* eût eu, après Napoléon et son fils, de grandes chances pour obtenir la majorité des suffrages.

Le retour prodigieux de l'Empereur, au 20 mars 1815, fut un événement tout à fait populaire. Dans cette journée d'attente cependant, on pouvait lire sur le front des hommes qui réfléchissent, et il y en a dans toutes les classes, une préoccupation qui empêchait la joie d'être générale, malgré la fascination

---

[1] « Il n'y a rien de changé en France : il n'y a qu'un Français de plus. »

[2] Jacques-Claude Beugnot (né en 1761, mort en juin 1835), député à l'Assemblée législative, préfet sous l'Empire, puis administrateur du grand-duché de Clèves et de Berg : le gouvernement provisoire de 1814 lui avait donné le ministère de l'intérieur.

qu'exerçait sur les esprits ce dernier miracle du grand homme [1].

Quoique, à cette époque, je commençasse à fréquenter quelques-uns des acteurs principaux de notre grand drame, je n'aurais que des lâchetés secondaires à signaler, sans l'heureuse mémoire de mon vénérable ami Dupont [2] (de l'Eure), dont la vertu a résisté aux exigences, aux séductions, et même à l'exercice du pouvoir. J'ai obtenu de lui le récit d'un entretien entre le représentant Durbach [3] et le grand traître de 1815, le trop fameux Fouché ; mais, en le rapportant ici, je crains de ne pas le colorer de la vive indignation que cet entretien fait encore éprouver à ce généreux patriote toutes les fois qu'il le raconte.

Après la bataille de Waterloo, Fouché, président du gouvernement provisoire, tenait les fils des in-

---

[1] Il y a dans les *Souvenirs contemporains* de M. Villemain un chapitre du plus beau coloris qui a pour titre la *Veille du 20 mars*. C'est là qu'il faut voir combien le retour du soldat de la Révolution jeta de terreur dans les âmes de ceux qui, en 1814, avaient cru qu'on peut acquérir la liberté politique au prix du déshonneur national.

[2] Dupont (de l'Eure) né en 1767, est mort en 1855, après avoir siégé pendant plus d'un demi-siècle dans presque toutes nos assemblées législatives.

[3] Durbach est né le 15 avril 1763, à Longueville-lez-Saint-Avold, en Lorraine. Il avait fait partie du Corps législatif sous l'Empire. C'est en 1814 et 1815 qu'il joua un rôle. Au retour de Louis XVIII, après Waterloo, il fut proscrit.

trigues préparées de longue main qui l'occupèrent exclusivement pendant la durée du ministère que lui confia Napoléon après le 20 mars. Rouvrir les portes de la capitale aux Bourbons paraît avoir été son unique pensée. Pour cela, correspondre avec Talleyrand, Metternich, Wellington, même avec Louis XVIII; mettre partout des émissaires en campagne, prodiguer les séductions, effrayer les timides, passer marché avec les traîtres, rien ne coûtait à cet homme audacieux.

Entre autres moyens qu'il employa, j'en vais citer un qui tient de la comédie.

Une députation de Paris, envoyée au camp ennemi pour négocier, ayant demandé qu'on lui adjoignît Manuel, devenu l'orateur le plus influent de la Chambre des représentants, et qui avait eu, à Aix, des relations avec Fouché, celui-ci, redoutant le patriotisme du tribun, fit partir à sa place, et sous le nom de Manuel, que ces pairs ne connaissaient pas, un de ses secrétaires, nommé Fabri, membre aussi de la seconde Chambre. M. le comte de Valence[1] était un des pairs ainsi mystifiés, et je l'ai vu moi-même, plusieurs années après, arrivant chez Manuel, qu'il venait consulter comme avocat, surpris de ne pas retrouver en lui l'homme avec qui il croyait avoir

---

[1] Gendre de madame de Genlis.

passé plusieurs heures en conférences politiques. Je connaissais le comte, et j'aidai Manuel à lui débrouiller cette vieille fourberie du Scapin de Nantes. « Ah ! monsieur Manuel, dit le général, je ne m'étonne plus du silence que gardait celui que je prenais pour vous, quand j'insistai, auprès des généraux alliés, pour les décider à forcer les Bourbons d'accepter la cocarde tricolore [1].

M. de Vitrolles [2], royaliste courageux, qui s'était mis en rapport avec Fouché, faisait alors des démarches assez ostensibles pour que le bruit en vînt au général Solignac [3], représentant, qui courut, de

[1] Ce M. Fabri avait été un des amis de Manuel à Aix, et celui-ci, qui ne voulait pas de la députation que cette ville lui offrait, fit nommer Fabri représentant. Manuel n'en fut pas moins nommé à Barcelonnette. Il crut à la sincérité des principes de Fouché, conventionnel et régicide, et Fouché fit tout ce qu'il put pour entretenir des relations avec lui, même après la seconde rentrée des Bourbons. Manuel l'aida dans la rédaction des notes, qui eurent alors un grand retentissement, parce qu'elles dévoilaient la route dangereuse que suivait la cour. Fouché, par ces notes, voulait conjurer sa chute, Manuel servir la France. (*Note de Béranger*.)

[2] C'est M. de Vitrolles, plus que personne, qui, en 1814, assura le triomphe des Bourbons et enhardit les étrangers à s'avancer sur le sol de la France. Dans les *Notes et Souvenirs* qu'il a placés en tête de son édition de la *Correspondance de Lamennais*, M. Forgues apprend que M. de Vitrolles l'a chargé de publier ses mémoires, et, par avance, fait l'éloge de l'esprit tout à fait moderne et libéral de ce champion déterminé de la Restauration.

[3] Dans les *procès-verbaux des séances de la Chambre des représentants de 1815*, on voit que, le 5 juillet fut envoyée aux armées une commission composée de MM. le général Tilly, Béchard, le général

grand matin, en prévenir ses collègues Durbach et Dupont, un des vice-présidents de la Chambre. Tous trois se rendent en hâte chez le duc d'Otrante, qu'ils trouvent dans un déshabillé fait pour ajouter à l'expression désagréable de sa figure.

Après avoir écouté les reproches de ces messieurs et les questions pressantes de Dupont, Fouché entre dans des explications mensongères ; puis, voyant qu'il ne persuade personne, il ose rappeler ses titres révolutionnaires à la haine des Bourbons. Ces titres, malheureusement, lui avaient concilié la confiance de plusieurs citoyens, entre autres de Manuel, dont l'âme loyale oublia que, dans les bouleversements politiques, ceux qui ont le plus à racheter, sont souvent les premiers à vendre. Las, enfin, des divagations de Fouché, ému d'indignation, Durbach se lève à ce mot plusieurs fois répété : « Oubliez-vous donc qui je suis? » et répond : « Non, nous ne pouvons l'oublier, et les souvenirs me viennent en foule. Qu'est-ce, en effet, que monseigneur le duc d'Otrante? N'est-ce pas cet ex-oratorien, président d'assemblées populaires, qui, lorsque des huées interrompaient un ouvrier demandant l'abolition de l'Être suprême,

---

Blamont, Paultré-Laverney, le général Solignac et Durbach. Le général Solignac (né le 22 janvier 1773 à Milhau, dans l'Aveyron) est l'une des personnes qui, en juin 1815, décidèrent l'Empereur à abdiquer. Il soutint la cause de Napoléon II.

s'écria : « Laissez parler ce jeune philosophe? »
ce Fouché qui, avec Collot-d'Herbois, se baigna
dans le sang des Lyonnais mitraillés ? ce Fouché qui
vota la mort de Louis Capet avec une puissance de
logique qu'il prétendit ensuite n'avoir été que de la
peur? ce Fouché qui servit et trahit tour à tour les
Girondins, Danton, la Montagne et Robespierre?
Vous avez raison, monsieur le duc, entre Fouché
et les Bourbons il n'y a point de pacte possible.
Après avoir trahi l'Empereur, qui accrut vos richesses, dont il vous laissa jouir, même dans la disgrâce
vous ne pouvez trahir la France. Non, vous ne pouvez, complice du prêtre Talleyrand, livrer Paris à
des princes qui verront toujours en vous l'un des
bourreaux de leur frère. S'ils pouvaient l'oublier un
instant, la fille de Louis XVI le leur rappellerait à
genoux et les yeux en larmes. Plus leur retour au
trône vous serait payé par eux en faveurs et dignités,
plus ils auraient, bientôt après, à vous faire expier
leur propre faiblesse. Craignez alors, en dépit de
l'amitié de Wellington, d'être obligé de porter envie
à Carnot, dont vous raillez les vertus. Qu'on proscrive celui-là ; il est sûr de rencontrer partout de la
sympathie dans les cœurs magnanimes. Mais songez-y, monsieur le duc, Fouché proscrit, après avoir
vendu l'Empereur, la nation et ses représentants;
Fouché hors de France, en quel lieu se montrera-

t-il qu'on ne se ressouvienne, en le voyant, que Robespierre lui-même l'appelait homme de sang, ou qu'on ne répète ce mot de Napoléon : « Voilà celui « qui met son pied sale dans le soulier de tout le « monde ? » Mourir exilé et mourir infâme, monsieur le duc, c'est trop d'un grand supplice. Trahissez-nous ; vous les subirez tous deux. »

Fouché, pâle d'une colère contenue, voulut prendre l'air du dédain, balbutia quelques paroles insignifiantes, qu'il termina par cette espèce de sentence, dont ses louangeurs payés ont pris texte pour amoindrir ses crimes : « Je n'ai jamais trahi ni un ami ni un principe : » comme si un pareil homme avait des principes et des amis !

Convaincus de l'inutilité de leur démarche, les trois représentants se retirèrent indignés. Deux jours après, les étrangers étaient maîtres de Paris, Louis XVIII y faisait sa rentrée et Fouché était son ministre. La prédiction de Durbach ne s'en accomplit pas moins, et le souvenir en dut poursuivre Fouché jusqu'à sa tombe restée proscrite.

Cette seconde rentrée du roi diffère de la première, bien tristement pour lui et les siens. Enfermé dans sa voiture, il semblait vouloir protester contre le déploiement des forces étrangères dont, cette fois, il marchait entouré et gardé. En arrivant aux Tuileries pour y reprendre sa couronne, il put voir au bout du pont Royal des canons prussiens braqués sur son palais et qui le menacèrent pendant près d'un mois. Blücher tenta de lui donner le spectacle de la destruction du pont d'Iéna, et, dans son Louvre même, son ami Wellington, qu'il avait fait maréchal de France, ordonna le pillage des statues et des tableaux du Musée[1] sans respect des traités qui nous en avaient assuré la possession.

Parlant un jour de la spoliation de ce musée, le plus riche du monde, je demandais à M. Anglès, émigré de Gand, et depuis peu préfet de police[2], pourquoi on n'avait pas recouru aux hommes des faubourgs, qui se fussent empressés de venir défendre cette propriété nationale : « On s'en serait bien gardé, me répondit-il; le Musée est trop près du château. » Ajoutez donc foi à tout ce que vous ont dit les royalistes de l'amour que le peuple portait aux Bourbons. !

Mais à qui les insultes des généraux étrangers s'adressaient-elles? Ce n'était plus Napoléon qu'on poursuivait. A qui en pouvaient-ils vouloir? On a

[1] La spoliation du Musée est l'un des actes qui ont le plus ému le patriotisme de Béranger. On retrouve dans cette indignation, tant de fois marquée par lui, le souvenir des études que pendant trois ans, de 1806 à 1808, il a faites de tous les chefs-d'œuvre de l'art dont nos victoires avaient presque toujours légitimement enrichi Paris.

[2] M. Anglès avait été, sous l'Empire, maître des requêtes, puis l'un des directeurs des bureaux de la police.

dit que Blücher, Gneisnau, Bulof et plusieurs membres des sociétés secrètes allemandes détestaient les Bourbons et avaient fait au général Maison[1] la proposition de s'en débarrasser et de tomber, Prussiens et Français réunis, sur les Anglais, à qui Blücher ne pardonnait pas de vouloir s'attribuer le gain de la bataille de Waterloo, qui eût été pour eux une défaite, sans le secours inespéré des corps prussiens que Grouchy laissa échapper. Au moins est-il certain que des ouvertures furent faites à Maison, revenu de Gand mécontent de ceux pour qui il y était allé ; mais il est difficile de spécifier le sens et la valeur des pourparlers qui eurent lieu. Ce qui est vrai, c'est que le roi de Prusse n'était plus le maître de son armée. Ce ne fut qu'à l'arrivée d'Alexandre, qui se fit un peu attendre, que cessèrent les hostilités de Blücher, bien que l'autocrate parût lui-même fort refroidi pour la famille restaurée, à cause de la révélation qu'il avait eue d'un projet d'alliance entre la France, l'Autriche et l'Angleterre, négocié en 1814 par M. de Talleyrand.

Le peu de bienveillance d'Alexandre et la conduite

[1] Le maréchal Maison est né à Épinay, le 19 décembre 1770. Il fut fait général après la campagne d'Austerlitz. En 1814, il se conduisit en patriote, et avait pris sur lui de courir au secours de Paris avec les troupes du Nord, lorsqu'il fut arrêté par la nouvelle de l'abdication de l'Empereur.

injurieuse des Prussiens n'ôtèrent rien à Louis XVIII du plaisir de régner de nouveau. Il pardonna à tous ceux dont il n'espérait pas pouvoir se venger. Les légitimistes, également peu soucieux de nos affreux désastres, n'en dansèrent pas moins sous ses fenêtres en mêlant à leurs chants d'amour pour le petit-fils d'Henri IV des cris de haine contre ceux qui, l'ayant entendu jurer qu'il mourrait sur les marches de son trône, ne purent s'empêcher de rire de sa fuite, dans la nuit du 19 au 20 mars. Ces cris étaient le signal d'une réaction longue et sanglante dont Louis XVIII laissa peser presque tout l'odieux sur ses partisans et même sur les membres de sa famille, mais qu'il voulut avoir seul l'honneur de faire cesser, quand il crut qu'il y avait danger à augmenter le nombre des victimes.

Cet homme avait le cœur faux et méchant ; il est le seul des Bourbons que nous avons connus qui ait mérité cette accusation. Charles X, à part ses entêtements politiques et religieux, qui l'ont perdu et qui eussent pu nous devenir funestes, a laissé en France la réputation d'un homme facile et bon, digne d'avoir des amis, comme en effet il en eut plusieurs qui lui restèrent attachés. Son frère n'eut que des favoris.

Il était sans entrailles pour sa famille, au point d'avoir passé pour l'auteur d'une protestation contre la légitimité des enfants de Marie-Antoinette. Je me rappelle avoir vu, dans ma jeunesse, entre les mains des royalistes les plus chauds, une copie de la lettre testamentaire de cette malheureuse princesse, où elle disait à ses enfants : « Défiez-vous de vos oncles. » Cette phrase, on le conçoit, n'est pas dans la pièce publiée en 1816 ; mais qui sait si quelque altération n'a pas eu lieu sur l'original, remplacé par un fac-similé après l'enlèvement des papiers de Courtois[1], proscrit en 1815 ? L'homme qui livra le secret de la cachette où ils étaient renfermés fut, dit-on, généreusement récompensé.

On assure que, bien que Louis XVIII appelât en public la duchesse d'Angoulême son Antigone, il ne régnait nulle affection entre l'oncle et la nièce, et j'ai souvent pensé que c'est le sentiment de son impuissance qui empêcha la duchesse de se montrer

---

[1] Le conventionnel Courtois, après le 9 thermidor, avait été chargé par la Convention de recueillir et d'examiner les papiers de Robespierre. Il s'acquitta de cette tâche et rédigea un très-long et très-emphatique rapport qui a été imprimé à l'Imprimerie nationale (nivôse an III, in-8° de 408 pages) et qui contient des pièces fort curieuses. Il avait gardé par devers lui divers documents précieux qu'il conservait dans sa riche bibliothèque. Accusé plusieurs fois de concussion, Courtois, malgré les services rendus au 18 brumaire à Bonaparte, ne put rester longtemps sur la scène politique. En 1815, il fut condamné à l'exil comme régicide. C'est alors, à ce qu'il paraît, qu'il fit instruire le ministre de la police, M. Decazes, du dépôt qu'il avait entre les mains en offrant de le restituer, si on le rayait de la liste d'exil. Pour toute réponse, il fut expulsé de chez lui et ses papiers furent saisis.

secourable aux victimes politiques qui implorèrent son appui. Ce serait un malheur de plus dont on aurait à la plaindre.

La couleur d'opposition que la chanson du *Roi d'Yvetot* m'avait donnée à la fin de l'Empire fit croire que j'allais me jeter dans les intérêts de la légitimité. Des propositions me furent faites et des récompenses promises, même avant l'arrivée des Bourbons, si je voulais les chanter. « Qu'ils nous donnent la liberté en échange de la gloire, qu'ils rendent la France heureuse, et je les chanterai gratuitement, » répondis-je[1] à ceux qui se chargeaient de leur recruter des partisans. Toute recrue était bonne ; qu'on ne croie pas que je me vante. A cette occasion, je me rappelle que, plusieurs années après, plaisantant mademoiselle Bourgoin[2] sur le royalisme qu'elle avait affiché en 1815, cette actrice spirituelle me répondit avec le ton qu'on lui a connu : « Je vivais alors avec un royaliste, et, nous autres, nous sommes de l'opinion de nos amants. Louis XVIII avait voulu me voir pour me féliciter de mon dévouement et de mon courage : cela m'avait

---

[1] Voyez la préface de 1833.

[2] Thérèse Bourgoin, née à Paris en 1781, a débuté à la Comédie-Française en 1800, et s'est fait une assez grande réputation par son esprit et sa beauté. Elle mourut en 1833, du chagrin d'avoir quitté le théâtre.

monté la tête. Je ne suis donc pas si coupable. Mais que penser de ces Bourbons qui attachaient de l'importance à l'opinion d'une fille aussi décousue que moi ! » La crédulité du mot ajoute à sa portée.

En 1816, au mois de janvier, Arnault, banni, quitta la France, et nous le conduisîmes jusqu'au Bourget[1], qui était pour ainsi dire alors la limite du royaume; le reste étant, de ce côté-là, placé sous l'occupation étrangère. Le soir, dans une chambre d'auberge, à table avec un jeune officier de gendarmerie chargé de veiller sur cette frontière, et qui déplorait les malheurs de la patrie, je chantai au pauvre proscrit la chanson des *Oiseaux*, tristes adieux, suivis d'adieux plus tristes encore. Cette chanson fut sur le point de me faire perdre la petite place que je devais à Arnault. La sienne fut donnée à M. Petitot, homme de lettres[2], devenu dévot et légitimiste, mais

---

[1] A une lieue de Paris, au delà de la Villette, sur la route de Flandre.

[2] Petitot (Claude-Bernard) né à Dijon le 30 mars 1772, et mort le 6 avril 1825, avait de bonne heure donné tout son temps à l'étude des lettres. Quand Fontanes fut proscrit, au 18 fructidor, il lui prêta asile, et c'est en reconnaissance de ce service que Fontanes, devenu grand maître de l'Université, le nomma inspecteur général des études. En 1814, il était devenu secrétaire général de l'Université à la place d'Arnault. On lui doit, entre autres ouvrages, le *répertoire du Théâtre-Français* (1803-1814) en vingt-trois volumes in-8°, avec des suppléments, et la belle collection des *Mémoires pour servir à l'histoire de France*, qu'il conduisit, aidé par son frère et par M. Montmerqué, jusqu'au quarante-quatrième volume.

qui ne m'en montra pas moins de bienveillance et plusieurs fois même m'engagea à faire valoir les persécutions essuyées par mon père et à mettre à profit mes anciennes relations avec M. de Bourmont, parvenu si malheureusement à une haute fortune après la bataille de Waterloo. Bien que je susse que ce général avait fait des recherches pour apprendre ce que nous étions devenus, mon père et moi, j'étais loin de vouloir tirer parti d'une opinion qui n'était pas la mienne. M. Petitot ne m'en témoigna que plus d'intérêt et ne cessa de me défendre contre les dénonciations de beaucoup de gens que, lors du retour de l'Empereur, j'avais défendus et protégés. Je commençai à voir de près bien des turpitudes. Je devais en voir davantage et de plus grandes. Alceste se dépitait pour bien peu de choses.

C'est à la fin de 1815 que je hasardai la publication de mon premier volume de chansons. J'étais arrivé à l'âge où l'on commence à pressentir les inconvénients de la carrière littéraire. Le besoin d'argent put seul alors me déterminer à entrer en contact direct avec le public[1], d'autant plus que j'appréciais

---

[1] Il existe une lettre de Béranger au libraire Eymeri, relative à la vente de son premier recueil. Cette lettre, datée du 5 novembre 1815, n'indique pas d'autres stipulations que la remise à faire à l'auteur par le libraire de trente exemplaires des chansons. Le tirage devait être de 2,500 et le nombre des pièces de soixante à quatre-vingts, choisies sur les cent cinquante chansons qu'il avait alors dans son portefeuille. Il

encore très-vaguement l'utilité de mes vers pour la cause que j'avais embrassée. Le volume fut bien accueilli et n'ébranla pas ma fragile position à l'Université. « *Il faut pardonner bien des choses à l'auteur du* Roi d'Yvetot, » fut, m'a-t-on assuré, le mot de Louis XVIII, qui aimait les chansons par tradition d'ancien régime et qu'on a même accusé d'être mort avec les miennes sur sa table de nuit.

Ce que je ferai remarquer, à propos de ce volume, publié lorsque j'étais attaché aux bureaux de l'instruction publique, c'est qu'il contient le plus grand nombre de couplets qui rappellent les licences un peu cyniques de notre vieille littérature. Rien ne prouve mieux que je ne croyais pas qu'ils dussent encourir de graves reproches. Quand on m'apprit que nos vieux auteurs de l'école de Rabelais n'étaient pas des modèles à imiter, même en chansons, il était trop tard pour faire disparaître des vers qui, comme je l'ai dit ailleurs, contribuèrent à populariser ma réputation. Dès ce moment ils appartinrent au public; les retrancher des nouvelles éditions eût été inutile ; les libraires d'ailleurs n'eussent pas voulu y consentir, et j'avoue qu'il y en a que j'aurais fort regrettés. Au reste, convient-il à mon siècle de se montrer sévère pour des productions dont la gaieté est l'excuse

est probable que, pour un tirage aussi fort, le libraire devait rémunérer le poëte.

sinon même le contre-poison, lorsque le roman et le théâtre ont poussé jusqu'à l'obscénité la peinture des passions les plus brutales? La haute poésie n'a-t-elle elle-même rien à se reprocher, en fait de fautes de ce genre?

Que ceux qui insisteraient sur les reproches qui m'ont été faits par tant de gens cherchent dans les œuvres poétiques de Gœthe; ils verront que ce grand génie n'était pas aussi sévère qu'eux à l'égard de mes chansons de jeunesse.

Il est une observation que je dois faire : les chansons mises à l'index ont été faites sous l'Empire. Or il est remarquable que c'est habituellement à des époques de despotisme qu'on voit naître de pareilles productions. L'esprit a un tel besoin de liberté, que, lorsqu'il en est privé, il franchit les barrières les moins bien défendues, au risque de pousser trop loin cet élan d'indépendance. Les gouvernements adroits s'en arrangent; celui de Venise protégeait les courtisanes.

Ce ne sont pas des excuses que je présente, ce sont des explications que je donne. Il est bien entendu d'ailleurs que je ne parle ici que des chansons qui font partie des recueils que j'ai publiés, et non de toutes celles qu'on a mises sous mon nom dans les contrefaçons belges et françaises.

Il est une dernière raison qui devrait m'obtenir

l'absolution de mes anciens méfaits ; mais je crains qu'elle ne tourne à mon détriment. Hasardons-la toutefois. Chez nos pères, les gens braves s'amusaient de la chanson, mais ne s'en préoccupaient pas. En lui donnant une importance qu'elle n'avait pas encore eue, j'ai autorisé à être plus sévères pour elle les critiques de notre chaste époque. Savais-je quelle destinée attendait les petits volumes où s'enterraient pêle-mêle les jovialités de ma jeunesse et les refrains politiques de mon âge mûr? » En élevant ce genre, vous l'avez gâté, » me répondront nos Aristarques. Je le vois, messieurs : pour n'être point à l'index, il m'eût suffi de ne faire que des gaillardises. Malheureusement je ne suis plus d'âge à profiter de la leçon [1].

L'époque où mes chansons me firent prendre une espèce de rôle personnel dans la politique fut celle où je sentis la nécessité de dégager ma muse de ses façons trop lestes.

La publication de mon premier volume acheva de faire de moi le chansonnier de l'opposition. On pouvait savoir déjà que j'étais un homme de convictions sincères et désintéressées. Dans les Cent-Jours la place de censeur d'un journal (le *Journal général*, devenu le *Courrier français*) m'avait été proposée et j'en avais repoussé l'offre, malgré les instances qui

---

[1] Voir la préface de 1833 et les *Notes inédites*.

me furent faites. Cette place valait six mille francs ; c'était refuser le superflu quand le nécessaire me manquait. Je n'avais plus alors pour suffire à mes charges que mon modique emploi, parce que j'avais fait à M. de Bleschamps, père de Madame Lucien Bonaparte, tombé dans le besoin par suite de l'exil de son gendre, l'abandon du traitement de l'Institut[1]. Par des arrangements auxquels avaient présidé Arnault et Regnault de Saint-Jean-d'Angély, seul j'avais droit de le toucher, et, en effet, je l'ai touché jusqu'en 1814, époque où M. Lucien fut éliminé de l'Académie par ordonnance royale. Mais depuis longtemps déjà il m'avait paru convenable d'en remettre, mois par mois, le montant au père de la princesse, et il m'en faisait tenir quittance.

Ma liaison avec Manuel[2] date de la fin de 1815. Il était d'un abord réservé; j'avais encore beaucoup

---

[1] Voir dans la *Correspondance* une note détaillée sur ce fait. On y voit que, dès le 20 avril 1812 et jusqu'au 7 avril 1815, Béranger remettait à M. B. Cabarrus, pour M. de Bleschamps, la totalité du traitement. (*Correspondance*, t. I, p. 202.)

[2] Manuel (Jacques-Antoine), né à Barcelonnette, le 19 décembre 1775, s'était engagé comme volontaire, en 1793, et était devenu capitaine d'infanterie. Blessé et malade, il retourna dans son pays natal, après la paix de Campo-Formio, et s'appliqua à l'étude des lois. Son talent pour la plaidoirie fut bientôt remarqué à Aix. Ses compatriotes l'élurent représentant pendant les Cent-Jours et alors commença sa courte et brillante carrière politique. Il est mort le 20 août 1827, à Maisons, chez M. Laffitte, dans les bras de son frère et de Béranger.

de sauvagerie ; pourtant, dès notre première rencontre nous nous sentîmes faits pour une intimité que peu de jours établirent et que la mort seule pouvait rompre. Il fréquentait habituellement la maison de M. Laffitte, et ce fut lui qui m'y entraîna. Jamais je n'ai beaucoup aimé messieurs de la finance, ni leurs salons dorés ni leur société bruyante. « Il n'y a point d'affection à attendre là, disais-je à Manuel ; mais il y passait une grande partie de son temps ; je l'y suivis et j'ai eu à m'en féliciter. Si la position politique de Laffitte m'a fait repousser ses offres affectueuses, je ne lui en ai pas moins d'obligations pour les services que son amitié m'a fourni l'occasion de rendre à beaucoup de mes amis intimes et pour le grand nombre de malheureux qu'il a secourus à ma recommandation. J'ai eu aussi le bonheur de pouvoir être utile, en de graves circonstances, à ce grand citoyen, doué d'autant d'esprit que d'honneur, d'autant de bonté que d'imagination, mais dont la vive intelligence ne s'appliqua pas assez à connaître les hommes ; ce qui l'a rendu victime de plusieurs de ceux même qu'il avait comblés de bienfaits. C'est en vain, au reste, qu'on a tenté d'accumuler les calomnies sur sa vieillesse si agitée ; le bon sens populaire en a toujours fait justice : encourageant et noble exemple pour ceux qui, comme Laffitte, consacrent toute leur existence au service de leur pays !

Il a commis une faute que je lui ai reprochée bien des fois ; c'est d'avoir acheté le fastueux château de Maisons, séjour le plus ennuyeux que je connaisse et qui ne me semblait supportable que lorsque j'y étais avec Manuel, Thiers et Mignet[1]. M'y trouvant seul, il m'est arrivé de le quitter pour aller, à travers la forêt, dîner dans un restaurant de Saint-Germain. Je n'ai pas oublié que, dans cette demeure royale où cependant on montre encore la chambre que Voltaire a longtemps habitée, je n'ai jamais pu faire un seul couplet. Je ne suis pas né pour les châteaux : c'est peut-être ce qui me rend injuste envers Mansart, qu'en faveur des mansardes je devrais cependant aimer beaucoup.

Lancé au milieu de la société la plus opulente, mon indigence n'y fut pas un embarras pour moi, car il ne me coûtait pas de dire : « Je suis pauvre. » Ce mot, que trop de gens hésitent à proférer, tient presque lieu de fortune, parce qu'il vous fait permettre toutes les économies et vous concilie l'intérêt de bien des femmes et, par conséquent, celui des sa-

---

[1] De 1823 à 1827. C'est là que se prépara véritablement la noble révolution de Juillet. Laffitte agissait sur le Palais-Royal, MM. Thiers et Mignet écrivaient leurs histoires de la Révolution, et s'apprêtaient à la lutte qu'ils soutinrent dans le *National* ; Béranger travaillait ses vigoureuses chansons du recueil de 1828. Le souvenir de ce temps d'orgueil et d'espérance est resté très-vif chez M. Thiers : « Béranger, dit-il, a été un père pour nous. »

lons, qu'à cet égard on a calomniés. Ne faites pas de votre pauvreté une gêne pour les autres ; sachez en rire à propos, et l'on y compatira sans blesser votre orgueil. Ce que je dis là, je l'ai souvent répété à nos jeunes gens, qui, trop épris du luxe aristocratique, rougissent d'en être privés. S'il ne veulent compromettre ni leur honneur ni leur indépendance, qu'ils s'apprennent à dire : « Je suis pauvre. »

Ce rôle d'Aristophane, qui m'avait paru si beau à l'âge de vingt ans, sans le génie, mais aussi, du moins il me le semble, sans l'acrimonie du poëte athénien, je le jouai, non au théâtre, où il n'est peut-être plus possible, mais dans tous les rangs de la société française. Il me suffisait de donner ou de laisser prendre copie de mes nouveaux couplets pour les voir, en peu de jours, courir toute la France, passer la frontière et porter même des consolations à nos malheureux proscrits, qui erraient alors sur tout le globe. Je suis peut-être, dans les temps modernes, le seul auteur qui, pour obtenir une réputation populaire, eût pu se passer de l'imprimerie. A quoi ai-je dû cet avantage? Aux vieux airs sur lesquels je mettais mes idées à cheval, si j'ose dire, et au bon esprit qui ne me fit pas dédaigner la culture d'un genre inférieur qui ne menait point aux honneurs littéraires. Parmi les hommes qui s'adonnaient aux lettres à cette époque, aucun, j'en suis convaincu, n'eût voulu suivre la même voie : je n'ai pris que le rebut des autres. J'étais à l'âge où l'on ne se laisse pas éblouir par les succès. Pour mériter ceux que j'obtins, je tâchai de les faire tourner au profit du genre auquel je devais faire bientôt le sacrifice de tous mes autres projets. Il était de règle au Caveau, cette académie chantante, que la chanson ne devait briller que par l'esprit et la gaieté; c'était trop peu. Plus ou moins, je suis né poëte et homme de style; je ne m'aperçus pas d'abord que ce qu'il y avait en moi de poésie pouvait trouver place dans ce genre beaucoup moins étudié que pratiqué. Enfin la réflexion m'enseigna tout le parti qu'on en pouvait tirer. La chanson m'ouvrait d'ailleurs un sentier où mon humeur marcherait à l'aise. Par elle j'échappais aux exigences académiques et j'avais à ma disposition tout le dictionnaire, dont la Harpe prétend que les quatre cinquièmes sont défendus à notre poésie[1].

Je ne pouvais non plus me dissimuler que la fixité des principes n'excluait pas en moi une grande mobilité d'impressions, qui pouvait s'opposer à l'achèvement de toute œuvre un peu longue sur un ton uniforme. L'auteur doit étudier l'homme en lui ; ce qu'on ne peut faire quand on débute trop tôt. Dès

---

[1] Il faut se souvenir que je réfléchissais ainsi avant l'apparition de l'école nouvelle, *qui a changé tout cela*, comme dit le Médecin malgré lui. (*Note de Béranger.*)

que je me fus rendu compte de la nature de mes facultés et de l'indépendance littéraire que la chanson me procurerait, je pris mon parti résolûment ; j'épousai la pauvre fille de joie, avec l'intention de la rendre digne d'être présentée dans les salons de notre aristocratie, sans la faire renoncer pourtant à ses anciennes connaissances, car il fallait qu'elle restât fille du peuple, de qui elle attendait sa dot. J'en ai été récompensé au delà du mérite de mes œuvres, qui eurent au moins celui de faire intervenir la poésie dans les débats politiques, pendant près de vingt ans. Le parti légitimiste, qui m'a toujours jugé, comme auteur, avec une extrême bienveillance, m'a accusé d'avoir contribué, plus que tout autre écrivain, au renversement de la dynastie que nous avait imposée l'étranger. Cette accusation, je l'accepte comme un honneur pour moi et comme une gloire pour la chanson. Pour la lui obtenir, on ne sait pas tous les obstacles que j'eus à vaincre. Combien de fois n'ai-je pas été obligé de lutter contre les chefs du parti libéral, gens qui eussent voulu me faire accepter leur tutelle, pour m'astreindre à leurs combinaisons timides !

J'en ai vu plusieurs m'abandonner au moment le plus pénible du combat : ils ne revenaient à moi que lorsqu'ils voyaient les applaudissements de la foule me rester fidèles. Je n'ai pas eu besoin de la

Révolution de juillet pour juger de la portée politique des grands hommes que nous nous étions faits. J'en ai souvent gémi avec Manuel, obligé plus d'une fois de me défendre contre des anathèmes dont je ne faisais que rire pour ce qui me regardait, même lorsque cela allait jusqu'à me priver de l'appui des journaux. Les hommes désintéressés qui sont mêlés au mouvement politique ont bien besoin d'avoir foi dans le peuple : cette foi ne m'a jamais manqué.

Les succès que je dus à la chanson me firent apprécier le bonheur qu'il y avait eu pour moi à voir échouer mes autres tentatives. Si mes précédents essais eussent obtenu quelques suffrages publics, il est vraisemblable que j'aurais, comme tant d'autres jeunes gens, qui s'élancent vers un but trop élevé pour leurs forces, dédaigné le genre inférieur qui m'a valu d'être honoré du suffrage de mes contemporains ; et, à mes yeux, l'utilité de l'art est ce qui le sanctifie. Sans doute, il m'est resté de la tristesse de tant de projets et de plans avortés ; sans doute, mes jeunes et hautes prétentions ont contribué à m'ôter toute illusion sur la valeur littéraire de mes succès ; mais il n'en est pas moins certain que, porté par sentiment et par caractère à consacrer mes talents, quels qu'ils fussent, au service de mon pays, j'ai rempli l'humble tâche qui m'était marquée.

Je dois pourtant avouer qu'à près de quarante ans

une idée singulière traversa encore mon esprit. La tragédie ne m'avait jamais inspiré un vif attrait : c'était le seul genre que je n'eusse pas tenté. L'idée me vint de m'y essayer, à force d'en faire le sujet de mes conservations avec Talma[1], que j'étais toujours si heureux de rencontrer. Je lui prêchais l'étude des tragiques grecs, aussi vrais, mais bien plus poétiquement vrais que les espagnols, les anglais et les allemands. Sans compter que, par une naïve intelligence de l'art, ils me semblent avoir un avantage même sur Corneille et sur Racine. Disons pourtant que ceux-ci ont fait ce que j'appellerai le théâtre résumé, le plus difficile de tous, celui où la poésie est presque toute dans la composition. Par là s'explique le mot de Racine : « Ma pièce est faite, je n'ai plus qu'à en faire les vers. »

En effet, en cinq actes assez courts ils résument, au profit de la morale ou des sentiments, toute une vie, toute une passion, tout un caractère, ainsi que les événements d'invention ou réels, auxquels ils rattachent leur nom. C'est, au théâtre, la plus haute poésie possible; il est surprenant qu'on ne l'ait pas toujours reconnu pour Corneille et Racine, lorsque personne ne le nie pour Molière, qui, il est vrai, est arrivé à une perfection plus grande que

---

[1] Talma est né à Paris, le 15 janvier 1766, et y est mort le 19 octobre 1826.

ses deux contemporains. Le théâtre-chronique, où les scènes se succèdent naïvement, au gré d'une tradition historique légendaire ou romanesque quelconque, est l'enfance de l'art, et tout ce qu'on trouve de génie dans Shakespeare n'eût pas dû empêcher d'en convenir. Schiller a été prendre là son modèle : sous le point de vue dramatique, je doute qu'il y ait trouvé un avantage pour sa gloire. A force, ai-je dit, de peser les critiques adressées aux pâles imitateurs de nos grands maîtres, je me mis à composer, et cela en moins d'un an, plusieurs plans, où je cherchais à allier, non le burlesque à l'héroïque, alliance barbare que Shakespeare lui-même repousserait aujourd'hui, mais le familier à l'héroïque. C'est le familier qui manque à nos grands tragiques, moins pourtant à Corneille qu'à Racine, parce que c'était presque toujours en vue de l'aristocratie et de la cour qu'ils écrivaient. Les unités de lieu et de temps m'avaient toujours moins choqué que l'uniformité du ton.

Je voulais donc voir s'il serait possible de s'en affranchir au profit du naturel et des effets dramatiques. Un *Comte Julien*[1], une *Mort d'Alexandre le Grand*, un épisode des *Guerres civiles* en Italie, un *Charles VI*, un *Spartacus*[2], conçus d'après ce sys-

[1] Sujet tiré de l'histoire d'Espagne, au huitième siècle. (Voir le *Romancero*.)
[2] On sait qu'il y a au répertoire de la Comédie-Française un *Sparta-*

tème et sans aucune ressemblance avec les pièces faites sur quelques-uns de ces sujets, m'offrirent, selon moi, la preuve qu'on pouvait s'ouvrir des routes nouvelles dans ce genre élevé, appuyé sur l'autorité de Corneille, qui, malgré les arrêts d'une Académie pédante et en dépit des remarques, souvent absurdes, de Voltaire, a jeté, dans ses pièces, un Nicodème, un Prusias et même un Félix; j'allai jusqu'à faire les vers de plusieurs scènes, pour me convaincre de la bonté du procédé. Mais bientôt j'abandonnai ces essais, comme tant d'autres, ce qui ne les empêcha pas d'avoir été, pour moi, une étude utile et amusante. Qui sait? la chanson y a peut-être gagné quelque chose.

Dans la carrière que j'ai suivie, les conseils m'ont dû être nécessaires. J'en ai pris plus que je n'en ai demandé : je veux dire qu'au lieu d'aller consulter, comme tant d'auteurs, pour obtenir, non des avis, mais des louanges, je m'appliquais, quand on me priait de chanter, à recueillir les moindres paroles, les moindres signes de ceux qui m'écoutaient, afin de reconnaître les passages qui exigeaient changement, correction ou rature entière. Je me suis cependant choisi quelques censeurs, et toujours des amis moins âgés que moi, calculant qu'il y aurait

cus de Saurin, tragédie froide et fort peu accommodée à la vérité de l'histoire.

plus de profit à faire avec eux. A peu près au temps de mes débuts, Henri de la Touche[1] me fit plusieurs fois de judicieuses observations, qui m'ont rendu grand service. Aussi suis-je souvent retourné à ce vrai poëte, grand faiseur de pastiches. Je l'ai souvent appelé l'inventeur d'André Chénier, dans les œuvres duquel il est au moins pour moitié ; car j'ai entendu Marie-Joseph déplorer qu'il y eût si peu de morceaux publiables dans les manuscrits laissés par son frère. Ce qu'il y a de singulier, c'est que les vers placés à la fin du volume, et que le geôlier est censé interrompre, n'aient pas ouvert les yeux des juges de sang-froid. Tout le monde sait pourtant aujourd'hui que ces vers sont de la Touche[2].

[1] Hyacinthe Thabaud de la Touche, dit Henri de la Touche, éditeur d'André Chénier, né à la Châtre, le 2 février 1785, mort à Aulnay, près Paris, le 9 mars 1851. Il était neveu du sénateur Porcher de Richebourg, et fut, sous l'empire, employé dans les bureaux de Français de Nantes. A partir de 1815, il vécut de sa plume et l'employa au service du parti libéral. Son esprit, très-fin et très-délicat, n'a pas toujours été bien servi par son talent. C'était un excellent critique. Henri de la Touche a ouvert la carrière à madame Sand, qui lui a consacré, dans le *Siècle* des 18, 19 et 20 juillet 1851, une notice nécrologique fort intéressante. Il fut assez longtemps le rédacteur en chef de l'ancien *Figaro*, et n'y ménagea la satire à personne. La fin de sa vie a été silencieuse : il est mort dans la retraite, à côté de son amie, mademoiselle Pauline Flaugergues, qui a conservé sa propriété d'Aulnay.

[2] On a reproché à Béranger ce passage de *Ma Biographie* comme si c'était la marque qu'il n'entendait pas André Chénier, ou que sa gloire lui était importune. La vérité est que Henri de la Touche, dans

Arrivé à la vieillesse, j'ai recouru aussi aux conseils d'un homme que j'ai vu enfant, de Mérimée[1], qui joint à un des esprits les plus distingués de notre temps une instruction solide, étendue, et un amour sévère de la langue. Il m'a fait passer quelques mauvaises nuits à corriger de malheureux petits vers. Ce sont là des preuves d'amitié qu'il ne faut pas attendre de tous ses amis. Il est des gens portés à trouver bon tout ce que font ceux qu'ils aiment : Lebrun[2], dont la bienveillance est si grande, est un peu comme cela. Aussi me suis-je toujours un peu défié de son approbation, dont je n'étais pourtant ni moins touché, ni moins reconnaissant.

Il me reste à parler de mes publications.

On m'avait prévenu, à l'Instruction publique, que, si je faisais imprimer de nouveaux volumes, on me regarderait comme démissionnaire de mon emploi. C'était une forme obligeante qu'employait M. Petitot pour me prévenir qu'un second volume me ferait renvoyer, et, en même temps, une espèce de prime offerte à ma docilité.

l'intimité, disait fort bien qu'il avait mis dans le recueil de Chénier beaucoup de vers de sa façon. On peut s'en assurer en consultant les *Mémoires* d'Alexandre Dumas. Peut-être Béranger l'a-t-il de trop près pris au mot. Il n'était pas, quand parurent ces poésies, de l'école qui les admira le plus, et qui, comme elles méritaient d'être louées, fit leur fortune.

[1] M. Prosper Mérimée, né à Paris, le 28 septembre 1803.
[2] M. Pierre Lebrun, de l'Académie française.

Je n'en donnai pas moins bon nombre de mes chansons nouvelles à la *Minerve*, journal dont la vogue fut immense. Ses propriétaires, tous mes amis, voulurent me faire une part de leurs bénéfices; mais je refusai[1], trouvant ridicule de faire payer à des amis des couplets qui m'amusaient tant à faire. Je ne raisonnais pas de même pour les chansons en volume, parce que le public était libre de ne pas les acheter. Il me fallut beaucoup de temps pour en compléter un second, n'ayant jamais fait plus de quinze ou seize chansons par an, quelques-unes en peu d'heures, et le plus grand nombre avec lenteur et souci; encore toutes les années sont loin d'avoir été aussi abondantes. Je n'en fais qu'à mon caprice, et j'ai vu passer huit ou dix mois sans produire un seul vers, même au temps où je travaillais le plus. Aujourd'hui que l'arbre est vieux, les fruits deviennent de plus en plus rares. Et que ferai-je, quand ils viendront à manquer tout à fait? Je mourrai sans doute.

Malgré la faiblesse de ma voix et mon ignorance musicale, je chantais souvent alors. Si, par nécessité de me faire des appuis dans la lutte que j'avais à soutenir, je m'étais d'abord astreint à vivre dans le monde, bientôt j'y portai l'entraînement qui m'est naturel et cette gaieté qui donne à l'esprit une valeur

---

[1] Voir dans la *Correspondance* (au tome I) la lettre des rédacteurs de la *Minerve* et la réponse de Béranger.

qu'il n'emprunterait pas toujours de la raison. Je ne me faisais donc pas trop prier pour chanter mes productions inédites, soit avec mes amis de l'opposition, soit même quelquefois avec les hommes attachés au gouvernement. C'était un bonheur, pour moi, que de servir à ceux-ci du fruit défendu. MM. de Barante, Guizot, Siméon père [1], Mounier [2] et beaucoup d'autres pourraient le dire : ils m'ont entendu, à table, à côté de M. Anglès, préfet de police, leur donner l'étrenne du *Bon Dieu*, des *Missionnaires*, etc., etc.

Un jour, ce dernier reçut un rapport où on lui faisait savoir que j'avais chanté chez M. Bérard [3], son ami et le mien, quelques-unes de mes chansons anarchiques, comme on disait alors. Le préfet en rit beaucoup : il était du dîner. On voit que la chanson jouissait encore de certains priviléges et qu'à cette époque les préfets de police se montraient parfois gens d'esprit.

Enfin, en 1821, je pus faire imprimer deux volumes [4], tant de mes anciennes que de mes nou-

---

[1] Mort premier président de la cour des comptes.

[2] Mounier, fils du Mounier de la Constituante, rallié à l'Empire, puis ministre de la Restauration.

[3] M. Bérard (Auguste-Louis-Simon) est mort en 1859. Il était né à Paris, le 3 juin 1783.

[4] Deux volumes, petit in-12, chez F. Didot. Ce recueil parut le 25 octobre 1821. Le 26, Béranger recevait sa destitution. Dès le 15 novembre, la saisie des volumes était approuvée par la Chambre du

velles chansons. Je l'ai dit : c'était perdre le modique emploi qui me faisait vivre sans beaucoup de travail et où j'étais entouré d'amis, car, malgré ma franchise un peu caustique, j'ai toujours eu le bonheur de voir s'attacher à moi ceux avec qui j'ai vécu. Mais il me convenait mieux de sacrifier ainsi ma place que de publier mes volumes séditieux après qu'on me l'aurait ôtée, ce qui pouvait arriver un jour ou l'autre. Leur publication eût eu, dans ce cas, un air de vengeance qui n'allait pas à mon caractère. D'ailleurs, le parti libéral était dans le plus grand désarroi : de folles espérances venaient de s'évanouir, et les meneurs de l'opposition semblaient saisis d'une sorte de panique. Le moment était donc bien choisi, puisque l'apparition de mes volumes, longtemps attendus, et le procès que tout faisait pressentir et qui devait les dorer sur tranche, comme je disais alors, pouvait être un moyen de réchauffer un peu l'opinion, qu'un rien abat, qu'un rien peut relever. Plusieurs libéraux, et des plus riches, qui, six mois avant, me poussaient à cette démonstration, voulurent alors l'entraver. Comme je publiais par souscription, tel qui s'était fait inscrire pour un nombre énorme d'exemplaires, en m'excitant à faire tirer à plus de dix mille, me signifia, au dernier moment,

Conseil de la cour royale, et le 20 novembre l'avocat général Marchangy demandait la mise en accusation de l'auteur.

de ne pas faire imprimer ou de retirer son nom de la liste des souscripteurs. Rien ne m'arrêta ; au contraire, j'en fus plus convaincu de la nécessité de ce coup de feu d'une sentinelle avancée pour réveiller le camp libéral, si étrangement commandé par ceux qui avaient l'honneur de passer pour ses chefs les plus vigoureux. Manuel pensait comme moi, et, grâce à mon ami M. Bérard et à quelques autres fidèles, mes deux in-douze, imprimés non sans quelques difficultés chez M. Firmin Didot, parurent en octobre, tirés à dix mille cinq cents exemplaires [1].

La publication se faisait à mon compte ; je fus donc forcé d'être à la tête du débit, pour lequel mon vieil ami Béjot me fut si utile. Je pus voir, d'heure en heure, la rapidité de la vente dépasser toute prévision. J'avais contracté, pour frais d'impression, quinze mille francs de dettes, et je n'osais plus compter sur l'exactitude des souscripteurs. Aussi éprouvai-je une folle joie, lorsque je fus en possession de ces énormes quinze mille francs, qui m'épouvantaient et que je me figurais ne pouvoir retirer de mes petits livres. En comparaison de ces quinze

---

[1] Je dois dire ici que Sébastiani et Casimir Périer furent de ceux qui ne me retirèrent pas leur appui dans cette circonstance. Bien que je ne fusse pas intimement lié avec le dernier, je l'ai toujours trouvé excellent pour moi. Si je m'érigeais en homme politique, j'aurais mieux à dire sur son ministère, auquel on ne me paraît pas encore avoir rendu suffisante justice. (*Note de Béranger.*)

mille francs, les sommes qui vinrent après[1] ne produisirent que peu d'effet sur moi. Je leur ai dû pourtant de pouvoir vivre, dès lors, sans emploi ; car depuis j'ai presque toujours pu me suffire et suffire à ceux qu'il m'a été si doux d'admettre au partage de mes modiques ressources. Peut-être cette petite fortune ne m'eût-elle pas toujours mis hors d'embarras ; mais j'ai eu, j'aime à le répéter, des amis excellents, qui, sans cesse veillant sur moi, m'ont évité de retomber dans les ennuis de la misère, où m'aurait conduit ma trop grande facilité à donner. C'est de la richesse que d'avoir peu de besoins et beaucoup d'amis : nul ne l'a mieux senti que moi.

Les poursuites judiciaires dont je fus l'objet ont, dans le temps, fait assez de bruit pour que je n'en parle que d'une manière succincte. Dans son réquisitoire, l'avocat général Marchangy[2], homme de lettres de quelque réputation, qui avait sa fortune à faire au Palais et qui la fit au prix des quatre têtes des sergents de la Rochelle, Marchangy déploya contre moi un grand talent, soutenu du désir de rendre ma condamnation la plus rigoureuse pos-

---

[1] Béranger, tous frais faits, recueillit environ 32,000 francs de cette édition.

[2] Louis-Antoine-François de Marchangy, né à Clamecy, le 28 août 1782, est mort le 2 février 1826. Il avait été juge suppléant et substitut du procureur général, à Paris, sous l'empire. Son principal ouvrage est la *Gaule poétique*.

sible. Cette bonne volonté le jeta quelquefois dans l'absurde, comme lorsqu'en citant le *Bon Dieu* il s'écria : « Est-ce ainsi que Platon parlait de la Divinité? » Cette apostrophe parut d'autant plus déplacée qu'il est visible que ce *Bon Dieu* de la chanson est, à la tolérance près, celui du fétichisme des vieilles dévotes et non la suprême Intelligence, devant laquelle je me suis toujours prosterné, ainsi que le témoignaient déjà plusieurs autres pages du travail incriminé [1].

On a conservé les détails de cette audience, célèbre dans le temps, où la foule était si compacte que les juges furent obligés d'entrer par la fenêtre, et où l'accusé fut sur le point de ne pouvoir arriver jusqu'au pied du tribunal, bien qu'il répétât à la foule, comme certain larron qu'on menait au gibet : « Messieurs, on ne peut pas commencer sans moi. » La belle plaidoirie de Dupin [2], qui a été recueillie, donne la

---

[1] Les chansons poursuivies étaient la *Bacchante*, *Ma Grand'Mère*, *Margot*, pour outrage aux mœurs ; le *Deo gratias d'un épicurien*, la *Descente aux Enfers*, *Mon Curé*, les *Capucins*, les *Chantres de Paroisse*, les *Missionnaires*, le *Bon Dieu*, la *Mort du roi Christophe*, pour atteinte à la morale religieuse ; le *Prince de Navarre*, le *Bon Dieu*, l'*Enrhumé*, la *Cocarde Blanche*, pour offense envers la personne du roi ; le *Vieux Drapeau*, pour provocation au port d'un signe de ralliement non autorisé par le roi. Béranger fut acquitté sur le premier et le troisième chef d'accusation ; il fut condamné sur les deux autres. C'était le 8 décembre 1821.

[2] M. Dupin aîné.

mesure de ce que je dois de reconnaissance à mon illustre avocat, qui ne fit jamais preuve d'une éloquence plus incisive, plus abondante, plus spirituelle. Seulement, j'ai dû trouver que, dans l'intérêt de son client, mon défenseur s'attachait trop à diminuer l'importance de la chanson; et sous ce rapport, ma vanité d'auteur et mon amour du genre me portaient à juger que l'accusation allait plus droit au but que je me proposais, en donnant à mes productions une valeur littéraire que Dupin s'attachait à diminuer. Au besoin, l'orgueil du faiseur de vers irait jusqu'à l'héroïsme : « J'aime mieux être pendu par mes adversaires que noyé par mes amis, » disais-je. Il n'en était pas moins sage à mon avocat d'éviter le long emprisonnement dont j'étais menacé. Ce n'est d'ailleurs que plus tard qu'on accorda la qualité de poëte au chansonnier, et, chose étrange! les Anglais furent, je crois, des premiers à me donner ce titre dans la *Revue d'Édimbourg*[1].

Un juge, dont on sera peut-être surpris de trouver le nom ici, influa, heureusement pour moi, dans cette première affaire, qui ne me valut que trois mois de prison et cinq cents francs d'amende; c'est M. Cottu,

---

[1] Dernièrement encore la *Revue d'Édimbourg* a apprécié de la façon la plus élevée et avec les plus grands éloges les *OEuvres posthumes* de Béranger. Cet article a été inséré dans la *Revue britannique* du mois de décembre 1858.

ce fougueux champion des opinions aristocratiques, au demeurant l'homme le plus honnête, le meilleur et le plus désintéressé des royalistes[1]. Il fit écarter le *Vieux Drapeau* des applications de peine, comme présentant un cas non prévu par la loi. Aussi bientôt une loi nouvelle sur la presse ne manqua pas de boucher l'issue par laquelle le plus gros de mes crimes, car ce l'était en effet, avait échappé aux griffes de Marchangy; je ne dis pas des juges, parce qu'ils parurent très-bienveillants, jusque-là que M. Larrieu, président, dit, dans son résumé, rempli pour moi d'éloges, qu'il était fâcheux que la gravité d'un tribunal ne permît pas de chanter les œuvres poursuivies, le chant pouvant être une excuse pour elles. Si l'on ne les chanta pas, du moins, pendant le délibéré des jurés, prit-on là beaucoup de copies de couplets[2] que j'avais faits en l'honneur de ma condamnation présumée, et cela jusque sur le bureau du greffier et de l'avocat général.

Je passai fort gaiement mes trois mois de détention à Sainte-Pélagie[3], dans la chambre qu'après

---

[1] M. Charles Cottu, né en 1777, a vécu, depuis 1830, dans la retraite à Versailles.

[2] C'est la belle et fière chanson :

> Soleil, si doux au déclin de l'automne,
> Arbres jaunis, je viens vous voir encore.

[3] Il y a dans la *Correspondance* (tome I, page 231) des lettres datées de Sainte-Pélagie dès le 27 décembre.

deux mois de séjour venait de quitter P.-L. Courier, autre séditieux moins maltraité que moi par la Restauration, mais dont la fin fut si affreuse et si regrettable[1]. J'avais pour compagnie beaucoup de braves condamnés politiques, entre autres mon ami Cauchois-Lemaire[2], homme d'un vrai mérite, mais trop modeste, qui, après avoir eu tant à souffrir dans l'exil et les prisons, en a été bien faiblement récompensé par la révolution de Juillet.

Je serais ingrat si j'oubliais de dire qu'à travers les nombreuses visites de curieux et de gens toujours disposés à suivre la foule, je recueillis, à ma première détention, les marques non moins nombreuses d'un vif intérêt tout patriotique. Il ne fallait rien moins que ces témoignages de sympathie et le bruit que fit ma condamnation pour me donner enfin et peut-être donner aussi aux chefs de l'opposition la mesure de l'influence que mes chansons pouvaient exercer.

J'ai connu des gens que la prison effrayait : elle

---

[1] Paul-Louis Courier de Méré, né à Paris, le 4 janvier 1772, fut assassiné le 10 avril 1825, dans son bois de Larçay, par Fromont, son garde. On ne sait au juste quel motif fit naître ce crime. Courier avait été condamné, en 1821, à deux mois de prison et 200 francs d'amende pour le *simple discours* sur l'achat du château de Chambord.

[2] Louis-Auguste-François Cauchois-Lemaire, né à Paris, le 28 avril 1789. Dès 1815, M. Cauchois-Lemaire était exilé. En 1821, il venait d'être condamné à un an de prison pour la publication, en un volume in-8º, de ses *Opuscules*.

ne pouvait me faire peur. J'avais à Sainte-Pélagie une chambre chaude, saine et suffisamment meublée, tandis que je sortais du gîte dégarni de meubles, exposé à tous les inconvénients du froid et du dégel, sans poêle ni cheminée, où, à plus de quarante ans, je n'avais en hiver que de l'eau glacée pour tous les usages et une vieille couverture dont je m'affublais lorsque, dans les longues nuits, me prenait l'envie de griffonner quelques rimes. Certes, je devais me trouver bien mieux à Sainte-Pélagie. Aussi je m'écriais quelquefois : « La prison va me gâter. » A ceux qui, pensant à l'emploi de deux mille francs, s'étonneraient de la pauvreté de mon logement de ville, je répondrai par mon axiome favori : « Quand on n'est pas égoïste, il faut être économe. »

Pendant ma détention, le parquet m'intenta une nouvelle affaire, suscitée par M. Bellart, procureur général. L'ingrat ! dans les Cent-Jours, j'avais été prié de faire des démarches auprès de M. Régnaud de Saint-Jean-d'Angely, pour qu'il voulût bien s'assurer des intentions de l'Empereur à l'égard de M. Bellart, l'un des plus ardents provocateurs [1] de

---

[1] Comme membre du conseil général de la Seine et rédacteur d'une adresse. Nicolas-François Bellart, né à Paris, le 20 novembre 1764, est mort le 7 juillet 1826. On a recueilli (1827-28, six volumes in-8°) ses *OEuvres complètes*. Sa première procédure après la chute de l'Empire fut l'acte d'accusation du maréchal Ney.

son renversement en 1814. M. Régnaud y mit de l'empressement et me chargea de répondre aux amis et aux parents de M. Bellart qu'il pouvait rester sans crainte à Paris. Il ne profita pas de cet avis, il est vrai ; mais il ne put ignorer les démarches que j'avais faites. Pour tout dire, une question de jurisprudence dominait dans ce nouveau procès, motivé par la publication que Dupin avait fait faire, sous mon nom et à mon profit, des pièces de la première procédure. Le cas était nouveau et les hommes les plus éclairés avaient approuvé cette publication, qui me permettait de compléter mon recueil mutilé par le jugement, en publiant, à chaque nouvelle édition, les réquisitoires où se trouvaient les chansons et les couplets condamnés. Le parquet sentit la portée de cette tentative, et je revins m'asseoir de la prison sur la sellette, avec Baudoin, l'imprimeur, ayant encore Marchangy pour accusateur et Dupin pour avocat. Jamais client, gratuitement défendu, n'a donné plus d'embarras à son défenseur ; car je dois dire que Dupin ne consentit à se charger de mes causes qu'à la condition qu'il ne serait pas question d'honoraires, conduite généreuse que Barthe[1] renouvela lors de mon dernier procès.

---

[1] Plusieurs fois ministre après 1830, premier président de la cour des comptes, sénateur.

La publication des pièces de la procédure, lues à l'audience, constituait-elle une récidive? Telle était la question, qui devait tomber devant la raison que, l'audience étant publique, le premier venu, ainsi que ne cesse de faire la *Gazette des Tribunaux*, peut recueillir à son gré la procédure et les pièces. Nos Brid'oisons du parquet ne l'entendaient pas ainsi, et Marchangy ne rougit pas de soutenir encore cette accusation portée contre moi. Quel amour de l'avancement! Il en fut puni cette fois; car son talent lui fit faute, et le jury, à la majorité d'une seule voix, il est vrai, fit triompher la logique puissante et les vigoureux arguments de Dupin, qui, dans cette affaire, fut assisté de Berville[1], plaidant pour l'imprimeur. Le digne gendre du bon Andrieux, mon vénérable ami, fit dans son plaidoyer un éloge de moi qui, n'eût-il pas été reproduit si souvent, ne fût jamais sorti de ma mémoire.

Si le jury, qui, à cette époque, allait se voir enlever les affaires de presse, eût cédé aux efforts de Marchangy, j'aurais été condamné à deux ans de détention, et c'était lorsque je n'avais plus que deux

---

[1] M. Berville, aujourd'hui (1860) président honoraire de la cour impériale de Paris. M. Berville (Saint-Albin) est né à Amiens, le 22 octobre 1788. Ses principales plaidoiries ont été recueillies. Il a publié de jolis vers et édité, de concert avec M. François Barrière, a collection des *Mémoires relatifs à la Révolution française*.

jours à rester à Sainte-Pélagie. Mon acquittement me réjouit surtout comme un échec pour les lois contre la presse, puisque la publication des pièces de tous procès semblables pouvait dès lors multiplier sans fin les œuvres hostiles à nos adversaires. J'en fournis moi-même la preuve en 1828, à mon dernier procès. Le jour même du jugement de condamnation en police correctionnelle, toutes les nouvelles chansons condamnées étaient reproduites dans les journaux du soir, qui, certes, n'étaient pas libéraux. Charles X ayant montré de la surprise et du mécontentement en voyant ses propres gazettes donner à mes refrains une plus grande publicité que mes dix mille cinq cents exemplaires ne l'eussent fait, une de ces feuilles se crut obligée d'expliquer que, le jugement obtenu en 1822 rendant inévitable cette reproduction, les journaux du pouvoir n'avaient devancé que de quelques heures ceux de l'opposition. La feuille royaliste n'ajoutait pas qu'il y avait pour elle intérêt d'argent à les devancer.

On a calculé que, par l'effet de cette répétition des chansons condamnées dans les journaux de Paris, copiés par ceux des départements et de l'étranger, il y avait eu, en moins de quinze jours, plusieurs millions d'exemplaires des vers qu'on avait voulu frapper d'interdit. C'était là une bonne leçon donnée à ceux qui s'obstinent à entraver la liberté de la presse et dont néanmoins l'auteur poursuivi se garda bien de tirer vanité. Mais, si le souffle qui gonflait et emportait son frêle ballon n'était pas celui de la gloire, il était au moins celui d'une opinion généreuse et patriotique, et il put s'en montrer fier.

En 1825[1], je cédai un troisième volume au libraire Ladvocat. M. de Villèle gouvernait, et je calculai que cet homme d'État avait trop de tact et d'esprit pour me susciter un nouveau procès. Le penserait-on? je me crus engagé par là à me montrer moins hostile. Le libraire et l'imprimeur furent pourtant tiraillés par la police pour obtenir de moi quelques retranchements. J'en fis dans leur intérêt qui me parurent sans importance, mais je résistai à de longues et nombreuses sollicitations pour me faire ôter le *Couplet d'envoi* à Manuel, qui termine les *Esclaves gaulois*. Quel parti prit le libraire Ladvocat? On tira quatre à cinq mille exemplaires sans le couplet et sans quelques autres passages que la police avait fait disparaître à mon insu et on laissa le reste de l'édition comme je l'avais exigé[2]. Ayant été instruit de cette falsification le jour même où Ladvocat donnait un grand dîner pour célébrer l'apparition du volume, je refusai de m'y rendre, malgré

---

[1] Au mois de mars.

[2] Voir dans la *Correspondance* une lettre du 9 avril 1825. A cette date l'édition était déjà épuisée.

les prières du pauvre éditeur, à qui j'aurais dû pardonner d'avoir plus de peur que moi d'un emprisonnement qui pouvait ruiner sa maison. Il n'évita pas un procès, par suite de saisie d'exemplaires non conformes au dépôt qu'exige la loi ; mais l'affaire fut traitée doucement et sans qu'on me mît en cause, ce qui prouva que j'avais bien apprécié le ministre dirigeant[1].

De 1825 à 1828, vivant toujours au milieu de la société politique et de ses chefs les plus renommés, j'eus bien des fois à y faire preuve d'indépendance et de franchise. Je voyais combien la nation était plus intelligente et plus avancée que ses coryphées, qui s'en croyaient l'élite, comme ne manque pas de le croire toute assemblée politique, ce qui est rarement vrai et ne l'était certes pas alors plus qu'aujourd'hui. Plusieurs de ces messieurs me remerciaient du secours que je tâchais de leur prêter ; je répondais : « Ne me remerciez pas des chansons faites contre nos adversaires ; remerciez-moi de celles que je ne fais pas contre vous[2]. » Dieu sait qu'il y en

---

[1] Dans ce procès, un imprimeur avança que j'avais manqué de parole à mon éditeur, et le *Journal des Débats* parut insister sur ce fait complétement inexact : j'aurais pu faire un petit procès à mon tour au faux témoin et au journaliste ; mais je n'ai jamais aimé le bruit, et toujours j'ai compté sur le bon sens du public pour faire ces sortes de rectifications. (*Note de Béranger.*)

[2] Après 1830, la plupart de ces messieurs parurent tout étonnés

eût eu de bonnes, et dont les cadres m'ont souvent traversé l'esprit ! Au prix de celles-ci, le gouvernement, je crois, m'eût facilement pardonné les autres.

Appréciant ainsi la plupart de nos tribuns, vivre au milieu d'eux était une espèce de devoir que j'accomplissais. Il n'en était pas ainsi de toute cette jeunesse qui se pressait autour de moi. Je lui ai dû de belles espérances, qui toutes n'ont pas été trompées ; j'ai vu naître et grandir de beaux et nobles talents et des dévouements qui sont restés vivants malgré les déceptions ; j'ai vu surgir et se développer des idées philosophiques et sociales qui, un jour, dégagées d'erreurs inévitables, serviront à l'amélioration de ce pauvre monde, dont la prétendue civilisation n'est guère encore que de la barbarie.

Si les jeunes hommes m'ont toujours recherché, c'est que j'ai su les comprendre, les encourager, les éclairer même quelquefois ; bien que j'aie plus appris avec eux qu'ils n'ont dû apprendre avec moi, je l'avoue sans peine. L'espérance d'être enterré par des hommes qui vaudront mieux que nous est une douce satisfaction pour un ami de l'humanité. Cette assurance, je la conserve encore, et, si de temps à autre bien des choses l'ébranlent, combien d'autres

de voir qu'il ne voulait pas prendre part à leur gâteau et approuver leur politique ; ils n'avaient qu'à se rappeler ce mot significatif.

la raffermissent au moment où je tremble de la voir s'évanouir!

S'il m'eût été possible de retourner rêver et rimer dans mon coin, je l'eusse fait à la mort de Manuel, que je perdis le 20 août 1827. Une douloureuse maladie, qui troubla les dix dernières années de sa vie, lui en fit trouver le terme à cinquante-deux ans. On a écrit que l'ingratitude populaire avait abrégé ses jours; rien de moins exact. Outre que Manuel n'était pas homme à ne voir le peuple que dans le monde des salons ou dans un corps électoral de cent cinquante mille individus, dont la capacité se mesure en centimes, il savait bien que plus d'un collége l'eût réélu en 1824, sans les honteuses intrigues de plusieurs de ses anciens collègues, les uns jaloux de sa supériorité, les autres effrayés des élans de son patriotisme, qui les menaient toujours plus loin qu'ils ne voulaient aller. Il connut ces basses menées; mais, trop fier pour les déjouer en les signalant, il ne put être surpris de ne pas voir son nom sortir de l'urne électorale. S'il en gémit pour notre cause comme d'un abandon de principe, il dut presque s'en féliciter pour lui-même, dont la résistance, dans la Chambre, eût été désormais trop isolée pour être utile au pays. Il en eût été repoussé de nouveau, sans trouver dans les députés de la gauche autant de zèle à le défendre, ce que le parti contraire n'eût pas manqué de faire passer pour la preuve de ses progrès. Il est des drames que, chez nous autres Français, il ne faut pas jouer deux fois ; en toute chose notre ferveur se lasse vite. Les plus influents de ses collègues lui sauvèrent l'embarras d'une seconde expulsion qu'il n'eût pas hésité à aller chercher. Plusieurs de ceux qui s'étaient chargés de diriger les élections écrivirent dans la Vendée qu'il serait sans aucun doute réélu à Paris, et ils montrèrent aux électeurs de Paris des lettres qu'ils s'étaient fait écrire, où l'on réclamait pour la Vendée l'honneur de cette réélection, présentée comme certaine.

Manuel eut pitié de tant de lâchetés, supporta comme un homme qui s'y est attendu l'oubli où le corps électoral le laissa pendant quatre ans, ne cessa de donner de sages conseils à ceux qui avaient trahi en lui la cause nationale, et, sur son lit de mort, me répéta plusieurs fois en gémissant : « Vous croyez à une révolution prochaine : j'y crois aussi ; mais, mon ami, où la France prendra-t-elle des hommes pour la gouverner dignement? » Et je dois faire observer que Manuel avait trop de franche modestie pour se croire, en fait de capacité, au-dessus de ceux dont il espérait si peu de chose. C'était là une des erreurs de son esprit.

Sa fin prématurée réveilla le souvenir de ses services et de ses vertus. Thiers et Mignet, qui assistaient à ses derniers moments avec moi, firent paraître, malgré les chicanes de la censure, des articles [1] où leur fidèle attachement appela les regrets de la France sur le cercueil de notre éloquent ami. Son convoi, parti du château de Maisons, où Manuel avait passé ses derniers jours, fut conduit par M. Laffitte, le général La Fayette, et grand nombre d'autres députés. Il fut surtout digne de sa mémoire par l'immense concours de peuple qui se pressa sur les boulevards extérieurs, que nous avions à parcourir, l'entrée de Paris nous ayant été interdite par ordre supérieur. Ici se fait sentir la différence que le gouvernement faisait de Manuel et du général Foy [2], dont le convoi, dans l'intérieur de Paris, n'avait rencontré aucun obstacle, même lorsque la jeunesse des écoles traîna le corbillard. Le peuple ayant voulu rendre le même honneur au tribun expulsé, accourut une armée de gendarmes prêts à nous sabrer, si cet élan n'était à l'instant réprimé. Le peuple s'obstinait ; pour éviter un massacre, il fallut

---

[1] M. Mignet publia aussi, avec la collaboration de Béranger, une brochure que le parquet fit saisir et poursuivre. Mais, assisté par La Fayette, M. Mignet fut acquitté le 28 septembre. (Voir les *Mémoires de La Fayette*, tome VI, page 248, voir aussi la *Correspondance de Béranger*, tome I, page 299.)

[2] Maximilien-Sébastien Foy, né à Ham, le 3 février 1775, est mort d'une maladie de cœur, le 28 novembre 1825.

parlementer longtemps. Entre la brutalité des soldats et les énergiques protestations de la foule, M. Laffitte montra un sang-froid et une fermeté qui purent faire présager tout ce qu'il sut être dans les journées de Juillet 1830. Pour que le passage devînt libre, il fallut remettre les chevaux au char mortuaire, exigence bien minime après un pareil déploiement de forces. Il est vrai que celles du peuple s'étaient grossies pendant le débat et qu'il y avait au moins cent cinquante mille assistants au convoi. Nous arrivâmes à la fosse : plusieurs discours prolongèrent mon supplice, car pour celui qui, pleurant une personne chère, cesse par sa douleur d'être sous l'empire de préoccupations politiques, c'est un grand supplice en effet que ces funérailles bruyantes, cet appareil d'éloquence, cette absence de toutes larmes dans les yeux fixés sur les restes d'un ami qu'on voudrait saluer du dernier adieu dans le recueillement le plus profond.

On parla d'élever un tombeau ; mais en cela on put voir encore combien Manuel et Foy avaient différé. Tout ce que depuis nous avons appelé *juste milieu,* mot qui eût pu être inventé plus tôt, la banque surtout, s'empressa de souscrire pour élever un mausolée au général et assurer une fortune à ses enfants ; pour Manuel, presque toutes les grosses bourses refusèrent de s'ouvrir et l'on eut bien de la peine à recueillir neuf ou dix mille francs par souscription.

Plusieurs de ses riches amis négligèrent d'y prendre part, comme ils avaient négligé de procurer à Manuel, par des moyens honorables, une aisance suffisante[1]. Il ne laissa guère que ce qu'il avait économisé en sa qualité d'avocat plaidant à Aix et d'avocat consultant à Paris. Il gagna peu dans cette dernière position ; car, dès qu'il fut député, il refusa les honoraires pour ses consultations, qu'il ne donna plus que par obligeance, prétendant qu'un député ne peut être avocat payé, sans donner occasion de douter de la loyauté avec laquelle il remplit son mandat, le député ayant souvent à parler et à voter sur des lois qui peuvent se trouver en rapport avec les intérêts de ses clients.

Par son testament, il me fit un legs viager de mille francs de rente. Il n'avait pas assez réfléchi à toutes les charges de famille qu'il transmettait à son frère, bien digne de cette partie de la succession. Je renonçai à la rente, malgré les instances du frère, à qui je ne demandai que la montre du pauvre défunt et son matelas de crin, sur lequel je couche.

[1] Je lis dans un article malveillant, plein d'erreurs, de la *Biographie Michaud*, que Manuel avait le goût du jeu. Il faut bien en vouloir à quelqu'un pour écrire un si gros mensonge. En fait de jeux, il n'aimait que ceux qui exigent l'adresse du corps, et la chasse était sa grande passion. (*Note de Béranger.*)

Mais Manuel jeune sut si bien faire, que, malgré la renonciation, il parvint toujours à remplir les intentions du testateur et même à les dépasser de beaucoup. Comme sa position personnelle s'est améliorée, j'ai cessé d'opposer des chicanes aux procédés de cet excellent ami, dont l'attachement pour moi égale celui que j'ai conservé pour la mémoire de son illustre frère.

Si cette mort ne rompit point mes rapports avec les chefs du parti libéral, dont quelques-uns d'ailleurs étaient devenus mes amis personnels, comme Dupont (de l'Eure) et Laffitte, elle me fit un plus grand besoin des relations avec la jeunesse, dont les idées plus larges et plus généreuses s'accordaient mieux avec ma manière de voir et de sentir. Je l'éprouvai bien en 1828, à la publication de mon quatrième volume. Le ministère Martignac ayant amené une espèce de trêve et produit même un pacte entre grand nombre des membres du côté gauche[1] et des centres, on voulut m'empêcher de publier ce volume, dont l'apparition menaçait, disait-on, de troubler l'accord apparent de ces messieurs.

Plus on me prêcha le silence, plus je sentis la nécessité de le rompre, en protestant ainsi, à ma

---

[1] Voir la lettre de Benjamin Constant, citée précédemment, et dans la *Correspondance*, la lettre CLXVIII, du tome Ier, à M. Vaissière, et la lettre de M. de Pradt.

manière, contre une fusion (c'était le mot du moment) qui égarait l'opinion publique et pouvait servir à l'affermissement du principe légitimiste. J'avais acquis alors assez d'influence pour espérer que ma tentative ne serait pas sans quelque succès. Le volume fit scandale, surtout dans les rangs de la haute opposition, dont plusieurs chefs, qui se croyaient près de devenir ministres, me maudissaient de loin, sans oser cesser de me tendre la main quand ils me rencontraient. Si, en effet, je n'ai pas chansonné ces prétendus grands politiques, j'avais un esprit dont ils redoutaient la piqûre. Il faut être armé de toutes pièces dans le métier que je faisais, et au besoin l'épigramme et les mots acérés ne me manquaient pas. C'était un de mes défauts de jeunesse que je n'ai jamais bien pu corriger. Ma gaieté communicative assurant le succès de mes plaisanteries, celles-ci, dans certain monde, n'ont peut-être pas été moins utiles à la cause populaire que mes chansons.

Sûr d'être déféré aux tribunaux pour ce quatrième volume, qui faisait faire de si grandes moues à tant de mes amis, je courus faire une visite à l'excellent Dupont (de l'Eure), et, pour m'approvisionner d'air, je voulus passer seul quelques jours au bord de la mer. J'appris, au Havre[1], le commencement des

---

[1] Le quatrième recueil fut saisi le 15 octobre 1828. Il avait paru à la fois in-8° et in-18.

poursuites; aussitôt, quittant Dupont, qui était effrayé pour moi des suites de cette nouvelle affaire, je revins à Paris, où de bonnes gens me croyaient parti pour l'étranger. Dupin s'était empressé de m'écrire qu'il allait arriver pour me défendre; mais je crus devoir lui faire sentir que, devenu député, il n'aurait plus la liberté nécessaire à l'avocat d'un séditieux de mon espèce, qui ne voulait entendre à aucune concession[1]. Cette fois ce fut Barthe qui se chargea de

---

[1] Une lettre publiée par M. Dupin dans la *Presse* du 3 août 1857, est de nature à mettre quelque confusion dans les faits. Le texte de la *Biographie* n'aurait pas besoin d'éclaircissement ; mais le *Moniteur* même a consigné, sous la Restauration, la preuve la plus nette de ce que dit ici Béranger. Il adressa alors la lettre qui suit au journal officiel :

« *A Monsieur le rédacteur en chef du* Moniteur universel.

« Paris, le 14 novembre 1828.

« Monsieur,

« Un article du *Journal de Rouen*, relatif à l'affaire qui m'est intentée, contient tant d'inexactitudes affligeantes pour moi, que, malgré ma répugnance à entretenir le public de ce qui me concerne, je vous prie de vouloir bien en insérer la rectification dans votre prochain numéro.

« Ce n'est pas M. Dupin qui, de lui-même, a renoncé à me défendre ; c'est moi qui, répondant aux offres empressées de son amitié, lui fis le premier des objections, fondées sur sa position actuelle de membre de la Chambre des députés. Ces raisons ne suffirent pas toutefois pour ébranler son insistance ; elles lui parurent seulement mériter d'être pesées. Mais, plus tard, une circonstance, étrangère à mes objections, vint leur donner une nouvelle force.

« Quelques journaux avaient avancé que je n'avais fait imprimer

ma cause, avec une affection et un dévouement qui n'ont pu me faire oublier les erreurs où, à mon sens, il est tombé depuis et que j'aurais voulu pou-

mes nouvelles chansons que sur l'assurance donnée par lui que leur publication était sans aucun inconvénient. Ces journaux ajoutaient qu'il avait corrigé les *épreuves* et mis le *bon à tirer*. Absent de Paris, j'eus trop tard connaissance de cette assertion, qui paraît avoir été accréditée, car on la répète encore aujourd'hui. Malgré son absurde invraisemblance et sa complète inexactitude, elle plaçait M. Dupin dans une position fausse, même comme avocat, puisqu'en me défendant il eût semblé défendre sa propre cause. Ses paroles eussent perdu de leur autorité habituelle.

« Nous en fûmes frappés l'un et l'autre, et seulement alors j'obtins qu'il consentît à me laisser remettre ma cause entre les mains de M. Barthe, également mon ami, dont le noble caractère et le beau talent devaient donner toute sécurité sur le résultat de ma défense à M. Dupin, qui, du reste, n'a pas cessé de prendre à mon affaire le plus vif intérêt, et comme conseil et comme ami.

« Les détails que le *Journal de Rouen* ajoute, relativement à mon marché avec M. Baudoin, sont également inexacts, et, quoique donnés dans une intention bienveillante, je me dois aussi d'en prévenir la fâcheuse influence.

« Je n'ai jamais entendu laisser à mes éditeurs la faculté de m'imposer leur volonté pour la publication de mes chansons, et je dois dire qu'ils m'en ont toujours laissé faire le choix, sans examen de leur part. On suppose, dans l'article qui fait l'objet de cette réclamation, que M. Dupin aurait aussi approuvé le marché passé entre M. Baudoin et moi. Je proteste que cet acte ne lui a jamais été soumis et qu'il n'a pas plus été chargé de l'apprécier qu'il n'a corrigé les épreuves de mon recueil.

« Vous me pardonnerez, monsieur, l'étendue de cette lettre en faveur des sentiments qui l'ont dictée. L'honneur ne m'en eût-il pas fait une loi, l'amitié qui me lie à M. Dupin, la reconnaissance dont je suis pénétré pour tout ce qu'il a fait pour moi, pour tout ce qu'il est disposé à faire encore, m'imposaient l'obligation de donner ces éclaircis-

voir lui éviter, car c'est un des hommes les meilleurs que j'aie connus et aimés. Pour lui, comme pour beaucoup d'autres, m'est-il permis même d'être sévère, moi, qui suis de ceux qui les ont poussés vers les emplois supérieurs, route périlleuse où devaient s'égarer les caractères faibles et mobiles ? Eh ! qui de nous n'a failli ? S'il en est qui passent pour n'avoir pas fait de chute, c'est qu'ils sont tombés quand personne ne les regardait.

M. Laffitte, en ami dévoué, craignant que ma santé n'eût à souffrir d'une longue détention, s'était interposé auprès des ministres pour amener un arrangement favorable ; je le suppliai de cesser de semblables démarches ; je devais tenir au procès. « Prenez-y garde, me dit-il ; si vous mourez en prison, vous n'aurez point le tombeau de Foy ; vous n'aurez que celui de Manuel. — Un plus modeste encore me conviendrait mieux, lui répliquai-je : je n'ai jamais tenu à être bien logé. »

Je n'ai pu qu'imparfaitement comprendre l'arrangement qu'on proposait, bien en l'air sans doute [1].

---

sements au public. Je dois l'empêcher de tomber dans une erreur dont le résultat m'affligerait bien plus que ne l'ont fait et que ne peuvent le faire les deux procès que j'ai déjà essuyés, celui qu'on me suscite encore et toutes les injures auxquelles je suis chaque jour en butte. »

[1] Béranger aurait pu insister davantage sur ce moment de son histoire. A peine averti de la démarche que M. Laffitte avait faite auprès de M. Portalis, le garde des sceaux du ministère Martignac, il prit la

Voici comment je crois qu'il me fut présenté par Laffitte, qui entendait peu la matière : les tribunaux

plume et écrivit à son ami la lettre qu'on va lire. Voilà comment cet homme si sage, si réfléchi et si modeste savait, au besoin, avoir du cœur, de la hardiesse et de l'orgueil.

« *A Monsieur Jacques Laffitte.*

« Mon cher ami, n'allez pas vous aviser de croire que je ne suis pas reconnaissant de ce que vous avez fait hier. Je vous assure bien que j'en suis touché et que je n'ai pas eu besoin de réfléchir pour cela ; mais j'ai dû penser à tout ce que vous m'avez dit, et je ne puis vous dissimuler que cette démarche me tourmente. Je suis persuadé qu'elle vous a coûté à vous-même ; mais sans examiner ce point, qui, en définitive, ne peut qu'ajouter au prix que je mets à cette nouvelle preuve de votre amitié, voyons quel avantage je puis retirer de l'arrangement en question.

« Non, non ; je dois à mon caractère, au public, à mon avocat lui-même, de protester contre cette manière de procéder. Quant à n'être condamné qu'au *minimum*, à quoi bon ? Est-ce bien important pour moi ? Au contraire ; et, plus forte sera la peine, et plus les auteurs de ma condamnation paraîtront d'abord odieux. Si donc je n'ai que six mois de prison, je vous préviens que je prendrai toutes les précautions imaginables pour éviter la maladie et l'allégeance de la maison de santé. Une détention plus longue me rendrait sans doute moins superbe ; et voyez donc ce que je gagnerais à tous vos arrangements ! La honte d'avoir abandonné une défense dont les principes peuvent être utiles, le mécontentement de moi-même et peut-être un échec à cette popularité qu'on veut en vain me contester, et qui est un besoin de mon talent !

« Il n'y a pas à s'en dédire, mon ami, je suis populaire, ma popularité est grande, au moins. Savez-vous que dans les cafés, dans les marchés, partout on s'occupe de mon procès plus que de la Prusse, des Russes et des Turcs ? Une poissarde disait devant la servante d'un de mes amis : « Ce pauvre b... de Béranger, ils vont le condamner encore ! C'est égal : qu'il chante toujours. » Un commissionnaire ré-

correctionnels jugeant alors les affaires de presse, si j'avais voulu faire défaut, on promettait, par un

pondait : « Il n'y a que lui et M. Laffitte. Lui, il se f... d'eux et M. Laffitte nous fait seul travailler et donne aux pauvres. » Le plaisir de vous raconter cette anecdote, très-certaine, m'éloigne de mon sujet : j'y reviens.

« Vous me connaissez assez pour savoir que le désir du scandale et du bruit n'est pas ce qui me pousse ; mais il s'agit de proclamer un principe utile, il s'agit de le défendre avec courage, il y va de mon devoir et de l'honneur de mon caractère. En vain votre amitié m'a démontré ce que je savais très-bien, c'est-à-dire que je faisais la guerre à mes dépens, et que, plus les coups seraient vifs que l'on allait porter en mon nom, plus je serais exposé à mille petites vengeances. Je vous réponds : C'est le devoir ! Quant à ma santé, que vous invoquez, vous faites trop bon marché de ma santé ; rassurez-vous, j'ai la vie dure !

« Quant à l'argent, la captivité l'aura bien vite épuisé... Je sais qu'en prison tout est cher ; mais enfin, si ma bourse est vide, je saurai comment la remplir : vous êtes là. Je ferai alors ce que vos offres cent fois réitérées ne m'ont pas fait faire encore. Je vous demanderai de l'argent quand le mien sera écoulé, et ce ne sera pas même sous forme d'emprunt, si votre amitié l'exige. Vous voyez que je pense à tout.

« Encore une fois, voyez que, dans le projet que vous me soumettiez hier, si l'autorité paraît reculer devant une plaidoirie, l'accusé recule aussi devant le pouvoir que sa défense pourrait offenser. Supposez un moment que vous seul vous soyez le public, et demandez-vous si, témoin d'un jeu pareil, vous n'en chercheriez pas les ressorts cachés et si cette découverte n'ôterait pas quelque chose à l'estime, à l'intérêt que vous porteriez à l'accusé ? Croyez-moi, mon cher Laffitte, il est des instants où l'homme le plus modeste a besoin de s'exagérer sa propre valeur, et je crois être dans un de ces instants-là. Prenons donc tout au pire : on me met en prison pour plusieurs années ; alors il m'est bien permis de croire que la France en poussera un cri d'indignation ! allons plus loin : je meurs dans les fers. Ne m'est-il pas permis de croire aussi que, pendant tout un demi-siècle, et tout au moins ma mort restera comme un sanglant reproche à la mémoire de certaines gens, et savez-vous que ce serait la plus terrible accusation

jugement sans plaidoiries, de ne me frapper que d'une peine minime. Ainsi l'autorité évitait les débats, leur retentissement et comptait sans doute éviter aussi la reproduction des chansons condamnées : l'avantage eût été grand pour nos adversaires. On pense bien que je dus refuser, et je le fis de telle manière, qu'on n'insista plus qu'en me laissant entrevoir la perspective de plusieurs années de prison, prédiction qui heureusement ne s'accomplit pas.

Comparés à l'effet que produisit ce procès, qu'était-ce, pour moi, que neuf mois d'emprisonnement et dix mille francs d'amende ? Malgré l'exemple donné par MM. Laffitte, Bérard, Sébastiani et plusieurs autres, qui m'accompagnèrent au tribunal [1], beaucoup de mes grands amis politiques crurent prudent de m'abandonner encore. Mais bientôt, déçus

---

que l'on puisse faire à la mémoire de Charles X? J'ai trop sacrifié les biens du présent à je ne sais quel vain amour de gloire et de vertu pour que vous ne pardonniez pas à ma folie cette façon de considérer les choses.

« Examinez donc mes raisons, pesez-les bien, et particulièrement la pureté de mes intentions et la netteté de ma position actuelle ; dites-moi si, en effet, vos vues ne sont pas plutôt celles d'une amitié qui s'épouvante, que les conseils d'une sagesse tranquille et froide. »

[1] Assigné le 5 décembre, non plus devant la cour d'assises, mais devant le tribunal de police correctionnelle, Béranger fut jugé le 10. Les chansons poursuivies étaient : l'*Ange gardien*, pour outrage à la religion, le *Sacre de Charles X* et les *Infiniments Petits*, pour offense au roi, attaques contre la dignité royale, excitation à la haine et au mépris du gouvernement.

dans leurs calculs, ils vinrent me trouver à la Force, prison que j'avais choisie, lorsque l'entrée de M. de Polignac au ministère [1] les eut enfin bien convaincus qu'il n'y avait rien à espérer des Bourbons, comme je n'ai cessé de le dire et de le chanter.

Il m'eût été facile d'obtenir de passer mes neuf mois dans une maison de santé : loin de moi l'idée d'en faire la demande [2]. Les motifs ne m'auraient pas manqué : je fus très-souffrant pendant les quatre premiers mois de cette détention. Mais, quand on s'est mis en guerre avec un gouvernement, il me semble ridicule de se trop plaindre des coups qu'il nous rend, et maladroit de lui fournir l'occasion de se montrer généreux en les adoucissant.

Peut-être pensé-je ainsi, parce que, je l'ai déjà dit, la vie de prison, dans un coin particulier, cette vie cloîtrée, régulière, aux longues soirées, n'est pas sans quelque charme pour moi. Elle ne convient nullement à la jeunesse; mais j'avais plus de quarante ans quand j'en essayais. A cet âge, j'ai pu me demander quelquefois si je n'étais pas né pour le couvent. Mais non! on y manque de liberté morale, et c'est celle dont je ne puis me passer.

[1] Le 8 août 1829.
[2] Béranger est entré à la Force dans les derniers jours de décembre 1828. Il en sortit le 22 septembre 1829, ayant à faire trois cent cinquante visites de remercîment pour celles qu'il avait reçues dans sa prison.

Le plus grand tourment des maisons de détention, et quelquefois il est affreux, c'est le spectacle d'irrémédiables infortunes, imprudemment encourues, et des natures dégradées qu'on y rencontre. Qui le croirait pourtant? Ce n'est pas là qu'un misanthrope trouverait le plus d'arguments contre cette pauvre espèce humaine. En revanche, le philosophe, en rencontrerait de terribles contre les lois qui nous régissent, quoique moins imparfaites pourtant que celles qui ont pesé sur nos pères.

Pendant ma détention, j'éprouvai une vive contrariété. Mes jeunes amis voulurent ouvrir une souscription pour le payement de mon amende, qui montait, avec les frais judiciaires et le décime de guerre, à onze mille cinq cents francs[1]. Je prévoyais le peu de succès qu'elle aurait. On était fatigué de souscriptions ; puis les classes ouvrières n'y concouraient pas, dans l'idée qu'on avait que les banquiers, mes amis, se hâteraient d'acquitter cette dette politique. Mais les banquiers, fort généreux en paroles, se laissent faire les honneurs de tout, au meilleur marché possible ; je ne l'ignorais pas, et m'étais arrangé de sorte que ces messieurs ne fussent pas de la cotisation. J'aurais aussi voulu n'avoir pas cette obligation au public, car il est un peu banquier de sa nature

[1] 11,098 fr. 48 cent. En 1822, le procès ne coûta à Béranger que 602 fr. 05 cent.

et s'arroge volontiers des droits sur ceux à qui il ouvre sa bourse. Ceci, je ne l'osais dire alors. Cette souscription, grâce au zèle des jeunes gens, n'échoua pas; mais peu s'en fallut, et, sans M. Bérard, qui la compléta, j'aurais été obligé d'y mettre du mien.

Après la Révolution de juillet, le comité des secours accordé aux condamnés de la Restauration me fit proposer une rente de six cents francs, pour ma part, dans les indemnités que donnait le gouvernement. Je refusai : il y avait des victimes dont les besoins étaient autrement pressants que les miens. L'ouvrier, père de famille, qu'on emprisonne, est bien plus à plaindre que l'homme de lettres, qui, même sous les verrous, s'il est un peu isolé, peut encore travailler à sa réputation et à sa fortune.

On sent que je ne parle ici que de l'emprisonnement en France, et non de ce qui a lieu pour les prisonniers politiques de l'Autriche, de la Russie, du pape, des Turcs et autres barbares.

C'est à la Force que V. Hugo[1] vint faire ma connaissance et m'amena bientôt Sainte-Beuve[2]. Alex. Dumas[3] m'arriva aussi, tout resplendissant de son premier succès au théâtre. Leurs visites furent le

---

[1] Marie-Victor Hugo, né à Besançon le 26 février 1802.

[2] Charles-Auguste Sainte-Beuve, né à Boulogne-sur-Mer, le 23 décembre 1804.

[3] Né à Villers-Cotterets, le 24 juillet 1803.

prix de tous les combats que j'avais livrés en faveur de la révolution littéraire qu'eux et leurs amis avaient osé tenter et qui n'était, à tout prendre, qu'une conséquence un peu tardive de la révolution politique et sociale. La tendance rétrograde de quelques-unes des idées de cette école, repoussée longtemps par nos libéraux vieux et jeunes, ne m'avait pas empêché d'applaudir au génie éminemment lyrique de Hugo et d'admirer les *Méditations* de Lamartine[1], avec qui je ne me liai que beaucoup plus tard[2]. J'avais su un gré infini à M. de Vigny[3] de composer ses sujets avec autant d'art que de goût, talent peu commun parmi nous. Je compris toute l'étendue et toute la finesse de l'esprit de Sainte-Beuve, et, avec tout le monde, je prophétisai à Dumas de grands succès dramatiques.

En vain on m'objectait que cette école avait failli souvent à la pensée démocratique qui lui avait livré carrière, que de son sein étaient sorties des insultes à notre gloire, qu'on y avait outragé Napoléon mourant à Sainte-Hélène, qu'on y méconnaissait les services rendus par la philosophie, toutes choses qui devaient me blesser plus que personne. « Mais, ré-

---

[1] Marie-Louis-Alphonse Prat de Lamartine, né à Mâcon, le 21 octobre 1790.

[2] En 1843.

[3] Alfred-Victor de Vigny, né à Loches, le 27 mars 1799.

pondais-je, chez nous, où l'on écrit et parle de si bonne heure, nous débutons toujours avec les idées d'autrui et sans avoir eu le temps de nous rendre compte de leur rapport avec nos sentiments propres, ce qui, par parenthèse, explique les variations de tant d'esprits supérieurs; or, nos romantiques sont tous très-jeunes ; pardonnons-leur donc des erreurs dont nous ne devons demander raison qu'à leurs nourrices. Ils n'en forcent pas moins notre littérature à exprimer plus franchement les choses modernes, actuelles et toutes françaises, que nous avons trop longtemps rendues, même dans nos assemblées politiques, à l'aide d'emprunts faits à l'antiquité, ou dans un langage ennemi du mot propre, comme celui dont Delille vous offre le modèle. Attendez ! en vain ils s'attachent au passé, ils viendront à nous; la langue qu'ils parlent les conduit à nos idées. » On ne voulait pas me croire : la prédiction ne s'en est pas moins accomplie. La langue! la langue! c'est l'âme des peuples; en elle se lisent leurs destinées. Quand donc, dans nos colléges, enseignera-t-on sérieusement le français aux élèves? Quand y fera-t-on un cours raisonné de l'histoire de la langue, depuis François Ier jusqu'à nos jours, non pour expliquer nos auteurs, mais pour expliquer par ces auteurs, échos de leurs siècles, la marche de la langue, ses tâtonnements, ses déviations, ses repos et ses progrès?

Puisque je suis en train de parler langue, je veux dire combien, sous ce rapport, le poëme de *Jocelyn*, à part toutes ses autres beautés, me paraît une œuvre merveilleuse. Il y a, sans doute, un bien grand talent dans la *Chute d'un Ange;* mais je n'ai jamais vu, comme dans *Jocelyn*, le style que nous nommons *racinien* entrer profondément dans les détails de la vie intime, presque à tous ses degrés. Jamais ce vers ne s'est plié aux peintures et aux narrations les plus difficiles avec autant d'aisance et de vérité, tout en conservant son élégance et son harmonie. C'est là un très-grand progrès pour notre poésie : désormais elle peut tout dire et tout peindre.

Je sais qu'il y a, dans *Jocelyn*, des négligences et des longueurs, mais il fourmille d'assez grandes beautés pour faire passer sur quelques taches qu'il serait d'ailleurs si facile de faire disparaître. Si un pareil poëte eût pu nous venir d'outre-Rhin et d'outre-Manche, nous n'aurions pas eu assez de voix pour crier au miracle.

Il est temps de retourner en prison pour quelques heures encore.

La police craignait que ma sortie de la Force ne fût l'occasion de manifestations bruyantes autour de cette maison : comme je les redoutais au moins autant qu'elle, j'avais eu soin de tromper mes amis sur le jour de ma délivrance. Le directeur ne m'en réveilla pas moins de grand matin pour me *mettre à la porte*, comme il me le dit en riant. Je me trouvai libre, après neuf mois de captivité[1], et me promenai sur les boulevards avec autant d'insouciance que si je venais de sortir de chez moi, ce qui peut donner une idée de la facilité avec laquelle je puis changer de position. On doit voir que je n'ai pas la prétention de me faire plaindre. Je touchais pourtant à la vieillesse.

Cette dernière affaire jeta un nouveau lustre sur ma vie, et, comme la dynastie, par ses fautes, décourageait chaque jour ses serviteurs les plus dévoués et les plus capables, le nombre de ceux qui me témoignèrent de la bienveillance dut augmenter d'autant. J'avais toujours rêvé Chateaubriand; quelle fut ma joie, lorsqu'à son retour de l'ambassade de Rome, j'appris qu'il désirait me connaître! Le poëte qui avait trouvé la chanson si humblement placée devait, en effet, s'enorgueillir de voir qu'elle avait fini par attirer l'attention de l'auteur des *Martyrs* et du *Génie du Christianisme*. C'est la plus haute récompense littéraire que je pusse obtenir. Dans les ouvrages que M. de Chateaubriand a publiés depuis le jour où, pour la première fois, je lui serrai la main, il a témoigné au public de toute sa bienveillance pour

---

[1] Voir la *Correspondance* (tome I, page 387).

moi. Ce qu'il laissera ignorer, c'est qu'ayant su, il y a deux ans [1], que j'éprouvais quelque embarras d'argent, qui me forçait à des réformes sur le nécessaire, il s'empressa de m'ouvrir sa bourse, à l'instant où lui-même était contraint de vendre la retraite qu'il s'était créée, rue d'Enfer. Je fus tenté d'accepter ses offres, non pour en faire usage, mais pour que nous nous eussions une mutuelle obligation. Je n'en fis rien, parce que j'habite à soixante lieues de Paris, que l'argent coûte cher à envoyer et à renvoyer, et que, sans doute, aujourd'hui les plaisirs coûteux lui sont défendus, comme à moi, à qui ils n'ont guère été permis jamais.

En tête d'un exemplaire de ses *Études historiques*, dont il me fit présent, l'auteur de *René* a écrit à l'auteur de la *Bonne Vieille* un couplet que je veux copier ici :

> Ainsi que vous j'ai pleuré sur la France ;
> Dites un jour aux fils des nouveaux preux
> Que je parlai de gloire et d'espérance
> A mon pays quand il fut malheureux.
> Rappelez-leur que l'aquilon terrible
> A ravagé mes dernières moissons ;
> Faites revivre, au coin d'un feu paisible,
> Mon souvenir dans vos nobles chansons.

A ce titre de gloire, que je tiens à conserver, que

---

[1] En 1838, quand Béranger quitta la *Grenadière*.

ne puis-je joindre quelques lettres de mon illustre et excellent ami Lamennais, qui, ainsi que moi, voudrait, tant que nous pussions, achever de vieillir ensemble ! On trouverait aussi, dans ses lettres, la preuve que, partis souvent des points les plus opposés, des hommes de cœur peuvent venir faire, un jour, alliance sous les bannières de la patrie et de l'humanité. Raison puissante pour que, dans les luttes d'opinion, on ne se laisse jamais aller à la haine, ni aux injures contre les individus, dès qu'on peut voir en eux des adversaires de bonne foi. Si un mauvais cœur, bel esprit, sans doute, a dit : « Conduisons-nous avec nos amis comme s'ils devaient être, un jour, nos ennemis, » un homme de bien a corrigé ainsi cette horrible maxime : « Conduisons-nous avec nos ennemis comme s'ils devaient être, un jour, nos amis ; » et c'est ce que je me suis souvent dit. Quant au mot d'ennemi, je l'emploie parce qu'il m'est offert là, car je n'ai donné ce nom à qui que ce soit. Au contraire, aurais-je pu donner le nom d'ami à trop de monde, si j'avais été de nature à le prodiguer et à céder à toutes les avances.

J'ai eu même la réputation de me refuser à presque toutes les invitations qui m'arrivaient de tant de côtés. Les grands seigneurs de l'ancienne noblesse, qui soutenaient l'opinion libérale, n'ont, entre autres, jamais pu m'attirer chez eux, et je disais, un jour, au respectable M. de la Rochefoucauld-Liancourt[1], qui avait la bonté de m'en faire reproche : « Monsieur le duc, ce n'est point, croyez-moi, une ridicule humeur démocratique qui m'empêche de me rendre à vos instances. Je sens l'honneur que vous me faites ; mais j'ai un dictionnaire différent de celui qui est en usage dans vos salons. Jusqu'à ce que j'eusse feuilleté le vôtre, je ne serai, chez vous, qu'un sot ou qu'un muet. » J'ai, en effet, eu l'habitude de me soumettre aux manières et au ton de ceux chez qui j'allais; sauf à n'y pas retourner, quand le travestiment me coûtait trop. J'aurais pu dire aussi au duc que je n'ai jamais été à mon aise avec les gens que je ne connais pas, au moins de nom. Ils me préoccupent jusqu'à ce que je les aie devinés, et m'ôtent toute liberté d'esprit. M. de la Rochefoucauld se rendit si bien à mes raisons, que, voulant me prier, en 1818, de faire une chanson pour fêter, à Liancourt, le départ des troupes étrangères, il me demanda rendez-vous chez moi ou dans un café. On peut croire que je me hâtai de l'aller trouver chez lui. Je

---

[1] François-Alexandre-Frédéric de la Rochefoucauld-Liancourt, né le 11 janvier 1747, mort le 27 mars 1827, fils du duc d'Estissac. Le père de Béranger, en Anjou, avait été un instant notaire d'une des justices seigneuriales de la duchesse d'Estissac. On sait quel triste éclat eurent les funérailles du vieux duc de la Rochefoucauld. La foule, qui avait voulu porter sa bière, fut chargée par la gendarmerie et le cercueil tomba dans la boue.

pensais à traiter ce sujet; je lui promis que, si la chanson se faisait, il en aurait l'étrenne à sa fête patriotique. Aussitôt que la *Sainte-Alliance des peuples* fut terminée, je la lui envoyai, ce qui me valut de grands remercîments. Comme il était un des administrateurs des hospices, je fis ce méchant distique :

> J'ai fait pour certain duc un chant qui n'est pas mal;
> Je suis sûr désormais d'un lit à l'hôpital.

Le lit à l'hôpital n'était pas encore à dédaigner.

Nos libéraux, anciens nobles, malgré la suppression volontaire des titres et même de la particule, n'en restèrent pas moins, presque tous, un peu ducs, marquis et comtes, et j'en sais un qui, tout en préconisant la loi agraire, qui coûte moins à prêcher que l'aumône à faire, a intenté de bons petits procès à ses voisins pour la conservation de servitudes féodales, depuis longtemps avariées.

Plusieurs grands seigneurs de fabrique impériale[1], pauvres lunes éteintes depuis la chute du soleil, n'avaient pas une morgue moins plaisante : il n'y manquait qu'un peu de faveur de cour pour en faire de l'insolence, ce qui ne m'empêcha pas d'en voir quelques-uns fort polis avec moi après les journées de Juillet. Pendant la Restauration, ils n'auraient

---

[1] Voir dans les *Chansons posthumes* la pièce énergique qui a pour titre la *Saint-Napoléon*.

osé me parler, de peur de se compromettre ; mais, Charles X tombé, je pouvais quelque chose, et ces messieurs cherchaient partout aide et conseil pour reconquérir leurs grandeurs éclipsées, à ce point que plusieurs se sont faufilés au faubourg Saint-Germain pour y faire ratifier leurs titres nouveaux par l'ancienne noblesse. Les infidélités que ces nobles récents ont fait à leur origine plébéienne m'ont rendu moins tolérant pour eux que pour ceux qui devaient leurs préjugés au vieux sang et à l'éducation. Je crois que la nation entière en jugeait ainsi. Passant à Compiègne, que l'Empereur et sa cour venaient de quitter ; nous étions, je crois, en 1808 [1] ; je rencontrai sur la route une vieille paysanne qui, d'une figure joyeuse, m'aborbe et s'écrie : « Ah ! monsieur, je l'ai vu enfin ! — Qui donc ? lui dis-je, feignant de ne pas le deviner. — L'Empereur ! l'Empereur ! réplique-t-elle. Il m'a saluée. Il salue tout le monde. Ce n'est pas comme ces seigneurs qui sont auprès de lui. On voit bien que ceux-là ne sont que des parvenus. » La pauvre femme ne voyait pas un parvenu dans l'homme que la gloire avait élevé si haut. Le peuple non plus ; mais, sauf les grands noms militaires, il estimait bien peu les personnages de cette cour si brillante, où cependant figuraient de

---

[1] Au mois d'avril 1810. (Voir la *Correspondance*, t. I, p. 121.)

hautes capacités et grand nombre de vieilles illustrations nobiliaires.

La Fayette[1], homme rempli d'une bienveillance égale pour tous, au moins en apparence, s'était purgé parfaitement des prétentions de sa caste. Si on reconnaissait en lui le grand seigneur d'autrefois, c'était peut-être au trop de soin qu'il prenait pour le faire oublier. Malgré les marques d'amitié qu'il ne cessa de me donner, je n'ai jamais été le visiter à son château de Lagrange, où tout le monde voulait avoir été, quelque invitation qu'il ait eu la bonté de me faire, quelque instance que Manuel ait mise pour m'y conduire, et je soupçonnai qu'au fond du cœur le général m'en a gardé un peu rancune. Pourquoi ne ferais-je pas un aveu? Je doutais de sa capacité politique et lui reprochais de n'avoir pas imité, aux derniers moments de l'Empire, le noble exemple donné par Carnot[2]. Je savais que dans les Cent-Jours de sages patriotes, et entre autres Dupont (de l'Eure), croyaient avoir eu de graves reproches à lui faire. Tout cela contribua peut-être au refus d'aller à Lagrange. Puis je sentais que, dans ma position, l'ap-

---

[1] Marie-Jean-Paul-Roch-Yves-Gilbert Motier, marquis de La Fayette, né à Chavagnac (en Auvergne) le 6 septembre 1757 et mort à Paris le 19 mars 1834.

[2] Lazare-Nicolas-Marguerite Carnot, né à Nolay (Bourgogne), le 13 mai 1753, mort en exil, à Magdebourg, le 2 août 1823.

procher trop, c'était m'enrôler, ce qui ne convenait point à mon allure indépendante. On m'en a blâmé, sans doute. Je me blâmais moi-même et malgré ce que je viens de dire, nul plus que moi n'a reconnu la pureté des intentions de La Fayette et les immenses services qu'il a rendus à la liberté. Mais j'obéissais à mon instinct.

En tout temps, j'ai trop compté sur le peuple pour approuver les sociétés secrètes, véritables conspirations permanentes qui compromettent inutilement beaucoup d'existences, créent une foule de petites ambitions rivales et subordonnent des intérêts de principe aux passions particulières ; elles ne tardent pas à enfanter les défiances, source de défections, de trahisons même, et finissent, quand on y appelle les classes ouvrières, par les corrompre au lieu de les éclairer. A tout ce que j'avance ici je pourrais apporter des preuves ; j'ai su tout ce que ces sociétés ont fait, ou j'en ai su du moins assez pour affirmer qu'elles ne peuvent convenir qu'à des peuples opprimés par l'étranger. Sans l'utilité dont La Fayette put croire que serait un jour cet entourage politique, ce grand citoyen eût sans doute pensé comme moi, qui, non-seulement refusai de faire partie des *Carbonari*, mais tâchai de détourner plusieurs de mes amis, et Manuel entre autres, d'entrer dans cette association. La Révolution de 1830 a prouvé que, dans un pays où les mœurs, sous quelque régime que ce soit, assurent toujours une certaine somme de liberté, on n'a besoin ni de sociétés secrètes ni de conspirations pour qu'à son jour le peuple montre sa volonté. La Société *Aide-toi, le ciel t'aidera*, qui agissait ostensiblement, a seule[1] rendu de véritables services à notre cause ; car, en dépit de tout ce qui a été dit et écrit par les légitimistes, aucun complot, aucune affiliation secrète n'a présidé à la généreuse insurrection qui renversa la branche aînée des Bourbons : j'ai vu même des gens bien surpris que la victoire eût été obtenue sans eux. On peut m'en croire, moi qui étais si bien placé alors pour en être instruit, et qui suis si bien placé aujourd'hui encore pour dire toute la vérité. Le gouvernement de Charles X a seul conspiré contre lui-même à ce moment-là, ce qui ne veut pas dire pourtant que depuis longues années certaines ambitions n'eussent formé des projets et préparé un plan de conduite. En 1824 ou 1825, le duc d'Orléans disait à un de mes amis : « Arrive ce qu'il voudra ! je ne quitterai plus la France, à moins qu'on ne m'en chasse. » Peu de temps après ce mot, qui laisse entrevoir tant de choses, M. de Talleyrand assurait à ce même ami que par les relations qu'il avait conservées avec les

---

[1] M. Guizot a cité ce passage dans ses *Mémoires*.

tories anglais, il était certain qu'une révolution en France ne serait pas vue de mauvais œil si elle s'arrêtait à un changement de personne. Il y aurait peut-être eu là de quoi faire hésiter ceux qui poussaient à cette révolution, si Charles X ne l'eût rendue inévitable.

Ceci m'amène à parler de M. de Talleyrand[1] et du peu d'occasions que j'eus de mesurer cet homme à sa renommée. Il avait exprimé plusieurs fois le désir de me rencontrer. « Que ne l'invitez-vous à dîner? lui disait un de mes amis, qui savait qu'en penser. — Je suis trop grand seigneur pour me faire refuser, » répondit-il en souriant. Il demanda à Laffitte[2] de le faire dîner avec moi : c'était au commencement de 1827. Je pus enfin voir à mon aise ce personnage si curieux à observer. Aussi, d'abord, je fus tout yeux et tout oreilles. Il savait que, plusieurs années avant, sollicité indirectement par quelqu'un du pouvoir de faire une chanson contre lui, j'avais répondu : « J'attends qu'il soit ministre. » Il ne m'en

---

[1] Charles-Maurice de Talleyrand-Périgord, né à Paris en 1754, mort le 17 mai 1838. (Voir les *Lettres d'un voyageur* de George Sand celle qui a pour titre le *Prince*. C'est le tableau émouvant de la fin d'une existence qui a si justement attiré l'attention et encouru les rigueurs de l'histoire.) C'est en 1868 que pourront paraître les Mémoires de Talleyrand, déposés pour trente ans en Angleterre.
[2] Jacques Laffitte, né à Bayonne le 24 octobre 1767, mort à Paris le 26 mai 1844.

estimait pas plus sans doute et s'embarrassait fort peu également des préventions qu'il devait croire que je nourrissais contre lui, si tant est qu'il vît autre chose en mon humble individu qu'un objet de simple curiosité. Il se fit charmant pour moi et s'empressa de me parler politique ; c'est en cherchant à répondre à des réflexions malignes sur le compte du duc d'Orléans, aujourd'hui roi, qu'il me dit ce mot tant répété : « Ce n'est pas quelqu'un, c'est quelque chose. » Après plusieurs rencontres, je pus me convaincre que, si l'on lui avait prêté des mots spirituels, il pouvait en prêter bien davantage aux autres. L'esprit, chez lui, n'était que la parure d'un grand bon sens se résumant sous une forme brève et piquante. On aurait ignoré son âge et les différents rôles qu'il a joués, qu'on eût pu le deviner à tout ce qu'il y avait d'expérience dans ses paroles, relevées par ce ton parfait des gens de bonne société qui ont traversé des révolutions, que n'effarouche jamais le mauvais ton des autres. Il faut dire que sa position lui donnait un immense avantage dans les salons. A toute question, il prenait le temps de répondre ; il s'était fait oracle, et c'était ainsi qu'on l'interrogeait, attachant une pensée à son silence, qui souvent n'était que de l'ennui ou de la paresse, son vice favori. En somme, il n'avait rien d'élevé, rien de profond, rien de généreux ; parfaitement égoïste, il n'a jamais eu que son intérêt privé pour unique mobile même de ses actes politiques, ce qui suffit pour démentir la réputation de grand homme d'État qu'ont voulu lui faire ceux qu'avaient éblouis ses vieux titres et son luxe princier[1].

Je n'en dirai pas plus de ce personnage, qui appartient à l'histoire. Ceux qui écriront sur notre époque ne manqueront pas, je l'espère, de réduire la prétendue capacité de Talleyrand à ses justes proportions, et de flétrir à jamais ce ci-devant évêque, grand seigneur, qui trahit la France et Napoléon, dont les bienfaits avaient créé sa haute position, et qui se fit payer, en 1814, le désastreux traité de Paris, signé à la grande surprise des étrangers eux-mêmes.

Je n'ai plus rien à dire de moi qui puisse servir

[1] Au Congrès de Vienne, il joua d'abord un rôle si blessant pour son amour-propre, qu'il voulait quitter la partie; c'est M. de la Besnardière*, dont la réputation est grande encore aujourd'hui aux affaires étrangères, qui lui suggéra de demander, par une note, quel serait le pied de paix de l'Autriche si l'on cédait aux prétentions envahissantes de la Russie du côté de l'Allemagne. Le conseil aulique, consulté, déclara que, dans ce cas, quatre cent mille hommes seraient nécessaires à l'Empereur, qui s'épouvanta, ainsi que plusieurs autres princes. De ce moment M. de Talleyrand ressaisit de l'influence au congrès, mais il se garda bien de l'employer, autant qu'il l'eût pu, au profit de la France. Je tiens ceci de la Besnardière lui-même. Ce n'est pas le seul service de ce genre qu'il ait rendu au plus paresseux des hommes. (*Note de Béranger.*)

* Jean-Baptiste Gouet, comte de la Besnardière, né à Périers, près de Coutances, le 1ᵉʳ octobre 1765, mort à Paris le 30 avril 1843.

d'enseignement à ceux qui suivent la carrière que j'ai quittée à cinquante-trois ans.

Constamment lié avec les principaux chefs du parti libéral, j'ai contribué comme eux et plus que beaucoup d'entre eux aux événements de la Révolution de juillet 1830. Après le triomphe du principe populaire[1] sur le principe légitimiste, je crus mon rôle terminé, ma tâche remplie. Il me sembla qu'un temps de repos était nécessaire à la nation pour juger son œuvre; et, quant aux hommes que le pouvoir allait enivrer ou étourdir au moins, je reconnus, dès les premiers jours, que je n'avais rien à faire auprès d'eux. J'allai les attendre dans la retraite, où plusieurs ne pouvaient manquer de me venir retrouver bientôt.

Beaucoup de mes amis auraient désiré que j'aspirasse aussi aux honneurs du pouvoir. En laissant de côté l'obstacle du cens, que je ne puis payer, pareille prétention n'allait pas à un homme qui a su de bonne heure reconnaître ce qu'il y a de faiblesse dans son caractère et avouer ce qu'il y a de superficiel dans son instruction. Le pouvoir est un instru-

---

[1] Le rôle de Béranger est expliqué tout entier par cette courte phrase. Il est de ceux qui ont pensé que 1789 a inauguré une ère nouvelle et que la Restauration de 1814, imposée par l'ennemi, était la négation de la révolution de 1789. L'histoire de France lui a donné raison. Rien ne peut durer chez nous que ce qui relève de 1789.

ment difficile à manier, dont il faut longtemps apprendre à se servir avant d'en user bien. Or j'étais à l'âge où l'on n'apprend plus qu'à se mieux rendre compte chaque jour de tout ce qu'on ignore [1].

[1] On ne doit pas oublier ce couplet de chanson : *A mes amis devenus ministres.*

> Sachez pourtant, pilotes du royaume,
> Combien j'admire un homme de vertu,
> Qui, regrettant son hôtel ou son chaume,
> Monte au vaisseau par tous les vents battu.
> De loin ma voix lui crie : Heureux voyage!
> Priant de cœur pour tout bon citoyen.

Sa doctrine était qu'on ne doit pas refuser, à cause de ses opinions, des fonctions où l'on peut être utile. En 1836, lorsque M. Pierre Leroux songea un moment à demander une place de bibliothécaire, Béranger écrivait à M. Jean Reynaud (*Correspondance*, t. II, p. 373) :

« Votre lettre m'était inutile, comme justification ; je savais tout ce que vous pouviez me dire, et je vous avoue que, d'après ma manière de voir, ce n'eût été que dans le cas d'une conduite opposée que vous auriez eu besoin de vous justifier à mes yeux. Si j'ai tout refusé, c'est que je ne suis plus propre à grand'chose. De plus, il y a dans ma situation de républicain travaillant à faire un roi par intérêt patriotique, par calcul de raison, une singularité qu'il fallait sanctionner par une vie désintéressée, qu'on s'obstine toujours à méconnaître chez ceux qui s'utilisent dans les emplois. Mais vous ne sauriez croire avec quel regret je vois les gens capables et honnêtes refuser les fonctions où ils pourraient rendre service à la nation. Sous le ministère Martignac, on parlait d'appeler Dupont (de l'Eure) à la Cour de cassation ; vain bruit, sans doute ! Je lui écrivis qu'on ne devait, à aucune époque, sous aucun gouvernement, refuser de rendre la justice au pays. Un médecin qui consulterait son opinion pour servir les hôpitaux vous paraîtrait-il homme estimable ? Non, certes ; et pourquoi donc le savant n'irait-il pas au poste où ses lumières s'utiliseront au profit de tous ? Nous avons une morale bien étroite, mon cher enfant, et notre intelligence moderne est furieusement faussée encore par les exemples de

S'il m'est arrivé, dans quelques circonstances, d'avoir l'avantage de la perspicacité et du calcul sur des hommes beaucoup plus éclairés que moi, je sais que je ne l'ai dû qu'à ma position particulière : agissant peu, complétement dégagé d'intérêt personnel et de toute arrière-pensée ambitieuse, il m'a été facile de voir quelquefois plus juste et plus loin que des esprits qui m'étaient infiniment supérieurs, mais qu'agitaient des désirs ou des passions que je n'avais pas. Il n'est pas jusqu'aux nobles ambitions, celle de la popularité, par exemple, qui ne puissent troubler l'entendement le plus sain. Qu'on ne s'y trompe donc point : l'avantage que j'ai eu sur beaucoup d'autres, c'est de n'avoir rien été et de n'avoir presque rien fait. Il faut laisser les sots se prévaloir d'un pareil bonheur.

vertu, si vertu il y a, donnés par les castes antiques. Là, selon moi, est une source féconde d'erreurs qui me feraient crier, comme M. de Morogues, contre les études grecques et latines, si fort en contradiction avec la société comme l'a faite le christianisme. »

Une autre fois, en 1840, quand M. Trélat concourut pour obtenir un poste de médecin d'hôpital, il lui disait : « Le premier devoir de l'honnête homme est de rendre utiles à ses semblables les facultés qu'il a reçues du ciel. L'homme capable d'enseigner doit accepter la chaire qu'on lui offre ; l'homme capable de juger doit accepter la magistrature ; le médecin doit même offrir ses soins où il les voit nécessaires. »

Mais il voulait qu'on ne s'attachât pas aux fonctions et aux places jusqu'à sacrifier l'indépendance de sa pensée et à garder pour soi les vérités que l'on sentait le besoin de produire au jour. C'était aux gouvernements à se servir de tous les hommes capables et à respecter en eux les services rendus à leur patrie.

Mes jeunes amis les républicains, trompés également sur ma capacité et cherchant une garantie pour leurs principes, voulaient aussi que je tendisse la main à quelque portefeuille. « Quel ministère voulez-vous qu'on me donne? — Celui de l'instruction publique. — Soit! une fois là, je fais adopter mes chansons comme livre d'étude dans les pensionnats de demoiselles. » Et, à ces mots, mes jeunes amis de rire eux-mêmes de leur folle idée[1].

Le nouveau gouvernement me fit faire les offres les plus honorables; mais je les repoussai, n'étant pas de ceux que tentent les sinécures; car un travail obligé ne pouvait plus me convenir et j'aurais rougi, ayant assez pour vivre du produit de mes petits volumes, de puiser des pensions dans le coffre que la nation se fatigue à remplir chaque année. Je tiens surtout à l'honneur de n'avoir jamais été à charge à mes concitoyens, et la preuve que ce n'est pas par puritanisme, fausse vertu qui m'irait si peu, c'est que, comme je l'ai déjà dit, je n'ai jamais hésité, même depuis 1830, à recourir à la bourse de ceux de mes amis riches[2] qui n'étaient pas des personnages politiques.

---

[1] Ceux qui, en diverses circonstances, ont blâmé Béranger de sa persistance à ne vouloir d'aucun emploi public l'auraient blâmé bien plus encore s'il en avait accepté un.

[2] Entre autres M. Declercq, qui aida Béranger à faire du bien.

Je veux rapporter ici une des plus flatteuses récompenses accordées à mon patriotisme. Le vendredi de la grande semaine [1], une dame que je ne connaissais pas et que je n'ai jamais revue, traversant la foule qui encombrait les salons de Laffitte, arrive jusqu'à moi et m'offre un immense drapeau tricolore : « Monsieur, me dit-elle, j'ai passé la nuit à le faire préparer. C'est à vous, à vous seul que j'ai voulu le remettre pour que vous le fissiez replacer sur la colonne. » Touché jusqu'aux larmes, tout en remerciant cette dame, j'insiste pour que l'hommage du drapeau soit fait aux députés assemblés : « Non, non, reprend-elle, c'est à vous, à vous seul. » Et elle disparaît.

Ce drapeau fut immédiatement arboré sur la place de la colonne Vendôme par les jeunes gens qui se trouvaient témoins de cette scène.

Moi, qui ai reçu et qui reçois encore tant de témoignages de l'affection populaire, il n'en est pas dont le souvenir se réveille plus souvent en moi que celui de cette dame et de son drapeau. Puisse-t-elle me survivre pour voir un jour ici le témoignage de la reconnaissance que je lui ai conservée !

Pour n'être pas exposé à des instances embarrassantes et aussi parce que je hais de me mettre en évi-

---

[1] Le 30 juillet 1830.

dence sans nécessité, je crus devoir refuser de me rendre auprès du nouveau roi, qui plusieurs fois me fit exprimer le désir de me voir, et même de me remercier, mot que je mets sous la responsabilité de deux de mes amis, Laffitte et Thiers. A cette occasion, ayant répondu, en plaisantant, que j'étais trop vieux pour faire de nouvelles connaissances, on a attribué mes refus à mes opinions : on s'est trompé. Je n'avais jamais vu le duc d'Orléans, mais je le savais homme d'esprit et de sens; devenu roi, il ne pouvait ignorer que, tout en contribuant aux déterminations dont il avait été l'objet dans les moments qui suivirent la victoire du peuple, je n'en étais pas moins nourri de pensées républicaines ; mais que, patriote avant tout, j'avais cru nécessaire de transiger avec des circonstances impérieuses du salut public. C'était en moi le résultat de quinze années de réflexions. N'ayant jamais pris d'engagement avec aucun parti, car je n'ai jamais été homme de parti, mais homme d'opinion, j'étais complétement libre à cet égard. Mon républicanisme ne pouvait donc m'empêcher de me rendre auprès du prince, qui, sur l'objection que Laffitte lui en avait faite, répondit, en souriant sans doute : « Je suis républicain aussi. » Ce que je redoutais, si je lui étais présenté, c'étaient ses instances pour me faire accepter des honneurs ou des pensions. Les rois, si nouveaux qu'ils soient, n'aiment pas qu'on les refuse en face. Le refus de l'aller voir ne devait passer que pour de la sauvagerie ; le refus de ses faveurs eût pu paraître de l'outrecuidance. Je n'avais d'ailleurs nulle envie de donner de l'éclat à ce que l'on a bien voulu appeler mon désintéressement.

Après tout, à quoi pouvait servir une ou plusieurs conversations entre deux hommes placés si diversement et arrivés tous deux à l'âge où les idées sont d'autant plus tenaces qu'elles ont l'orgueil de leur durée? Il est à croire que le roi et le chansonnier ne se seraient pas entendus, si bienveillant que l'un eût voulu se montrer, si poli que l'autre se fût fait un devoir de paraître. Me serais-je posé en conseiller de la couronne? Mais, si mes amis, devenus ministres, n'écoutaient déjà plus mes très-humbles remontrances, un roi eût-il été tenté de les accueillir? Il en eût ri ; c'eût été un de ses bons jours. La réflexion m'eût fait rire moi-même du sot rôle que j'aurais essayé de jouer et que tant de niais ont été prendre, avec le succès que nous savons tous.

Ceux qui alors voulaient me lancer à la cour disaient : « On est admis sans façon ; on y va en bottes. — Bien ! bien ! répondais-je, des bottes aujourd'hui, des bas de soie dans quinze jours. »

Tout cela n'a coûté qu'à ma curiosité, car, pour

un observateur, quel spectacle dut offrir cette cour nouvelle !

Je me suis également tenu loin des honneurs littéraires, et, en autres raisons qu'il m'a fallu trop souvent répéter, afin de ne pas donner un exemple nuisible à la liberté du genre qui m'a été si favorable, qu'on me pardonnera d'en exagérer un peu l'importance. Que bien faire la chanson soit un titre académique, les chansonniers ne seront-ils pas tentés de se faire les serviteurs du pouvoir pour arriver à l'Institut, devenu une des antichambres de la pairie ? Le peuple peut encore avoir besoin de satire chantée, et moi, je ne serais pas fâché d'avoir des successeurs.

Un moment bien choisi pour essayer d'entrer à l'Académie, c'était lorsque, dans la dernière année du règne de Charles X, M. de Chateaubriand[1], par une démarche d'extrême bienveillance (nous nous connaissions encore fort peu), vint m'engager à prendre place parmi les candidats à la première vacance. Alors ma nomination eût pu avoir une signification politique utile, ainsi que le prouvèrent les injures que cette démarche, si honorable pour moi, attira à M. de Chateaubriand de la part d'un journal.

---

[1] François-Auguste, vicomte de Chateaubriand, né à Saint-Malo, le 14 septembre 1768, est mort à Paris le 4 juillet 1848.

Je ne cédai pourtant point aux vives instances du grand homme qui s'offrait à me servir de parrain, si je puis m'exprimer ainsi.

Depuis la Révolution de juillet, je dus voir dans mon admission à l'Académie, si toutefois ce corps eût daigné m'admettre, l'obligation d'assister à des cérémonies publiques, d'y porter l'habit brodé, de prononcer, l'épée au côté, des discours d'apparat, en présence d'un nombreux auditoire, et d'avoir trop souvent à combattre des brigues comme celles qui ont affligé Constant sur son lit de mort ou repoussé jusqu'à trois fois notre grand poëte Hugo. « Mais, m'ont répété des académiciens eux-mêmes, qui vous force à subir tous ces ennuis? Faites comme nous, qui ne mettons presque jamais le pied à l'Académie. » « Et voilà justement ce que je ne puis comprendre. Quoi! messieurs, négliger les devoirs qu'impose un honneur sollicité! Non, cela me serait plus pénible encore que l'accomplissement de ces devoirs, dont mon caractère finirait peut-être par me rendre esclave. » Autant que ma conviction l'a permis, j'ai toujours cherché à mettre ma position d'accord avec mon humeur et mes goûts, règle beaucoup moins observée, qu'on ne serait disposé à le croire. Plus j'ai vieilli, plus j'ai éprouvé le besoin d'une entière indépendance, ce qui doit me faire redouter d'appartenir à un corps quelconque. Je ne puis penser que seul, et je commence même à ne savoir guère plus vivre qu'en tête-à-tête avec mes pensées, quand mes vieux amis ne sont pas là.

Malgré l'inconcevable popularité qui s'est attachée à mon nom, malgré les suffrages de tant d'hommes supérieurs et les louanges qui m'ont été prodiguées jusque sur le théâtre, qu'on ne croie pas que je me dissimule l'inconvénient, pour moi, de n'être pas de l'Académie. J'y perds aujourd'hui la considération particulière qu'elle donne à ceux qui en font partie, n'importe à quel titre : et ma mort sera privée des honneurs solennels[1] qu'elle décerne à ses membres défunts, honneurs dont fait semblant de rire tel qui les envie et que le public est loin de regarder d'un œil indifférent. Qui sait même si ma conduite, mal interprétée, n'indisposera pas l'Académie contre ma mémoire, si peu que ma mémoire doive me survivre? J'ai aimé trop sincèrement les lettres pour ne pas le craindre; et cette crainte, j'hésite d'autant moins à l'exprimer ici, qu'elle répond à ceux qui m'ont accusé de ne pas aspirer au fauteuil pour me singulariser. Aujourd'hui, où on n'estime que la singularité qui profite, j'aurais fait un mauvais calcul. Au reste, je le déclare, si je n'ai pas toujours reconnu l'utilité

---

[1] Il n'est pas de funérailles qui, dans ce temps-ci, aient été menées avec une plus grande pompe populaire. On n'oubliera pas le mouvement national du 17 juillet 1857.

de l'Académie française, personne ne rend plus justice que moi désormais à cette fondation de Richelieu. La preuve en est dans le reproche que je n'ai cessé d'adresser à ses membres, au nombre desquels j'ai compté et compte encore tant d'amis, de ne pas utiliser la puissance qu'elle peut leur donner à une époque d'anarchie littéraire, où la langue a besoin d'une tutelle large et intelligente pour résister aux barbarismes du barreau, du journalisme et de la tribune. N'a-t-on pas été jusqu'à vouloir remettre le patois en honneur! les académiciens ne devraient pas l'oublier. Ainsi que le royaume, la langue avait besoin d'unité, et c'est pourquoi ce grand ministre, éminemment national, fonda l'Académie française.

Quant à moi, que la langue a toujours vivement préoccupé, en dépit ou plutôt par suite de mon ignorance, je l'avoue, je préférerais à l'annexion de la Belgique et des provinces rhénanes à la France de voir l'Académie, aidée de toutes les classes de l'Institut, produire enfin un grand et beau dictionnaire [1],

[1] *Lettre à M. Paul Ackermann (non insérée dans la Correspondance).*

« Tours, le 7 septembre 1839.

« Je regrette, monsieur, que votre court séjour ici ne m'ait donné le temps de vous dire tout le bien que je pense de votre opuscule. Il m'a fallu le relire pour l'apprécier complétement. On vous saura gré d'avoir remis sous nos yeux l'éloge que J. du Bellay a fait de notre

revisé tous les dix ans, distribué gratuitement à

langue, lorsqu'elle n'était encore que la langue de Marot et de Rabelais. Mais plus que cette exhumation, j'estime les observations dont vous l'avez accompagnée. Vous ne vous contentez point de donner des préceptes de goût, des preuves d'études sérieuses, des marques d'un grand sens; vous exprimez tout cela dans ce style pur, clair, logique, dont nous ne nous sommes que trop écartés et vers lequel vous semblez destiné à nous tracer un chemin de retour. Je vous en remercie d'autant plus que, bien que fort mauvais grammairien, je n'en ai pas moins un grand amour pour notre belle langue, qui a toujours été pour moi un objet d'observations philosophiques, si j'ose me servir de ce mot ambitieux. Aussi, monsieur, ai-je été bien flatté de ce que vous dites de mes chansons. Je ne savais pas l'orthographe (et j'avais vingt ans alors) que déjà je cherchais à m'initier aux perfections du style ; pour cela, j'ai copié deux fois *Athalie*, malgré toute ma jeune admiration pour le génie dramatique de Corneille. Ah! si j'avais, à cet âge, trouvé un maître comme vous, que de peines et de tâtonnements il m'eût épargnés! Tout vieux que me voici, j'ai toujours un nouveau plaisir à m'occuper de la langue; à me rendre compte de la marche qu'elle suit ; à noter dans mon esprit les progrès ou les écarts que lui impriment les contemporains. Je vous l'ai dit : j'ai osé faire un plan de dictionnaire. Je voudrais qu'on se rendît bien compte de toute l'importance de ce premier des livres d'une nation; et, quand cette nation est civilisatrice, qu'on reconnût l'obligation de faire le dictionnaire, non-seulement pour ceux qui savent, mais aussi pour ceux qui ne savent pas, c'est-à-dire pour les enfants et les étrangers. Ce n'est pas l'Académie française seule qui devrait être chargée d'un si grand travail; tout l'Institut devrait y prendre part, car j'y voudrais voir à côté de la définition des mots la définition des choses; ne concevant pas qu'on se contente de creuser un canal sans y faire couler autant d'eau qu'il en peut contenir. Je voudrais voir dans ce dictionnaire la prononciation indiquée, les accents multipliés, pour détromper l'œil, qui suppose toujours que plusieurs lettres semblables réunies doivent former une même consonnance; les L mouillés barrés, chose si nécessaire pour les étrangers; les vieux mots repris depuis Villehardouin, avec la date de leur mort. Puisque nous conservons les ou-

toutes les administrations, grandes et petites, et pre-
vrages, conservons-en le lexique. Je voudrais enfin des exemples ajoutés à chaque définition, choisis avec grand soin et dans un but d'utilité autant que possible.

« Je pense qu'un pareil livre ne serait pas le double en grosseur du Dictionnaire de l'Académie, dont on peut émonder le tiers, en ôtant les inutilités. Qu'on se rappelle ce que Boileau disait de cet ouvrage si médiocrement conçu et exécuté : *Notre Dictionnaire va paraître, nous n'avons plus qu'à nous cacher.* C'est pourtant cette œuvre, dont rougissaient Boileau et Racine, que nos beaux esprits s'obstinent à continuer. Je me demande toujours comment les hommes comme MM. Daunou et Nodier [*] (et j'en pourrais citer plusieurs autres) peuvent se rendre complices de ce crime de lèse-nation.

« Ah ! monsieur, dénué de coterie et d'intrigues comme vous l'êtes, si vous pouvez jamais, à force de mérite, arriver à prendre rang dans le sénat littéraire, et qu'il vous semble qu'il y ait quelque chose de bon dans mes idées, privées de science, puissiez-vous avoir assez de caractère pour les mettre en valeur ! Si j'avais eu cette force de volonté qui triomphe de l'inertie et de la routine, je crois que j'aurais tenté d'être de l'Académie, pour y introduire le culte de la langue, comme je voudrais le voir régner dans nos colléges, où il est si négligé. J'aurais surtout voulu appeler le gouvernement à donner son appui à cette grande œuvre; ce serait à lui de fournir les fonds nécessaires, car il ne s'agirait plus d'une publication commerciale au profit des Quarante ou de leur imprimeur. Je voudrais qu'il y eût dans chaque mairie un dictionnaire et quelquefois plusieurs, suivant l'étendue de la commune. J'en voudrais dans chaque établissement public du gouvernement, pour que ce livre, égal en valeur à tous les autres codes, pût être feuilleté par tout le monde. Vous voyez, d'après cela, combien la définition des choses y deviendrait utile et fécondante. Quant à la publication, je voudrais que chaque feuille fût d'abord affichée, pour obtenir les corrections des doctes et même des écoliers, comme autrefois faisaient les vieux maîtres. Mais surtout, je le répète, c'est à

---

[*] On peut néanmoins reprocher à celui-ci son obstination à repousser l'orthographe dite de Voltaire. En fait de langue, la mienne n'a pas le droit de lutter contre celle de tout le monde.

nant place à côté de nos codes, dont, selon moi, il égalerait alors l'utilité[1].

l'Institut tout entier que je demanderais ce grand travail national. Pour ne citer qu'un nom, voyez tout ce qu'un homme comme Arago apporterait de lumière à ce phare de notre civilisation, qui pourrait, tous les dix ans, recevoir une annexe, exécutée sur les mêmes bases. Je ne me dissimule pas que vos beaux esprits, qui approfondissent fort peu les choses, traiteront encore ce projet d'utopie inexécutable. Si vous partagez, monsieur, mes convictions en tout ou en partie, et si vous êtes jamais en position de les faire partager, soyez sûr qu'après la victoire vos collègues de l'Institut vous remercieront d'avoir donné à ce grand corps une existence nouvelle, une glorieuse magistrature bien au-dessus du rôle égoïste et mesquin dont il jouit aujourd'hui, à demi paralysé qu'il est. Vous êtes jeune, monsieur, vous avez de l'avenir ; c'est pourquoi je me suis plu à vous répéter ce que je vous avais dit à ce sujet, qui me préoccupe depuis si longtemps. La science vous donne une autorité qui me manque, usez-en pour le progrès universel d'une langue que vous écrivez déjà si bien et qui est celle que toutes les pensées, quel que soit leur berceau, sont obligées de traverser pour se répandre sur le globe. »

[1] Bien entendu que je ne parle pas ici d'un dictionnaire comme celui que ces messieurs ne finiront jamais, et qui, dit-on, doit contenir l'histoire des mots. J'entends un dictionnaire à l'usage de toute la nation et des étrangers qui parlent ou étudient notre langue.

Il est bien entendu aussi que ce grand travail s'exécuterait aux frais du gouvernement, et que, sous la commission, composée de membres choisis dans les différentes classes de l'Institut, il y aurait un grand nombre de jeunes gens employés aux travaux préparatoires.

L'Académie française tiendrait la plume dans le travail général. Des épreuves de chaque feuille seraient affichées, avant le tirage, dans les lieux d'instruction publique, comme facultés, collèges, etc., et la commission devrait examiner toutes les observations qui lui seraient adressées sur le contenu des épreuves.

Comme on ne fait plus rien chez nous par pur dévouement, il faudrait que le gouvernement ne ménageât pas l'argent pour cette

Je n'ai plus que peu de mots à ajouter à cette trop longue notice.

Lors de la révolution de Pologne, comme membre du comité polonais, je fis imprimer une petite brochure, composée de quatre chansons et d'une dédicace à La Fayette. Tous les exemplaires que le bon Perrotin fit tirer à ses frais furent remis au comité, qui en recueillit tous les bénéfices [1].

Je ne pus donner mon dernier volume au public qu'en 1833; mais je le fis en lui promettant de ne plus l'occuper de moi. Je savais que je tiendrais parole, à moins de revers trop grands. C'est depuis lors que j'ai tout fait pour rentrer dans l'oubli et reconquérir une entière liberté, car la réputation est aussi une dépendance, parfois même une dépendance assez fâcheuse, ce dont ne se doutent guère les jeunes gens. Passe encore si la réputation était toujours de la gloire!

Attaché de cœur à des hommes des différents partis qui s'entre-choquèrent après l'établissement de la nouvelle dynastie, affligé des fautes que les uns et les autres multiplièrent à l'envi, fatigué de prêcher une trêve qui devait profiter à la France, je m'éloignai du spectacle de ces tristes alternatives :

œuvre nationale, qu'il ferait distribuer gratuitement partout où le besoin en serait reconnu. (*Note de Béranger.*)

[1] Environ 4,000 francs.

Passy [1], Fontainebleau [2], Tours [3], m'ont vu chercher la retraite et le silence, et c'est dans cette dernière ville que j'écris cette notice, que j'achèverai peut-être ailleurs.

Après avoir douté de moi-même toute ma vie, il serait cruel d'avoir à douter des autres avant de mourir. Heureusement j'ai assez étudié le mouvement actuel du monde pour en tirer une conclusion consolante, en dépit des sinistres prédictions que les mécomptes personnels font éclater de toutes parts. Le triomphe de l'égalité se prépare en Europe, et la gloire de ma chère patrie sera d'avoir réclamé la première, au prix des plus grands sacrifices, le gouvernement de la démocratie, organisé par les lois qui sont le besoin de tous. Je puis donc rendre grâce à Dieu des espérances qu'il me donne pour la cause que j'ai servie et qui aura mes derniers vœux et mes dernières chansons.

Tours, janvier 1840.

[1] En 1833.
[2] En 1835.
[3] En 1836.

NOTES

BIOGRAPHIQUES ET LITTÉRAIRES

RÉDIGÉES

PAR BÉRANGER

SUR

LES CHANSONS PUBLIÉES PAR LUI AVANT 1825

Dans un exemplaire de l'édition de 1821, en 2 volumes in-18, Béranger a placé une centaine de notes écrites sur des feuilles volantes. « Quelques notes sur mes chansons, commencées en 1826, » a-t-il mis sur la couverture du premier volume.

L'éditeur se réserve, pour la commodité du public, de placer ces notes aux bas des chansons auxquelles elles se rapportent, lorsqu'il publiera une édition définitive des chansons complètes de Béranger; mais il a paru que le caractère de ces notes, qui sont assez longues, motivait une publication particulière, et qu'elles formaient un supplément naturel pour *Ma Biographie*. Ce sont en effet des notes le plus souvent biographiques. Elles achèveront de peindre l'homme et de raconter l'histoire du poëte.

A la fin du second volume de l'édition qu'il annotait, Béranger a mis cette note dernière :

« Toutes les notes comprises dans ces deux volumes ont été écrites avant la Révolution de juillet 1830. L'auteur ne croit pas devoir y faire de changements. Quand elles verront le jour, ce qui ne sera probablement qu'après sa mort, il faudra peut-être que l'éditeur prenne la peine de les revoir et d'en expliquer ou d'en compléter quelques-unes, au risque d'ajouter des notes à des notes, si tout cela mérite d'être publié. »

Ces notes, écrites de 1826 à 1830, précèdent de dix ans le travail que Béranger a composé sur sa vie : ce sont comme des matériaux préparatoires.

On trouvera donc ici quelques remarques et quelques pensées qui se retrouvent dans *Ma Biographie*, exprimées quelquefois d'une même manière ; on y trouvera aussi des remarques et des pensées nouvelles. A la suite de l'histoire générale de Béranger, ces écrits biographiques et littéraires ont une physionomie particulière qui a son prix. Ce n'est pas un de leurs moindres mérites que de faire en détail l'histoire de ses plus importantes chansons. Béranger y a marqué plus vigoureusement que partout ailleurs la trace des efforts qu'il a faits pour donner à la chanson un rang dans la littérature et pour soutenir son rôle de 1815 à 1830.

PREMIÈRE PRÉFACE (1815)

Note I. — *Au titre.*

Cette préface, que le libraire Eymeri exigea, se trouve en tête du volume de chansons publié chez lui en novembre 1815 et qui porte la date de 1816. Ce volume, qui contenait à peu près les quatre-vingts premières chansons des éditions postérieures, ne donna lieu contre l'auteur à aucune poursuite, et l'on ne parut même pas penser alors à lui ôter la modique place d'expéditionnaire qu'il occupait dans les bureaux de l'Université depuis 1809.

Plusieurs de ces chansons furent pourtant incriminées en 1821, lors de la réimpression et malgré la prescription invoquée.

Longtemps après la publication de ce premier volume, on fit savoir à Béranger que, s'il en publiait un second, où se trouveraient les nouvelles chansons qui couraient manuscrites ou disséminées dans quelques recueils, on se verrait contraint de lui ôter sa place. Cette espèce de menace ne l'empêcha pas de faire cette publication, dont le premier résultat fut de lui ravir son seul moyen d'existence. Il est vrai d'ajouter que la vogue de cette seconde publication fut telle, qu'il en tira de quoi satisfaire à des besoins que son amour de l'indépendance a toujours su modérer. Aussi a-t-il souvent répété qu'il s'était corrompu dans la prison de Sainte-Pélagie, parce qu'il y avait eu, pour la première fois de sa vie, des rideaux à son lit et du feu. Il ajoutait, en sortant de la Force, après neuf mois de détention, que là il avait pris l'habitude d'être servi, lui qui, jusqu'alors s'était presque toujours servi lui-même. (*Note de Béranger.*)

Le recueil de 1821 contenait cent soixante-deux chansons, du *Roi d'Yvetot* au *Cinq Mai*. C'est à ces cent soixante-deux chansons seules que se rapportent les notes inédites de Béranger. (*Note de l'Éditeur.*)

NOTE II. — A la ligne : *C'est de l'écriture de Collé.*

Collé, auteur de la *Partie de chasse de Henri IV*, est le plus varié et le plus spirituel des anciens chansonniers français. Ses couplets, presque toujours graveleux, sont les fruit d'une observation fine et d'une gaieté mordante. Il a laissé des mémoires recommandables par quelques anecdotes piquantes, mais où règne parfois un ton d'humeur qu'on ne s'attend pas à y trouver. Collé, dans son extrême jeunesse, avait entrevu la Régence; il passa une partie de sa vie auprès des grands. Malgré cela et en dépit de la licence reprochée à ses chansons, il a laissé la réputation d'un homme honnête et de mœurs pures. Il mourut en 1782. (*Note de Béranger.*)

Collé, cousin de Regnard et ami de Panard et de Gallet, dont parlent les notes inédites de Béranger, est né en 1709. Le recueil complet de ses chansons a été publié en 2 vol. in-18, 1807. Ses mémoires (le *Journal historique*), qui sont une œuvre de satire (3 vol. in-8°), ont paru de 1805 à 1807. (*Note de l'Éditeur.*)

NOTE III — A la ligne : *Conversation entre mon censeur et moi.*

On sent que l'auteur fait ici une supposition pour excuser plusieurs parties de son recueil, nécessité que le libraire lui avait imposée. Du reste, il y avait quelques rapports réels entre le chantre de Marotte et le chansonnier de 1815. (*Note de Béranger.*)

Note IV. — A la ligne : *Chansons que mon censeur n'a pas dû me passer.*

Collé publia en effet sous ce titre un recueil chantant dont la licence peut effrayer les censeurs les moins sévères. (*Note de Béranger.*)

Note V. — A la ligne : *Vous, monsieur Collé, qui avez pour protecteur un prince de l'auguste maison dont vous avez si bien fait parler le héros.*

Cette note de Béranger manque. Elle eût fait allusion à la ressemblance qu'il y avait entre Collé, protégé du duc d'Orléans, fils du Régent, et auteur de la *Partie de chasse de Henri IV*, et Béranger, qui, devant à Lucien Bonaparte de si utiles encouragements, chanta la gloire de Napoléon. (*Note de l'Éditeur.*)

Note VI. — *Au commencement du post-scriptum.*

Telle était la préface du premier volume publié en 1815. Dans l'édition de 1821, faite en deux volumes, l'auteur a ajouté à cette préface le *post-scriptum* suivant (voir ce *post-scriptum*). Béranger a toujours regretté d'avoir été obligé de faire une préface à ses chansons. Il n'aimait pas à écrire en prose et ne s'en croyait même pas capable. Aussi fut-il affligé de voir toujours ses libraires vouloir réimprimer ce morceau qu'il jugeait être mauvais, et dont le ton d'ailleurs ne convenait plus aux productions qu'il a ajoutées à celles de son premier volume. (*Note de Béranger.*)

LE ROI D'YVETOT

Note VII. — *Au titre.*

Lorsqu'en 1813 cette chanson courut manuscrite, elle fut regardée comme un acte de courage, tant alors l'esprit d'opposition était éteint en France. L'auteur n'étant pas connu, on l'attribua d'abord à plusieurs personnes marquantes. Cependant la police parvint bientôt à savoir de qui elle était. Béranger, qui n'avait jamais eu l'intention d'en faire un mystère, rendit les recherches faciles. Il faut dire à la louange du gouvernement impérial que l'auteur n'éprouva aucune persécution à ce sujet et que sa petite place lui fut conservée.

Une vieille tradition veut qu'en réparation d'un crime commis par un roi de la race mérovingienne un seigneur d'Yvetot, ville de Normandie, obtint que son petit domaine fût érigé en royaume. Malgré l'autorité des critiques éclairés qui ont contesté, avec toute vraisemblance, l'authenticité de cette tradition, elle subsista fort longtemps et subsiste peut-être encore dans quelque province.

Il existe une histoire de ce prétendu royaume. *(Note de Béranger.)*

Il y a plusieurs histoires du royaume d'Yvetot, et on ne saurait dire à laquelle Béranger fait allusion. On peut, en effet, citer divers auteurs qui, à des points de vue différents, se sont occupés de ce royaume. Par exemple : C. Malingre, in-8º, 1614 ; Jean Ruault, in-4º, 1631 ; Vertot, 1714 (*Mém. de l'Acad. des Insc. et B.-Lett.*, IV, 728) ; le *Mercure* de septembre 1725 et de janvier 1726 ; Dom Toussaint-Duplessis (*Descript. de la Haute-Normandie*, in-4º, 1740, t. I, p. 173) ; le *Journal de*

Verdun (1741, sept.), de la Rivière (*Éloge des Normands*, in-12, 1748); *Mém. de l'Acad. de Rouen* (11 avril 1811 et in-8°, 1835), Alexandre Fromentin, in-8°, 1843; V***, in-12, 1844, et Aug. Guilmeth, in-8°, 1842. (*Note de l'Éditeur.*)

LA BACCHANTE

NOTE VIII. — *Au titre.*

Voici une chanson sans refrain. L'auteur en a peu fait ainsi, non par un goût particulier, mais parce qu'il s'était aperçu du peu de succès qu'elles obtenaient. La chanson est faite pour l'oreille : là peut-être se trouve l'obligation des vers répétés à la fin des couplets ou des reprises en forme de rondeau. Quand on s'adonne à un genre, il y a maladresse à lutter contre un goût général. Notre poésie, privée de rhythme accentué, a besoin de la rime, et le goût de la rime amène peut-être celui des refrains. Voulant faire de la poésie chantée, Béranger fut donc contraint de plaire d'abord à l'oreille avec les seuls moyens que lui offrait le style de la chanson. (*Note de Béranger.*)

LE SÉNATEUR

NOTE IX. — *Au titre.*

On avait tellement soif d'opposition alors, quoique personne n'osât en faire, ou plutôt parce que personne n'osait en faire, que cette innocente chanson fut regardée, à cause de son titre, comme un trait de satire dirigé contre le pouvoir. C'est une singularité qui semble inexplicable aujourd'hui, et qui par cela même méritait d'être signalée. (*Note de Béranger.*)

L'ACADÉMIE ET LE CAVEAU

Note X. — *Au titre.*

Le *Caveau moderne* était une réunion de chansonniers, instituée à l'imitation de l'ancien Caveau, où, chez le restaurateur Landel, se réunissaient Piron, Collé, Panard, Crébillon père et Crébillon fils, etc. Le nouveau Caveau a aussi compté des noms justement célèbres et a longtemps joui d'une réputation d'esprit et de gaieté ; mais les événements politiques ont mis un terme à ses réunions. Chaque mois cette société publiait un cahier de chansons et un volume à la fin de chaque année. L'auteur fut reçu membre de cette société à la fin de 1813 ; il n'avait pas sollicité cet honneur, mais il ne put qu'en être flatté. Il y fit d'agréables connaissances qui le tirèrent de la retraite où il vivait. Il doit citer surtout Désaugiers, dont il a toujours admiré les productions et aimé la personne, malgré la faiblesse de caractère qu'on a pu reprocher à ce chansonnier. Il n'a cessé de le voir que lorsque le président du Caveau tomba dans les excès d'une opinion qui ne pouvait être celle de notre auteur. Béranger ne l'en a pas moins toujours regardé comme un excellent homme, victime et jouet de quelques intrigants qui faisaient tourner à leur profit son extrême bonté et son rare talent. (*Note de Béranger.*)

ROGER BONTEMPS

Note XI. — *Au titre.*

Cette chanson fut faite en 1814. Une portion du territoire

français était envahie et le pressentiment d'un renversement général occupait déjà les esprits sérieux. (*Note de Béranger.*)

LA GAUDRIOLE

NOTE XII. — *Au titre.*

1812. (*Note de Béranger.*)

Cette pièce, dans l'édition de 1821, était placée après celle de *Roger Bontemps*. (*Note de l'Éditeur.*)

NOTE XIII. — *Au premier vers.*

La censure exercée sous l'Empire avait interdit à la chanson la satire, qui en est peut-être le premier élément.

Toutes les chansons de cette époque ont une uniformité insupportable, à l'exception de celles de Désaugiers et d'un ou deux autres de ses collègues. La chanson graveleuse devait renaître alors : elle appartient aux temps de despotisme. C'est la seule justification de l'auteur de ce recueil pour celles de ce genre qu'il peut contenir et qui toutes, en effet, sont nées sous le régime impérial. Il est vrai qu'il faut ajouter que l'auteur n'avait pas encore vu tout le parti qu'on pouvait tirer de la chanson. Les malheurs de la France devaient le lui révéler. Il devait apprendre bientôt que ce n'était plus le temps de plaisanter contre les médecins et les procureurs, les coquettes et les Sganarelles, que l'indécence et l'acrimonie des *Noëls* de la cour étaient même une inconvenance à une époque grave et triste, qu'il fallait que la chanson prît une marche différente de celle que Collé, Panard et tant d'autres lui avaient imprimée, et que la gaieté même devait avoir son utilité. (*Note de Béranger.*)

PARNY

Note XIV. — *Au titre.*

Parny, le plus célèbre de nos poëtes élégiaques, auteur de la *Guerre des dieux* et de tant d'autres productions pleines de grâce et d'esprit, mourut en 1814. Sa philosophie hardie l'ayant rendu odieux aux hommes de cette époque, peu de voix osèrent témoigner les regrets que devait inspirer la perte de ce poëte aimable, l'une des gloires les plus réelles du temps où il a vécu. (*Note de Béranger.*)

LE PETIT HOMME GRIS

Note XV. — *Au titre.*

Voilà une des premières chansons de l'auteur qui aient obtenu de la vogue. Elle date de 1810 ou 1811. Le succès de cette chanson et de quelques autres ne suffit point pour faire penser à Béranger qu'il ne dût s'adonner qu'à ce genre. Il travaillait alors à des idylles que plus tard il abandonna. (*Note de Béranger.*)

LE MORT VIVANT

Note XVI. — *A la date.*

1813. (*Note de Béranger.*)

Cette chanson est datée de 1811 dans toutes les éditions publiées du vivant de Béranger. (*Note de l'Éditeur.*)

Note XVII. — *Au premier vers.*

Cette chanson ne mériterait aucune remarque, s'il n'était curieux de constater l'état d'oppression de la presse à cette époque par la suppression qu'il fallut faire du quatrième couplet, lorsqu'elle fut imprimée en 1814, peu de temps avant la chute de Napoléon, dans le recueil du *Caveau moderne*. Ce qui n'est pas moins étrange à dire, c'est que ceux des membres de cette société qui en demandèrent la suppression furent ceux qui se montrèrent les plus outrés partisans de la Restauration et les plus violents ennemis de l'Empire. (*Note de Béranger.*)

La chanson du *Mort vivant*, dans le recueil de 1821, était placée après le *Petit Homme gris*. (*Note de l'Éditeur.*)

AINSI SOIT-IL

Note XVIII. — *Au titre.*

Cette chanson ressemble aux anciens vaudevilles satiriques. Elle est d'une date beaucoup plus ancienne que celle qui est indiquée en tête; elle fut, je crois, imprimée dans un mauvais recueil sous le Consulat, et elle passa inaperçue. L'auteur n'a pas voulu donner la date plus précise, de peur de mettre sur la voie de beaucoup d'autres de ses chansons imprimées dans le même recueil et qui presque toutes sont dignes de l'oubli où elles sont tombées en naissant. Il prie les éditeurs qu'il pourrait avoir un jour de ne point aller fouiller dans ce panier aux ordures. Il a dit souvent qu'un recueil de chansons, pour être complet, en devait contenir de mauvaises : il en faut pour tous les goûts; mais il croit avoir suffisamment satisfait à cette obligation dans les recueils qu'il a publiés lui-même. (*Note de Béranger.*)

Cette chanson, dans l'édition de 1821, venait après le *Mort vivant*. Ce que dit Béranger explique pourquoi on n'a pas voulu, à la fin de *Ma Biographie*, recueillir les pièces qu'il a proscrites. (*Notes de l'Éditeur.*)

L'ÉDUCATION DES DEMOISELLES

Note XX. — *Au titre.*

Dans son ouvrage de l'*Éducation des Filles*, Fénelon entre dans les plus petits détails des travaux propres aux femmes.

Il faut bien se garder de faire de cette chanson une application générale. La critique qu'elle contient deviendrait injuste si l'on voulait y voir un tableau de l'éducation des jeunes personnes à l'époque où cette chanson fut faite. (*Note de Béranger.*)

CHARLES VII

Note XX. — *Au titre.*

Cette chanson et celle de *Marie Stuart* sont ce qu'on appelle des *romances*. C'est un genre particulier que Moncrif, Coupigny et quelques autres ont exploité très-heureusement. Béranger n'a fait ces deux romances que pour la musique, qui est d'un de ses amis. Depuis, ayant fait prendre à la chanson des tons qu'elle avait repoussés jusqu'à lui, le ton mélancolique ou élevé que la romance affectait seul est venu se fondre avec les autres parties du genre chantant qu'il agrandit autant qu'il fut en son pouvoir. Mais, que ces chansons fussent tristes, sérieuses ou guerrières, elles ne furent plus du tout ce qu'on appelait du nom de romances. Cela tient à des nuances qu'il serait difficile de faire ressortir ici d'une manière claire et en peu de mots : ajoutons que la chose n'en vaut pas la peine. (*Note de Béranger.*)

LA BONNE FILLE

NOTE XXI. — Au vers :

Au censeur Mascarille.

La note manque ; mais Béranger a mis là une croix qui marquait son intention d'en faire une. Serait-ce de Lemontey que Béranger voulait parler ? Il avait eu à se plaindre de lui. (*Note de l'Éditeur.*)

NOTE XXII. — Au vers :

Trois auditeurs me disent : Viens, Camille.

Les auditeurs au conseil d'État de Napoléon obtenaient presque tous des intendances dans les pays conquis, ce qui explique le nom d'intendant que leur donne l'auteur.

Cette chanson est tout à fait dans le genre de Collé, et ce serait le cas de répéter ce qui a été dit pour la *Gaudriole*. (*Note de Béranger.*)

La bonne Fille, dans l'édition de 1821, venait après *Charles VII*. (*Note de l'Éditeur.*)

MES CHEVEUX

Note XXIII. — *Au titre.*

A l'âge de vingt-quatre ans, Béranger était presque entièrement chauve. Il ne put jamais attribuer cette calvitie prématurée qu'aux violents maux de tête qui le tourmentèrent dès son enfance. C'est par une espèce de licence poétique qu'il semble ici indiquer une autre cause à la perte de ses cheveux. (*Note de Béranger.*)

L'AGE FUTUR

Note. XXIV. — *A la date.*

1813. (*Note de Béranger.*)

Note XXV. — *Au vers.*

Nous aimons bien un peu la guerre.

La note manque. Il est probable que Béranger voulait parler de quelque suppression exigée encore pour ce couplet qui avait l'air de ne pas admirer à l'excès la gloire des batailles. (*Note de l'Éditeur.*)

LES GUEUX

Note XXVI. — *A la date.*

1812. (*Note de Béranger.*)

Cette chanson venait, dans l'édition de 1821, après l'*Age futur.* (*Note de l'Éditeur.*)

L'AMI ROBIN

Note XXVII. — *Au titre.*

L'*Ami Robin* est une chanson de l'Empire : Béranger ne se proposait alors que Collé pour modèle. Comme il n'écrivait pas ses chansons, il en a perdu un grand nombre de cette même époque. Il a toujours regretté des couplets intitulés le *Bœuf gras* et le *Décrotteur suivant la cour*, couplets fort satiriques que les convenances l'eussent sans doute empêché de publier à la Restauration, puisqu'ils attaquaient le gouvernement déchu, mais qui n'en auraient pas moins été pour lui un complément de l'histoire chantante des règnes sous lesquels il a vécu.

Lorsque les amis de Béranger l'engagèrent à écrire ses chansons, il en retrouva dans sa mémoire près de quatre-vingts, tant bonnes que mauvaises, dont il forma un recueil avec ce titre : *Chansons morales et autres, par M. un tel, membre d'une société de gens de bon goût et de mauvais ton.* On peut, d'après cela, juger du peu d'importance qu'il attachait à ces productions. Son premier volume, publié à la fin de 1815, est encore intitulé : *Chansons morales et autres.* (*Note de Béranger.*)

LES GAULOIS ET LES FRANCS

Note XXVIII. — *Au titre.*

A l'époque de la première invasion, on engagea tous les

membres du Caveau à faire des chansons pour ranimer l'esprit public. Désaugiers en fit une, qui, je crois, commençait ainsi :

> Il reviendra, le fils de la Victoire !

et que la police s'empressa de faire répandre. Celle-ci n'était que patriotique : elle n'eut point de succès et peut-être n'en méritait-elle pas, quoiqu'elle ne fût pas le fruit d'une inspiration de commande. (*Note de Béranger.*)

UN TOUR DE MAROTTE

NOTE XXIX. — Au sous-titre : *Chanson chantée aux soupers de Momus.*

Autre société chantante fondée à l'imitation du *Caveau moderne*. Le président des *Soupers de Momus* porte, à table, une marotte pour signe distinctif.

Les troisième et quatrième vers du troisième couplet font assez voir que cette chanson date du commencement de la Restauration. (*Note de Béranger.*)

LA MUSIQUE

NOTE XXX. — *Au titre.*

L'auteur serait fâché qu'on crût qu'il a voulu, dans cette chanson, tourner en ridicule les véritables amis de la musique. Il ne s'en prend qu'aux prétendus connaisseurs et aux amateurs ridicules que la mode a créés parmi nous. (*Note de Béranger.*)

LES GOURMANDS

Note XXXI. — *Au sous-titre.*

Cette chanson fut dirigée contre de trop nombreuses réunions de gastronomes qui remplissaient les journaux des détails de leurs gloutonneries. Les chansonniers mêmes ne parlaient plus que de *boire* et de *manger*. Ces mots étaient les refrains les plus habituels du *Caveau*. (*Note de Béranger*.)

MA DERNIÈRE CHANSON PEUT-ÊTRE

Note XXXII. — *A la date.*

L'ennemi avançait sur Paris, et l'auteur n'avait pas encore osé élever le ton de la chanson. Sans cela, c'eût été d'une voix plus grave qu'il eût exprimé les sentiments qui l'agitaient alors. Il est nécessaire d'ajouter que personne ne pouvait se persuader que Paris tomberait si facilement au pouvoir des étrangers, et que rien jusque-là n'avait troublé les plaisirs de cette capitale.

Le jour de la première reddition de Paris, le matin, on afficha encore les spectacles. (*Note de Béranger*.)

Note XXXIII.

Il y a dans le recueil d'Olivier Basselin, donné par Jean le Houx, une chanson qui ressemble fort à celle-ci. (*Note de l'Éditeur*.)

LE BON FRANÇAIS

Note XXXIV. — *Au titre.*

L'auteur voyait alors beaucoup de Français insulter à leur propre gloire. Il n'y avait plus de boussole politique qui pût guider le patriotisme. L'habitude de penser s'était, pour ainsi dire, perdue sous l'Empire. Les plus sages avaient bien de la peine à opposer un frein à la démence des royalistes, qui étaient alors en assez grand nombre dans les salons. Béranger ne pensa d'abord qu'à réclamer au nom de la gloire nationale indignement méconnue, et, quoiqu'il n'aimât point les Bourbons, il crut devoir se servir de leur nom pour célébrer, en présence des étrangers eux-mêmes, et nos nombreux faits d'armes et la supériorité de nos arts.

Il prouvait aussi par là que son patriotisme faisait abnégation des personnes, ce qui était vrai, sauf ensuite à s'en prendre aux Bourbons eux-mêmes, si tant de promesses faites ne devaient aboutir qu'à nous rendre l'ancien régime et tous ses abus. Aussi, dans l'édition de 1821, mit-il plusieurs petites notes qui ne durent point laisser de doute à cet égard.

Beaucoup de chansons de commande furent faites alors en faveur des Bourbons et contre Napoléon, par plusieurs membres du Caveau, qui avaient chanté l'Empereur dans toutes les occasions. Béranger avait aussi été sollicité; mais il refusa, non pour s'en faire un mérite, mais parce qu'il pensa toujours qu'il faut de la conscience, *même en chansons.* (*Note de Béranger.*)

REQUÊTE DES CHIENS DE QUALITÉ

Note XXXV. — *Au titre.*

Voici la première chanson d'opposition que la Restauration inspira à l'auteur. Le nom de *tyran* était alors donné à tout propos à Napoléon par ceux-là même qui l'avaient le plus flatté et parmi lesquels se trouvaient tant de noms de l'ancienne aristocratie. Les prétentions absurdes renaissaient à la cour et à la ville. *Tout comme autrefois* était le mot d'ordre, et les vieilles modes reparaissaient avec les vieux usages.

Des amis trop prudents empêchèrent l'auteur d'insérer cette chanson dans le volume qu'il publia en 1815. (*Note de Béranger.*)

LA GRANDE ORGIE

Note XXXVI. — *Au-dessous du titre.*

1815. (*Note de Béranger.*)

Cette chanson, dans l'édition de 1821, venait après *Beaucoup d'amour.* (*Note de l'Éditeur.*)

LES BOXEURS

Note XXXVII. — *Au titre.*

Des boxeurs anglais vinrent à Paris, en effet, à cette époque ; mais il faut dire à notre louange qu'ils n'y obtinrent point de succès, malgré l'anglomanie qui régnait alors. Les combats de coqs ne furent pas plus heureux. (*Note de Béranger.*)

LA CENSURE

NOTE XXXVIII. — *Au sous-titre.*

C'est peu de temps après la première Restauration que le ministère, par l'organe de M. l'abbé de Montesquiou, chargé de l'intérieur, demanda une loi répressive de la liberté de la presse. Cette loi donnait des censeurs aux divers journaux, et la Chambre n'opposa presque pas de résistance à ces limitations de la plus importante des libertés publiques.

Pendant les Cent-Jours, on proposa à l'auteur la place de censeur du *Journal général;* il refusa, tout pauvre diable qu'il était, en disant qu'il avait assez cherché à déconsidérer le métier pour n'avoir pas de mérite à refuser de le faire, même pour 6,000 francs. (*Note de Béranger.*)

VIEUX HABITS, VIEUX GALONS

NOTE XXXIX. — *A la date.*

Cette chanson exige plusieurs explications.

La *Gazette de France* était, dès cette époque, l'apologiste de l'ancien régime.

Quant aux *Déesses civiques*, on sait qu'elles contribuèrent peut-être à faire dégénérer les fêtes républicaines.

Les *Habits Verts*, livrée de l'Empereur.

Les *Habits Bleus*, livrée des Bourbons.

On voyait reparaître alors les habits de l'ancienne cour. Le public s'en amusait beaucoup. Quant à l'*Habit de saint*, on sait que déjà l'hypocrisie reprenait son masque.

On remarqua aussi, chez plusieurs fripiers, des costumes de la cour impériale. L'auteur y fait allusion dans l'avant-dernier couplet. (*Note de Béranger.*)

LE NOUVEAU DIOGÈNE

Note XL. — *Au titre.*

Cette chanson appartient aux *Cent-Jours*. Le couplet sur le chapeau de fleurs de la Liberté fait allusion à quelques hommes dont les noms ne rappelaient de 93 que ses excès et qui avaient la prétention de représenter seuls le parti républicain.

Le cinquième couplet fait allusion au congrès de Vienne, alors assemblé. (*Note de Béranger.*)

LE CÉLIBATAIRE

Note XLI. — *Au sous-titre.*

La note manque; mais une croix indique qu'il devait y avoir là une note. (*Note de l'Éditeur.*)

PRIÈRE D'UN ÉPICURIEN

Note XLII. — *Au titre.*

La note, indiquée par une croix, manque. Elle devait, sans doute, expliquer et raconter la visite des membres du Caveau aux Catacombes. (*Note de l'Éditeur.*)

ADIEUX DE MARIE STUART

Note XLIII. — *Au titre.*

La note manque. Il est permis de croire que Béranger pensait, en marquant le titre d'une croix, à la *Marie Stuart* de son vieil ami M. Lebrun, ou à la musique de son ami Wilhem, qui lui avait demandé cette chanson. (*Note de l'Éditeur.*)

MON CURÉ

Note XLIV. — Au sous-titre, qui, dans l'édition de 1821, était celui-ci : *Chanson qui n'est point à l'usage des gens intolérants.*

Cette chanson fut faite après la première Restauration, lorsque, par une ordonnance royale, on fit une obligation de fermer les boutiques le dimanche, et que bientôt les prêtres, renchérissant sur cette mesure, proscrivirent la danse dans plusieurs communes, les jours de fête. On put juger dès lors jusqu'où le clergé pouvait pousser l'esprit d'intolérance qui lui est si naturel, aidé comme il l'était par une cour toute bigote. (*Note de Béranger.*)

La *Pétition* de P. L. Courier, *pour les villageois qu'on empêche de danser*, est du même temps et a le même sens que la chanson. (*Note de l'Éditeur.*)

BOUQUET

Note XLV. — Au deuxième couplet et aux vers : *Où Favart... Où Panard,* etc.

Deux croix marquent que Béranger voulait mettre deux

notes pour parler des deux chansonniers que ses vers caractérisent ici rapidement et nettement. Dans *Ma Biographie* il est question de Favart, que Béranger a vu dans son enfance. Il n'a pu voir Panard, né en 1694, mort en 1765. (*Note de l'Éditeur.*)

TRAITÉ DE POLITIQUE

Note XLVI. — *A la date.*

Cette chanson, faite dans les Cent-Jours, peu de temps après le retour de Napoléon, parut imprimée dans plusieurs journaux. Parmi les auteurs qui ont injurié ce grand homme après sa double chute, il y en a peu, sans doute, qui eussent voulu lui parler ainsi que Béranger le fit dans ces couplets. Lors de la seconde rentrée des Bourbons, on ne l'accusa pas moins d'avoir flatté l'Empereur. Il fut loin d'en juger ainsi, puisque dans son premier volume, publié à la fin de 1815, il n'inséra pas cette chanson, parce qu'il la regardait comme une critique trop directe du gouvernement impérial, ce qui lui semblait peu convenable alors.

Il faut toujours se rappeler que Béranger n'avait pas encore osé donner à son genre des formes plus en rapport avec les idées qui occupaient le peuple français. De là, le ton et le cadre qu'il prit dans le *Traité de politique.*

C'est à l'époque où il fit cette chanson qu'on lui proposa la place de censeur du *Journal général*, feuille connue par son royalisme. Béranger, partisan de la plus grande liberté possible de la presse, refusa cette place, qui rapportait 6,000 francs, quoiqu'il n'eût alors pour vivre et soutenir des charges assez fortes que son emploi de 1,800 francs. (*Note de Béranger.*)

L'OPINION DE CES DEMOISELLES

Note XLVII. — *A la date.*

Pendant les Cent-Jours, le royalisme et la malveillance rappelaient de tous leurs vœux les armées étrangères. L'auteur crut les frapper de ridicule en mettant l'opinion des dames du faubourg Saint-Germain dans la bouche des demoiselles dont il est question dans cette chanson. Béranger avait le désir de stigmatiser, dans une chanson qui pût devenir populaire, un parti que ses trames criminelles et antipatriotiques eussent dû rendre odieux à tous les cœurs honnêtes.

Béranger a fait emploi du langage patoisé. Dans cette chanson ce langage était convenable et pouvait même devenir piquant. L'auteur ne se l'est guère permis que pour de pareils sujets, en regrettant toujours d'être obligé d'en faire usage. (*Note de Béranger.*)

PLUS DE POLITIQUE

Note. XLVIII. — *A la date.*

Pour la seconde fois, l'ennemi était sous les murs de Paris, dont la résistance ne devait pas durer, quand l'auteur fit cette chanson. Elle est bien différente, pour le ton, de celle qu'il avait faite un an auparavant, à peu près en pareille circonstance. Il commençait à sentir qu'on lui permettrait de prendre des accents plus graves pour parler des grands événements qui répandaient tant de tristesse dans le peuple. Le succès qu'obtint cette chanson le confirma dans l'idée qu'il avait que, le peuple, depuis la Révolution, étant entré pour quelque chose dans ses propres affaires, il fallait que le genre qu'on disait être l'expression des sentiments populaires prît enfin tous les tons pour répondre à ces mêmes sentiments. L'éloge de l'amour et du vin ne devait être le plus souvent que le cadre des idées qu'il fallait que la chanson exprimât désormais, au moins à une époque où toutes les circonstances un peu importantes réagissaient sur des masses nombreuses et sur des individus plus éclairés. (*Note de Béranger.*)

A MON AMI DÉSAUGIERS

Note XLIX. — *Au sous-titre.*

Peu de temps après la seconde Restauration, Désaugiers fut nommé directeur du théâtre du Vaudeville. Béranger voyait encore fréquemment cet homme aimable, qui, jusque-là, avait semblé respecter les opinions de ceux qui ne pensaient ni n'agissaient comme lui. Il se fit un plaisir de lui adresser cette chanson, où à des éloges mérités se mêlaient quelques idées patriotiques.

Dans les éditions de 1821 et suivantes, Béranger eût éprouvé de la peine, quoique toute intimité eût cessé entre Désaugiers et lui, à effacer le mot *ami*, placé en tête de cette chanson. Il connaissait trop bien Désaugiers pour lui en vouloir de quelques torts de conduite, qui tenaient à la faiblesse de son caractère, et que même il n'aurait jamais eus, s'il n'eût été entouré que d'amis véritables. Ce joyeux chansonnier fit lui-même savoir à Béranger combien il regrettait de n'avoir pas continué d'être en rapport avec lui. Ce regret était partagé. Mais un des résultats les plus tristes des dissensions politiques, c'est que, non-seulement elles divisent les hommes les plus faits pour s'aimer, mais que le temps, en rapprochant enfin les partis les plus opposés, ne renverse pas toujours les barrières que les opinions ont élevées entre ces mêmes hommes. (*Note de Béranger.*)

LE VILAIN

NOTE L. — *Au titre.*

(Cette chanson, dans l'édition de 1821, porte la date de 1815.)

Né d'un père qui, trompé par quelques traditions vagues, croyait à la noblesse de sa famille, bien qu'il ne fût que le fils d'un cabaretier du village de Flamicourt, près de Péronne, et qui ajoutait toujours à son nom la particule nobiliaire, Béranger la reçut dans ses actes de naissance. Il ne s'en serait jamais paré, sans la nécessité où il fut d'établir une différence entre son nom et celui de plusieurs Béranger qui, lors de son début, avaient quelque réputation littéraire. Ayant vu plusieurs de ses vers attribués à un M. Béranger de Lyon, qui eut à souffrir de cette erreur, les vers étant fort mauvais, il prit le *de* vers 1812, et le fit même précéder de ses noms patronymiques (Pierre-Jean). A la Restauration, il continua de signer ainsi ses chansons, regardant comme ridicules ces altérations de noms, espèce de concession qui n'est qu'une faible garantie politique. Il était bien sûr d'en pouvoir donner d'autres. Longtemps le faubourg Saint-Germain le crut vraiment noble, même encore après la chanson du *Vilain*, ce qui ne contribua pas peu à augmenter la haine qu'il inspirait. Quand il eut enfin bien établi sa roture, ces messieurs et ces dames disaient alors que c'était parce qu'il était sans naissance qu'il faisait la guerre aux priviléges.

Le troisième couplet de cette chanson fait allusion à tous ces hommes d'ancienne noblesse qui, las d'une retraite forcée dans leurs châteaux, sollicitèrent des emplois dans l'antichambre du nouveau Charlemagne.

Le nom de Merlin l'enchanteur ne peut donner lieu à aucune interprétation. Ce nom ne fut illustré, sous l'Empire, que par le plus fameux des jurisconsultes, qu'on laissa mourir en exil et qui n'eut rien à débattre avec les domestiques du prince. (*Note de Béranger.*)

LE VIEUX MÉNÉTRIER

Note LI — *A la date.*

Cette chanson fut faite au milieu des proscriptions et des exécutions qui ternirent la seconde Restauration, et qui durent lui aliéner pour longtemps les cœurs vraiment généreux et patriotiques. Ce n'est pas avec des chansons et des vers qu'on fait entendre raison aux rois et aux factions ; mais les poëtes ne doivent pourtant pas se décourager. (*Note de Béranger.*)

LES DEUX SŒURS DE CHARITÉ

Note LII. — *'Au titre.*

Voilà une des chansons contre lesquelles Marchangy, avocat du roi, s'est livré aux plus violentes déclamations, lors du procès fait à Béranger[1]. Elle est au nombre des chansons condamnées.

L'auteur rappelle à la fin du second couplet le refus d'inhumation, fait si souvent par nos prêtres à nos acteurs et actrices. (*Note de Béranger.*)

[1] Marchangy poursuivit aussi la *Descente aux Enfers*. Il est presque impossible d'en deviner la cause, si ce n'est la protection que le pouvoir accorde aux superstitions les plus absurdes. (*Note de Béranger.*)

On sait que, lorsque le curé de Saint-Roch refusa d'ouvrir son église au corps de mademoiselle Raucourt, il y eut dans Paris de l'agitation. (*Note de l'Éditeur.*)

LES OISEAUX

Note LIII. — *A la date.*

C'est au moment où M. Arnault se préparait à partir pour l'exil, auquel les proscriptions l'avaient condamné, et lorsque sa famille fêtait le jour de sa naissance, que Béranger fit ces couplets, où il n'exprimait que faiblement la peine que lui causaient les malheurs d'un homme à qui il avait de véritables obligations et dont il a toujours estimé le noble caractère.

La chanson tomba dans les mains de la police. Béranger fut semoncé et menacé de la perte de son emploi. C'est alors qu'il répondit en riant : « Si on me l'ôte, je me ferai journaliste. Aime-t-on mieux cela? » Sa place d'expéditionnaire lui fut conservée. (*Note de Béranger.*)

Les *Oiseaux*, dans l'édition de 1821, venaient après les *Deux Sœurs de charité*. (*Note de l'Éditeur.*)

COMPLAINTE D'UNE DE CES DEMOISELLES

Note LIV. — *Au sous-titre.*

Voici une espèce de vaudeville sur cette époque, où beaucoup d'autres choses auraient pu et dû être dites. Wellington était le héros du parti antifrançais et l'épouvantail qu'on opposait aux patriotes.

Deuxième couplet : Louis XVIII affectait des mœurs galantes, qui n'allaient ni à son âge ni à sa santé. Le duc de Berry vivait dans les coulisses.

Troisième couplet : Le gouvernement faisait peu pour les artistes, qui presque tous passaient pour de mauvais royalistes.

Quatrième couplet : On sait combien de procès signalèrent cette malheureuse époque. Les juges se montrèrent plus que zélés.

Dernier couplet : M. Laborie, dès lors agent du parti occulté et des jésuites, avait osé élever la voix en faveur de la restitution des biens du clergé.

La raison qui avait déterminé Béranger à choisir ces demoiselles pour faire la chanson de l'*Opinion* l'engagea à mettre encore dans leur bouche cette satire patoisée, que leur langage seul pouvait égayer un peu. (*Note de Béranger.*)

LE MARQUIS DE CARABAS

NOTE LV. — *A la date.*

Cette chanson obtint une très-grande vogue. On pense que plusieurs personnes du gouvernement, frappées de l'absurdité des prétentions féodales de nos anciens nobles, contribuèrent à répandre cette satire, ou du moins ne furent pas fâchées qu'elle courût toute la France. Une réponse y fut faite sur le même air. (*Note de Béranger.*)

MA RÉPUBLIQUE

NOTE LVI. — *Au titre.*

Quel Parisien, sans sortir de France, a pu voir plus de rois que celui qui, dans son enfance, a d'abord vu Louis XVI, puis après Napoléon, son fils, ses frères, Joseph, Louis, Jérôme et Murat, et, à leur suite, les rois d'Étrurie, de Wurtemberg, de Saxe, de Bavière, le pape, deux rois d'Espagne, Charles IV et Ferdinand, et qui, enfin, aux deux invasions de la France, a vu Alexandre, François II, Frédéric-Guillaume de Prusse, Guillaume des Pays-Bas, Bernadotte, et *tutti quanti*. Ajoutez à ce nombre, déjà si grand, Louis XVIII, Charles X, sans compter *Mathurin Bruneau*. En voilà bien assez pour un républicain. (*Note de Béranger*.)

PAILLASSE

Note LVII. — *A la date.*

Décembre 1816. (*Note de Béranger.*)

Note LVIII. — *Au premier vers.*

Beaucoup de personnes ont cru et dit que cette chanson avait été faite contre Désaugiers. On aurait dû penser que Béranger ne personnifia jamais la satire que contre les hommes puissants, et que, d'ailleurs, il était encore en relation avec Désaugiers, lorsqu'il fit *Paillasse*. Quelques traits pouvaient bien tomber sur ce chansonnier; mais *Paillasse* était une peinture générale de tant d'individus bien autrement élevés et importants que Désaugiers. Aussi disait-il plaisamment à ce sujet : « Ce ne peut être moi. Je n'ai point sauté pendant les Cent-Jours. » De faux amis parvinrent à lui persuader de répondre à cette chanson, et il en fit une intitulée l'*Employé et le Garde national*. Elle n'est point bonne. Béranger en plaisanta avec lui, et cette obscure tracasserie ne parvint pas encore à les diviser. (*Note de Béranger.*)

LE JUGE DE CHARENTON

Note LIX. — *Au premier vers.*

Un discours au moins étrange, prononcé par M. le premier président Séguier à la rentrée des tribunaux (en 1816), donna naissance à cette chanson, qui eut une vogue prodigieuse. Depuis, M. Séguier, comme membre de la chambre des Pairs, dans l'affaire de la conspiration de 1820, montra tant d'humanité et d'amour de la justice, que Béranger eût voulu pouvoir faire disparaître ces couplets. Outre l'inutilité de cette suppression, comme il le dit dans une note, ce qui devait le porter à n'en rien faire, c'est que, le dernier couplet attaquant M. Bellart, qui était encore tout-puissant lorsque parut l'édition de 1821, Béranger eût semblé reculer devant cette terrible puissance, à laquelle il prévoyait bien qu'il aurait affaire avant peu. Ses prévisions ne furent pas trompées; et M. Bellart, si l'on croit quelques rapports, ne se montra pas seulement magistrat sévère. C'est le cas de rapporter un fait qui est de peu d'importance, mais qui ne doit pas rester dans l'oubli, puisqu'il honore Napoléon et un de ses ministres.

A l'époque des Cent-Jours, Bellart prit la fuite. Sa famille voulut faire sonder l'Empereur pour savoir s'il pourrait rentrer sans danger. On s'adressa à Béranger, qui connaissait M. Regnaud-de-Saint-Jean-d'Angély. Les prières du chansonnier engagèrent celui-ci à parler de Bellart à Napoléon, qui répondit qu'il pourrait rentrer en France, qu'il y serait tranquille et ne courait aucun danger. Béranger, qui n'avait pas encore de cet avocat l'idée qu'il a dû concevoir depuis, heureux d'une telle réponse, se hâta de la porter à l'ami de Bellart qui l'avait engagé à se charger de cette négociation. En 1822, le procureur général ne pouvait l'ignorer, car une personne de la famille de cet ami écrivit pour le lui rappeler ou le lui apprendre, pendant le procès que Béranger eut à soutenir, après sa condamnation, lorsque, contre tout droit, on voulut lui imputer à crime la publication des pièces du premier procès fait aux chansons. Or le parquet seul avait provoqué cet affaire, et M. Bellart en était le chef. C'était un terrible homme que ce magistrat : il eût volontiers traité un chansonnier comme un maréchal de France.

Pour revenir à la chanson qui donne lieu à cette note, il faut dire qu'elle se compose en partie des expressions mêmes qui choquèrent si généralement dans le discours de M. le premier président, et qu'elle fut composée le *Moniteur* à la main : ce qui la rendait piquante lorsqu'elle parut doit la rendre inintelligible aujourd'hui. (*Note de Béranger.*)

On trouve, par extraits seulement, le discours de M. Séguier, à la page 1252 du *Moniteur* de 1816. C'est, en effet, une étrange satire de l'œuvre de la Révolution française. Le principe d'égalité y est tourné en ridicule, et le premier magistrat de la France déclare que le Code est un livre empoisonné. (*Note de l'Éditeur.*)

LA COCARDE BLANCHE

Note LX. — *Au titre.*

Beaucoup de personnes d'un rang élevé à la cour eurent la déplorable idée de célébrer, dans un repas d'anniversaire, plusieurs fois renouvelé, l'entrée des troupes alliées à Paris en 1814. C'est à propos de cette réunion, qu'un mot du roi eût pu empêcher, que Béranger fit cette chanson, où l'ironie est d'autant plus claire, qu'elle avait à exprimer une plus vive indignation.

Le couplet sur Henri IV est le seul qui ait été attaqué par les tribunaux comme un outrage à la personne du roi. (*Note de Béranger.*)

LA SAINTE ALLIANCE BARBARESQUE

NOTE. LXI — *Au premier vers.*

La Sainte-Alliance des rois est un fait historique trop connu pour qu'il soit nécessaire d'expliquer le but de cette chanson. Le roi Christophe était alors dans toute sa gloire. Il en était de même de M. de Bonald. M. Ferrand, si connu par sa déposition dans l'affaire de M. de Lavallette, dont elle détermina la condamnation, a fait un ouvrage intitulé *Esprit de l'Histoire*, plein de vues fausses et d'une critique superficielle. (*Note de Béranger.*)

L'HERMITE ET SES SAINTS

NOTE LXII. — *Au sous-titre.*

Les chansons de fête disent toujours trop ou trop peu. Celle-ci a ce dernier inconvénient. Il y avait beaucoup plus et beaucoup mieux à dire de M. de Jouy. Ce n'est pas la matière, c'est la place qui a manqué à l'éloge que Béranger eût voulu pouvoir faire de l'*Ermite de la Chaussée d'Antin*, de l'auteur de la *Vestale*, de *Sylla*, etc., etc. La reconnaissance lui en faisant un devoir. Personne plus que de Jouy n'a pris à tâche de travailler à la réputation de son ami. Il n'est presque pas un de ses ouvrages où il ne se soit plu à en répéter le nom, même à l'époque où ce nom était connu de bien peu de monde. Il est bon de remarquer que de Jouy a lui-même fait un grand nombre de chansons dont plusieurs ont obtenu et mérité une véritable vogue.

(*D'une écriture plus récente.*) Il est cruel de penser qu'à l'époque où cette note fut écrite quelques personnes aient semblé prendre à tâche de dénigrer ce littérateur célèbre, doué d'un talent incontestable et du caractère le plus aimable. La jeune littérature a des torts à expier envers lui, car il fut toujours le protecteur des débutants de la carrière. (*Note de Béranger.*)

LES CAPUCINS

Note LXIII. — *Au titre.*

Cette chanson fut surtout maltraitée par Marchangy, qui en prit occasion pour faire le plus étrange éloge des capucins. Elle contribua plus que toute autre à la première condamnation de Béranger. Ce couplet,

L'Église est l'asile des cuistres!

irrita surtout les dévots.

En 1817, des capucins s'étaient déjà montrés, même à Paris. Les journaux royalistes n'étaient pleins que de détails de fêtes d'église; on faisait communier les soldats pour de l'argent, et les missionnaires tonnaient dans les campagnes contre les acquéreurs de biens nationaux. (*Note de Béranger.*)

Cette chanson, dans l'édition de 1821, porte la date de 1817, qui évidemment est la date vraie. (*Note de l'Éditeur.*)

LA VIVANDIÈRE

Note LXIV. — *Au titre.*

Voici une des chansons patriotiques de Béranger qui eurent le plus de succès : elle descendit surtout dans les classes inférieures, à qui l'auteur crut toujours nécessaire de plaire, dans l'intérêt même de la poésie, qui, selon lui, avait trop longtemps, chez nous, dédaigné un public qui nous eût conduit à plus de naturel et de vérité. La *Vivandière* déplut singulièrement à la police, et on empêcha de la chanter dans les guinguettes. (*Note de Béranger.*)

L'EXILÉ

Note LXV. — *Au titre.*

L'histoire redira le nom des hommes plus ou moins illustres que la seconde Restauration proscrivit de France ou força de s'en éloigner. A l'époque où cette chanson fut faite, on paraissait espérer que les Bourbons se lasseraient enfin d'un système de rigueur. Si quelqu'un devait élever la voix, c'était Béranger, qui regarda toujours comme sa plus grande gloire d'avoir, par ses chansons, adouci le sort de tant de victimes des réactions révolutionnaires. Il reçut bien souvent des lettres venues des pays les plus éloignés, de Calcutta même, où des Français lui témoignaient leur reconnaissance pour le charme qu'ils avaient trouvé dans leur exil à répéter des chants qui leur rappelaient la *terre chérie*. Jamais plus douce récompense ne put être décernée à leur auteur. (*Note de Béranger.*)

LA PETITE FÉE

Note LXVI. — *Au titre.*

La note, indiquée par une croix, manque. (*Note de l'Editeur.*)

M. JUDAS

Note LXVII. — *Au titre.*

Cette chanson fut faite par une réunion de libéraux qui s'intitulait « Société des Apôtres ; » Béranger portait le nom de *Jacques le Majeur.* Sa chanson commençait ainsi :

> Mes frères, les bons apôtres,
> Que mon cousin le bon Dieu,
> Lorsque nous faisons des nôtres,
> Soit avec nous dans ce lieu !
> Mais, s'il fut pris en défaut
> Pour avoir parlé trop haut,
> Parlons bas.

Cette société, qui se réunissait à table, n'eut pas une longue durée. Un homme de police s'y était introduit dès le commencement, et il n'en fut pas le seul *Judas.* Le portrait de ce lâche apôtre convenait à tant de gens, que, par la suppression du premier couplet, cette chanson devint d'une application générale. Cependant il en fut fait une particulière à un ancien membre du Caveau, soupçonné d'avoir précédemment appartenu à la police impériale et devant qui, en 1813, Béranger fut prévenu par Désaugiers de ne pas chanter le *Roi d'Yvetot.* Depuis, ce même personnage n'en a pas moins obtenu et cumulé des places de censeur, de bibliothécaire, des pensions, des croix, etc. (*Notes de Béranger.*)

LE DIEU DES BONNES GENS.

Note LXVIII. — *Au titre.*

C'est vers le milieu de 1817 que Béranger fit le *Dieu des bonnes gens*. Jusque-là, c'était toujours avec une espèce de timidité qu'il avait tenté d'élever le ton de la chanson. Enhardi par le succès, il osa davantage cette fois ; mais la frayeur le reprit quand il eut terminé ces couplets. Pour expliquer cette frayeur, il faut dire qu'il était reçu au *Caveau* qu'il ne fallait point mettre de poésie dans la chanson. Béranger avait souvent entendu professer cette doctrine par Armand Gouffé. Aussi trembla-t-il fort lorsque, pour la première fois, dans une réunion d'hommes de lettres, il se hasarda à chanter le *Dieu des bonnes gens*. Les applaudissements qu'il obtint furent tels, que, dès ce moment, sûr de pouvoir dépenser dans ce genre le peu qu'il se sentait d'idées poétiques, il renonça à tout autre et conçut l'espoir de donner à la France une poésie chantée, ce qu'elle n'avait pas, selon lui, malgré la sublimité de beaucoup de nos odes et l'excellence de plusieurs passages de nos opéras. Pour arriver à cela, il fallait continuer à se servir de nos airs de ponts-neufs, convenablement entremêler les tons, ainsi que notre langue pouvait l'exiger, s'attacher de plus en plus à dramatiser ses petits poëmes, et surtout s'astreindre au refrain, frère de la rime, quelque prix qu'il en dût coûter, car Béranger avait souvent observé que, sans refrain, la chanson ne réussissait pas, et il tint dès lors à faire tout ce que le genre exigeait pour y obtenir davantage et l'élever enfin à la hauteur des sentiments et des idées que la chanson lui paraissait appelée à exprimer, surtout à une époque où la presse était esclave. Il sentit d'ailleurs tout l'avantage qu'il y avait pour lui à faire un genre qui n'avait point de poétique et qui laissait à sa disposition tout le dictionnaire de la langue française, dont nos critiques ne permettent guère qu'une partie à presque tous les autres genres. (*Note de Béranger.*)

BRENNUS

Note LXIX. — *Au titre.*

Les anciens historiens rapportent que le désir d'avoir du vin ne contribua pas peu à l'invasion que les Gaulois firent en Italie. C'est là, sans doute, un conte comme tant d'autres que nous a laissés l'antiquité, et particulièrement sur cette même invasion, tels que les oies du Capitole, la balance de Brennus, l'action de Camille, etc.; mais ce sujet dut plaire à l'auteur, qui y vit un cadre pour l'éloge de son pays, où, sans prendre le ton emphatique dont il a toujours eu l'horreur, il pouvait rendre pleine justice à un peuple que ceux qui le gouvernaient alors semblaient vouloir dégrader à ses propres yeux, tandis que les peuples rivaux se vengeaient de vingt ans d'humiliations par un débordement d'injures contre une nation qui n'a jamais mérité ses malheurs. (*Note de Béranger.*)

LES CLEFS DU PARADIS

Note LXX. — *Au premier vers du cinquième couplet :*

En vain un fou crie, en entrant.

Ce fou n'est autre que M. de Bonald, dont la réputation exagérée, commencée sous le pouvoir absolu de l'Empire, est venue échouer dans les débats politiques de la Restauration. C'est ce pair de France qui, lors de la discussion sur l'atroce loi du sacrilége, à propos de la peine de mort, fit entendre cette phrase : *Il faut renvoyer les accusés à leur juge naturel.* Et voilà les hommes qui se sont permis tant de déclamations contre ceux qui ont sauvé la France en 1793 ! (*Note de Béranger.*)

SI J'ÉTAIS PETIT OISEAU

Note LXXI. — *Au titre.*

Cette chanson précéda l'*Ame* et le *Dieu des bonnes gens*. Elle est une des premières dans lesquelles Béranger s'essaye à poétiser le genre qui commençait à l'occuper uniquement. Elle eut d'abord peu de succès ; aussi fut-il frappé d'un mot qu'en l'entendant lui dit M. Jay, l'auteur de l'*Histoire de Richelieu* : « Courage ! voilà de la poésie, vous avez encore mieux que cela dans la tête. »

Béranger devait sans doute croire qu'il avait mieux que cela, lui qui, dès l'âge de vingt ans, avait rêvé les plus grands travaux littéraires, et qui, bien que sachant à peine l'orthographe, s'était particulièrement occupé de ce qu'on appelle haute poésie. Mais il fut longtemps à craindre que la chanson ne pût rendre toutes les pensées et tous les sentiments. Son erreur venait de ce qu'il la considérait comme un genre, tandis qu'elle est toute une langue. (*Note de Béranger.*)

LE BON VIEILLARD

Note LXXII. — *Au vers :*

J'ai bu jadis avec le bon Panard.

Panard est un des noms que les chansonniers ont dû répéter le plus souvent. Le premier peut-être il a soumis la chanson à une correction étudiée et à une grande richesse de rimes. Il a commencé à rendre ce genre difficile pour les simples amateurs. C'est cependant plutôt un coupletteur habile qu'un vrai poëte. Panard se meut dans un cercle d'idées très-étroit et il ne fit jamais de la chanson ni un petit drame ni un tableau. Gallet, moins connu, moins cité, lui est peut-être supérieur sous ce rapport.

Les *Mémoires* de Marmontel contiennent différents passages sur Panard qui le font aimer, et donnent lieu de croire que, grâce à une douce indifférence, ce chansonnier dut vivre heureux. (*Note de Béranger.*)

Voici un extrait curieux du livre IV des *Mémoires* de Marmontel que cite Béranger.

« Ce vaurien (Gallet) était un original assez curieux à connaître.

« C'était un marchand épicier de la rue des Lombards, qui, plus assidu au théâtre de la foire qu'à sa boutique, s'était déjà ruiné lorsque je le connus. Il était hydropique, et n'en buvait pas moins et n'en était pas moins joyeux : aussi peu soucieux de la mort que soigneux de la vie, et tel qu'enfin dans la misère, dans la captivité, sur un lit de la douleur, et presque à l'agonie, il ne cessa de faire un jeu de tout cela.

« Après sa banqueroute, réfugié au Temple, lieu de franchise alors pour les débiteurs insolvables, comme il y recevait tous les jours des mémoires de créanciers : « Me voilà, disait-il, « logé au Temple des mémoires. » Quand son hydropisie fut sur le point de l'étouffer, le vicaire du Temple étant venu lui administrer l'extrême-onction : « Ah! monsieur l'abbé, lui « dit-il, vous venez me graisser les bottes ; cela est inutile, car « je m'en vais par eau. » Le même jour il écrivit à son ami Collé, et, en lui souhaitant la bonne année par des couplets sur l'air : *Accompagné de plusieurs autres*, il terminait ainsi sa dernière gaieté :

> De ces couplets soyez content :
> Je vous en ferais bien autant
> Et plus qu'on ne compte d'apôtres ;
> Mais, cher Collé, voici l'instant
> Où certain fossoyeur m'attend,
> Accompagné de plusieurs autres.

« Le bonhomme Panard, aussi insouciant que son ami, aussi oublieux du passé et négligent de l'avenir, avait plutôt, dans son infortune, la tranquillité d'un enfant que l'indifférence d'un philosophe. Le soin de se nourrir, de se loger, de se vêtir, ne le regardait point ; c'était l'affaire de ses amis, et il en avait d'assez bons pour mériter cette confiance. Dans les mœurs, comme dans l'esprit, il tenait beaucoup du naturel simple et naïf de la Fontaine. Jamais l'extérieur n'annonça moins de délicatesse ; il en avait pourtant dans la pensée et dans l'expression. » (*Note de l'Éditeur.*)

LES CHANTRES DE PAROISSE

Note LXXIII. — *A la date.*

Cette chanson eut un grand désavantage, lorsqu'elle courut manuscrite ; le Concordat n'était qu'un projet et la matière était peu connue du public. Elle nécessita une quantité de notes, qui nous évitent d'en faire de nouvelles, mais qui prouvent l'embarras où se trouve un chansonnier qui veut aller au-devant du mal à venir. Les masses ne sentent bien que le mal présent, et ce qui attaque par prévision tel ou tel acte du pouvoir les intéresse peu. Il faut pourtant dire que ce Concordat expira obscurément sous les coups du parti libéral. Quoique cette chanson ait, sans doute, mérité peu de part aux honneurs du triomphe, elle n'en fut pas moins poursuivie et condamnée en 1821.

Le couplet

Dans chaque ville un séminaire,

fit surtout éclater la colère de Marchangy. (*Note de Béranger.*)

LE PRINCE DE NAVARRE

Note LXXIV. — *A la suite de la note qui existe déjà.*

Beaucoup de bonnes gens croient encore que Mathurin Bruneau, mort, il y a quelques années, dans une prison de Normandie, était réellement Louis XVII, mort au Temple. Cet imposteur maladroit, grossier et sans aucune éducation, eut l'art de s'attirer les secours de quelques personnes crédules jusqu'à la fin de sa vie.

Il est à peu près inutile d'expliquer les allusions que contiennent les couplets de cette chanson, faite en 1817.

On sait bien ce qu'il pouvait y avoir de piquant à faire cesser le tutoiement aux derniers vers de chaque couplet. (*Note de Béranger.*)

LE CARNAVAL DE 1818

Note. LXXV. — *A la place des deux notes qui existent dans les éditions postérieures à celle de 1821.*

Ce carnaval ne fut que d'un jour.

Cette chanson rappelle la servilité de la majorité des Chambres, la *leçon morale* que Wellington prétendit donner à la France par la spoliation du Musée, conquête assurée par les traités, et seul prix qui nous restait du sang de tant de héros, et enfin les frais que la police croyait devoir faire pour simuler une joie qui était loin d'exister. (*Note de Béranger.*)

LE VENTRU

Note LXXVI. — *Au sous-titre.*

Voici encore une de ces chansons-vaudevilles dont le succès fut immense. Elle était d'une application si générale, que presque chaque département y put reconnaître un de ses députés. Quelques personnes d'un goût délicat reprochèrent à l'auteur l'emploi du mot *ventru*. Plus le mot est bas, plus l'emploi en fut heureux. Il restera peut-être pour désigner toujours cette espèce d'hommes qui, dans les Chambres, vendent au pouvoir les intérêts de leur pays, se font gorger de faveurs, eux et les leurs, et s'engraissent à la table des ministres.

> Place à dix pas de Villèle,
> A quinze de d'Argenson.

M. de Villèle était alors le chef de l'opposition de droite, vers laquelle penchait toujours le ministère. M. d'Argenson était l'homme qui, à cette époque, représentait le mieux les généreux principes de la gauche. M. de Villèle est devenu ministre, et les *ventrus*, qui se sont élevés au nombre de trois cents, le soutinrent jusqu'en 1827. M. d'Argenson n'a cessé de mériter la reconnaissance de son pays par sa constante et invariable opposition à toutes les lois désastreuses et à tous les empiétements de l'absolutisme. (*Note de Béranger.*)

LES MISSIONNAIRES

Note LXXVII. — *Au titre.*

Qui le croirait? Ces missionnaires, qui firent tant de mal et sont encore la cause de tant de scandales, ne paraissaient pas assez dangereux, en 1819, à certains députés libéraux. Plusieurs de ceux qui craignent toujours de voir les abus où ils existent, parce qu'on leur impose l'obligation de les attaquer, reprochèrent à Béranger cette chanson, qu'ils trouvaient trop violente. C'était d'ailleurs, selon eux, afficher trop de philosophie et donner occasion aux dévots de pousser des cris d'alarme. Que de fois le pauvre chansonnier eut-il à repousser de pareilles observations, faites par des hommes qui se vantaient pourtant de penser comme lui! En vain dix fois l'événement justifia-t-il ses prévisions; à chaque attaque il fut en butte à de pareils reproches. Il finit par en rire, et, chaque fois qu'ils se renouvelaient, on l'entendit proposer à ses prétendus amis de le désavouer publiquement, s'ils l'osaient. C'est dans une de ces occasions qu'il disait à l'un d'eux : « Ne m'ayez aucune obligation des chansons que j'ai faites pour servir la bonne cause. Ne m'en ayez que de celles que je n'ai pas faites contre vous tous. »

Ces hommes sont ceux qui portaient envie à la popularité de Manuel, et qui parvinrent à empêcher sa réélection en 1824. Ce sont eux qui, en 1827, après la chute de Villèle, firent prendre à la Chambre une marche indécise, qui ne pouvait servir que leur ambition personnelle, au risque de déconsidérer le gouvernement représentatif, dont la France espérait retirer tant de fruits. Le résultat de la politique de ces personnes a été de faciliter l'arrivée du ministère Polignac. (*Note de Béranger.*)

LE CHAMP D'ASILE

Note LXXVIII. — *A la date.*

Au commencement de 1818, beaucoup de Français proscrits et retirés en Amérique conçurent le projet de fonder, sur les bords du Texas, une nouvelle colonie pour tous les Français dispersés par l'exil dans les quatre parties du monde. Le général Lallemand était à la tête de cette noble entreprise. Pour y concourir, une souscription fut ouverte à Paris, et c'est le désir de contribuer à l'augmenter qui fit faire cette chanson à Béranger. Mais l'esprit de colonisation est presque entièrement étranger aux hommes de notre pays : ils sont trop tourmentés du désir de revoir la France pour former au loin des établissements solides. Les bords du Texas, qui avaient reçu le nom de *Champ d'Asile*, furent bientôt abandonnés et n'ont peut-être conservé que le souvenir de la légèreté française. Il faut pourtant reconnaître que, dans cette circonstance, comme dans mille autres, elle ne doit être attribuée qu'à un excessif amour du sol paternel. (*Note de Béranger.*)

LA MORT DE CHARLEMAGNE

Note LXXIX. — *Au titre.*

Il peut être nécessaire d'avertir que la *Mort de Charlemagne* n'est pas un sujet tiré du vieux *Roman de la Rose*, livre que personne ne lit, mais dont on se croit obligé de parler souvent. (*Note de Béranger.*)

LE VENTRU AUX ÉLECTIONS DE 1819

Note LXXX. — *Au titre.*

Cette chanson eut le sort de toutes les autres : on n'en parla pas. D'ailleurs, elle avait le défaut d'aller au-devant des événements, et l'on a déjà expliqué cet inconvénient à propos de la chanson des *Chantres de Paroisse*.

Deuxième couplet. Les préfets dressaient à leur guise la liste des jurés : aussi les mêmes noms y reparaissaient souvent, et les condamnations furent multipliées, surtout à Paris, où certaines personnes se firent une triste réputation (comme MM. Héron de Villefosse, Trouvé, etc.) par leur facilité à condamner au gré du pouvoir ceux qu'on leur donnait à juger. M. Héron de Villefosse présidait le jury qui condamna M. de Lavalette : M. Trouvé présidait au jugement des jeunes gens de la Rochelle. (*Note de Béranger.*)

LA SAINTE ALLIANCE DES PEUPLES

Note LXXXI. — *Au titre.*

Lorsque les troupes étrangères évacuèrent le sol français, le vieux et respectable duc de la Rochefoucauld pria Béranger de lui faire une chanson, pour célébrer leur départ, dans une fête donnée à cette occasion au château de Liancourt. L'auteur ne promit rien, quelque instance que put y mettre le duc de la Rochefoucauld, car il ne pouvait être sûr de ce que lui inspirerait ce sujet. Cependant il y rêva, et, lorsque la chanson fut faite, il l'envoya, mais sans vouloir assister à la fête, Béranger s'étant presque toujours fait une loi de ne point fréquenter les grands seigneurs, de quelque régime qu'ils fussent, cela non par fierté malentendue ou désobligeante pour eux, mais par un goût très-vif pour une manière de vivre toute simple et toute bourgeoise. La chanson eut du succès, et la *Minerve* la publia ; mais, sans le nom de M. de la Rochefoucauld, peut-être cette publication eût-elle offert quelque danger.

Dans le dernier couplet, l'auteur n'omit point de parler de la beauté extraordinaire de l'automne de 1818. On vit, dans beaucoup d'endroits, des arbres fruitiers refleurir comme au printemps. (*Note de Béranger.*)

LES RÉVÉRENDS PÈRES

Note LXXXII. — *Au titre.*

Qui pourrait croire qu'en 1819 beaucoup de personnes doutaient des progrès que les jésuites faisaient sourdement en France? A cette époque pourtant, sous des noms divers, on comptait plus de trente maisons régentées par eux. Ils étaient protégés par le gouvernement occulte, à la tête duquel était le comte d'Artois.

L'atroce gouvernement de Ferdinand VII, en Espagne, avait trouvé des gens pour le louer en France.

Quant au grand homme du jour, dont il est question au troisième couplet, c'est M. Decazes, qui acheta, par ses complaisances, l'honneur d'avoir la duchesse d'Angoulême pour marraine de son fils.

La prédiction que l'auteur fit de sa chute ne tarda pas à s'accomplir. On a trop dit que la mort du duc de Berry en avait été la cause ; elle n'en fut que l'occasion. Le système de bascule qu'il inventa ou plutôt qu'il suivit avait dès longtemps fait prévoir l'impossibilité de la durée de son règne.

C'est particulièrement sous son ministère que les jésuites firent, en France, les plus rapides progrès et commencèrent à envahir l'instruction publique. Il serait injuste de croire qu'il les aimât; mais il ne fit rien pour s'opposer à leurs progrès ; il craignait trop de déplaire au frère du roi et à ses amis, qui ne lui ménageaient pas les menaces. (*Note de Béranger.*)

LES ENFANTS DE LA FRANCE

Note LXXXIII. — *Au titre.*

On a souvent accusé Béranger de se laisser dominer par l'esprit de parti. Jamais reproche ne fut moins fondé. « Le bonheur de la France avant tout, » tel était le fond de sa politique. Au commencement de 1819, une espérance d'amélioration parut saisir tous les hommes amis du pays. Le poëte se laissa aller à cette douce espérance, et cette chanson en porte l'empreinte. Mais Béranger ne dut point oublier les outrages que l'Angleterre fit subir à sa patrie : aussi, à propos d'une riche exposition de peinture, rappelle-t-il la spoliation du Musée. (*Note de Béranger.*)

LES MYRMIDONS

Note LXXXIV. — *Au titre.*

La petitesse morale des hommes qui nous gouvernaient inspira cette chanson, où Béranger se plut à confondre les soldats d'Achille avec les Myrmidons d'une ancienne fable qui a fait de ce nom un terme de mépris. Il faut remarquer qu'à l'époque où furent faits ces couplets un grand nombre de serviteurs inaperçus de l'Empire s'étaient élevés aux plus hautes

dignités de la Restauration. Ils avaient en effet l'air de se venger des dédains mérités du maître qu'ils avaient servi d'abord et dont ils avaient été les premiers à insulter la chute et les malheurs.

Le *Mironton mirontaine* de Marlborough n'est autre que Wellington, à qui on avait donné l'épée de Napoléon.

On nous écoute au congrès.

Ce vers rappelle la menace si souvent faite, en termes plus ou moins déguisés, par les ministres de Louis XVIII. Le congrès d'Aix-la-Chapelle venait d'avoir la plus fâcheuse influence sur notre armée, que le maréchal Gouvion-Saint-Cyr avait voulu réorganiser, ce qui lui fit perdre le ministère.

Il n'est pas nécessaire de dire que le dernier couplet de cette chanson est une allusion au jeune Napoléon[1], qui fut, *est et sera longtemps peut-être*, un épouvantail pour les Bourbons et leurs ministres. (*Note de Béranger.*)

HALTE-LA

Note LXXXV. — *Au sous-titre:*

Cette chanson de fête eut un grand succès, grâce au ridicule du système qu'elle attaque. L'interprétation en matière de presse fut propagée chez nous par Bellart, Marchangy, Jacquinot de Pampelune, Hua et Vatimesnil. Celui-ci, plus jeune que les autres, fut d'abord un ardent promoteur de ce moyen facile de condamnation. Aujourd'hui (1830), il a quitté les rangs des oppresseurs de la pensée, et il est à espérer qu'il n'y rentrera jamais. Sa conduite au ministère semble en être la preuve.

---

[1] Le duc de Reichstadt. Ceci est écrit, il faut se le rappeler, entre 1826 et 1830. (*Note de l'Éditeur.*)

Avec un parquet qui prenait plaisir à torturer tous les mots et des jurés choisis par le préfet, il était impossible qu'un auteur accusé ne succombât pas toujours. Cependant cela ne suffit point encore au pouvoir, et l'on vint à enlever au jury le jugement des délits de la presse. (*Note de Béranger.*)

L'ENFANT DE BONNE MAISON

Note LXXXVI. — *Au sous-titre.*

On assure que l'École des Chartes peut avoir une grande utilité, que ses recherches rendront des services à l'histoire. Jusqu'à présent il n'y a point encore paru, et il a pu être permis de penser qu'il y avait mieux à faire en fait d'histoire qu'à fouiller dans nos vieilles archives, toujours incomplètes pour ce qui a trait aux droits du peuple. (*Note de Béranger.*)

Au temps où Béranger a écrit cette note, l'épigramme était en effet permise, et on pouvait croire que l'étude des archives du moyen âge ne se serait pas dirigée dans un sens favorable à l'esprit de la Révolution française. L'École des Chartes a heureusement servi à autre chose qu'à retrouver les parchemins de la féodalité : elle s'est appliquée et elle s'appliquera de plus en plus à rechercher la trace des vieilles mœurs à reconstruire, pierre à pierre, l'édifice historique du passé de nos pères. Les dispendieuses, mais intéressantes études, entreprises pour recueillir les matériaux de l'histoire du tiers état, ont permis à l'un des maîtres de l'art moderne, M. Augustin Thierry, de regrettable mémoire, de raconter précisément l'origine des droits du peuple que Béranger craignait de voir négligés. (*Notes de l'Éditeur.*)

LES ÉTOILES QUI FILENT

Note LXXXVII. — *Au titre.*

Le désir de voir naître une poésie toute populaire, c'est-à-dire puisée dans les idées et les sentiments du peuple, a toujours préoccupé Béranger. Il a toujours cru que, plus la civilisation faisait de progrès, plus la poésie se réfugiait dans les classes inférieures. C'est pourquoi il travailla longtemps au genre pastoral, où il espérait pouvoir être vrai sans bassesse et simple au moins, s'il ne pouvait être naïf.

Les *Étoiles qui filent*, cette croyance populaire, étaient un sujet qu'il s'était promis de traiter en idylle. La chanson ayant fini par l'emporter dans son esprit sur tous les autres genres dont il s'était occupé, il chanta les étoiles, et ce ne fut pas le seul sujet d'idylle qu'il fit servir ainsi au succès de sa muse nouvelle. (*Note de Béranger.*)

L'ENRHUMÉ

Note LXXXVIII. — *Au sous-titre.*

Voici encore un vaudeville dans l'ancien genre. Celui-ci n'eut de succès qu'au tribunal et par une circonstance assez singulière.

L'auteur avait mis à l'avant-dernier couplet :

> Mais la Charte encor nous défend.
> Du roi, c'est l'immortel enfant ;
> Il l'aime, on le présume.
> Oui, mais papa, gardant la dot,
> Traite sa fille comme Loth.

L'imprimeur fut effrayé par ces deux méchants vers, auxquels Béranger tenait peu, et demanda qu'on les laissât en blanc. Contre son habitude, l'auteur s'empressa d'y consentir, voyant bien quel parti la malice publique tirerait de cette lacune. Il ne s'était point trompé, et ces *blancs* furent matière à la plus vive accusation de la part de Marchangy. Rien de plus plaisant et en même temps de plus odieux que de l'entendre accuser le silence de l'auteur à propos de ces deux lignes de points. Dupin tira un excellent parti de ce passage du réquisitoire.

Béranger n'eut jamais envie de rétablir les deux vers, tant ils lui semblaient au-dessous de l'idée que le public s'en était faite.

Les deux ministres nommés dans le cinquième couplet sont MM. Siméon et Pasquier. (*Note de Béranger.*)

LA FARIDONDAINE

Note LXXXIX. — *Au sous-titre.*

Le préfet de police Anglès et tous ses successeurs ont déclaré la guerre aux réunions chantantes. Celles qu'on nomme *goguettes*, presque uniquement composées d'hommes d'industrie et de commerce, et même d'un grand nombre d'ouvriers, sont surtout l'objet des craintes de ces magistrats. Le patriotisme anime ces réunions, mais il n'en est pas le seul esprit. On serait étonné de la quantité de jolis couplets, même de chansons piquantes et correctement tournées, qui, chaque année, sortent de ces réunions, qui, presque toutes, ont lieu au cabaret ou dans les guinguettes aux portes de Paris. Béranger a dû en grande partie la vogue dont il a joui à l'espèce de culte que ces sociétés professaient pour lui. Il devait donc prendre parti en leur faveur quand parut l'ordonnance de M. Anglès.

Rien de plus ridicule que cette ordonnance qui mit le trouble dans ces joyeuses réunions. Les oiseaux, d'abord effarouchés, revinrent bientôt à leurs habitudes, et, à force de ruses innocentes, éludèrent les dispositions vexatoires et firent résonner de nouveaux chants.

Troisième couplet :

> A Sa Grâce il fait peine.

Allusion à Wellington.

Quatrième couplet :

> Que dirait de mieux Marchangy?

Cet avocat général fut, sans contredit, le plus infatigable interprétateur. Il employait à ce métier tout ce qu'il pouvait avoir d'esprit. Toutefois ce qu'il faut surtout lui reprocher, c'est sa conduite dans l'affaire des quatre malheureux sergents de la Rochelle, dont le plus âgé avait vingt-six ans. (*Note de Béranger.*)

MA LAMPE

Note XC. — *Au sous-titre.*

Béranger connaissait fort peu madame Dufrénoy lorsqu'il fit cette chanson pour la remercier de l'envoi de ses poésies. Cette dame lui en prouva sa reconnaissance en célébrant sa première captivité. Il lui savait surtout gré d'être restée femme dans des vers dont la sincérité n'est certes pas le seul mérite. Pourtant il reconnaissait qu'ils auraient besoin de plus de travail ; mais c'est ce dont les femmes poëtes ne sont presque jamais capables. Un peu plus de travail est peut-être tout ce qui manque aussi aux vers de madame Tastu, qui jouit maintenant d'une réputation si méritée, et pour le moins égale à celle que madame Dufrénoy eut de son temps. Mademoiselle Delphine Gay[1] fait mieux le vers que ces deux dames ; mais il lui manque d'autres qualités qui semblent être leur partage. C'est au moins le jugement qu'en portent plusieurs personnes et qu'en portait Béranger lui-même. Du reste, il ne croyait pas les femmes propres aux soins mécaniques de la versification, qui, selon lui, étaient un grand élément de la durée du succès. Il disait toujours : « Malheur à qui n'est pas bon ouvrier ! Mais aussi malheur à qui n'est que cela ! » (*Note de Béranger*.)

LE BON DIEU

Note XCI. — *Au titre*.

« Est-ce ainsi que Platon parlait de Dieu ! » s'écria, à propos de cette chanson, Marchangy dans son réquisitoire. Non, certes ; mais Aristophane ne parlait pas des dieux comme Platon. Béranger, dont la croyance en l'Auteur de la nature ne put jamais être mise en doute, puisqu'elle est attestée par une continuelle inspiration qui perce dans ses moindres productions, et par l'espèce de profession de foi qu'il ne cessa de faire à cet égard, Béranger, en faisant la chanson du *Bon Dieu*, n'eut pas l'idée de commettre une impiété, il s'en faut. Il prit, cette fois, Dieu comme nos religions l'ont fait dans la tête du peuple, et non comme lui-même l'avait conçu. C'est cette idole grossière qui lui servit de cadre pour des couplets dont la morale, après tout, est plus en rapport avec l'Évangile que celle de nos jésuites intolérants. Marchangy le savait, mais c'était ce qu'il poursuivait dans la popularité de cette chanson. (*Note de Béranger*.)

[1] Madame Émile de Girardin. (*Note de l'Éditeur*.)

LE VIEUX DRAPEAU

Note XCII.

La chanson du *Vieux Drapeau*, dans l'édition de 1821, était précédée des lignes qui suivent :

« Cette chanson n'exprime que le vœu d'un soldat qui désire voir la Charte constitutionnellement placée sous la sauvegarde du drapeau de Fleurus, de Marengo et d'Austerlitz. Le même vœu a été exprimé à la tribune par plusieurs députés, et, entre autres, par M. le général Foy, dans une improvisation aussi noble qu'énergique. » (*Note de l'Éditeur.*)

Note XCIII. — *Au premier vers.*

Béranger fut obligé de mettre en tête de sa chanson une note pour l'innocenter, s'il était possible. L'imprimeur, sans cela, ne voulait point l'admettre dans le recueil. Cette note n'empêcha pas Marchangy d'en faire l'objet de ses plus vives attaques. L'auteur courait le risque de deux années d'emprisonnement, si l'avocat général avait gain de cause; mais M. Cottu, juge impartial aussi bien qu'écrivain politique déraisonnable, fit observer à la cour qu'il y avait bien dans le Code pénal de la presse *provocation à la révolte, port d'un signe séditieux*, mais non *provocation au port d'un signe séditieux*. Cette subtilité eut du succès, et la chanson reconnue condamnable ne put être une cause de condamnation. Mais une autre loi de la presse fut faite, et l'on y inséra un article relatif à la provocation au port d'un signe séditieux.

Il est inutile peut-être de consigner des faits en eux-mêmes si puérils : ils font apprécier une époque.

Béranger n'oublia jamais l'obligation qu'il avait à M. Cottu, avec qui il était lié depuis longtemps et dont il estimait les qualités personnelles, en dépit des exagérations politiques de ce magistrat.

Comme la plupart des chansons de Béranger, la chanson du *Vieux Drapeau* avait couru avant qu'il la fît imprimer. D'autres prirent même le soin de la faire courir avant lui, et un grand nombre d'exemplaires furent jetés dans les casernes. Le ministère s'en effraya. Un conseiller d'État attaché à l'Université fut chargé de sermonner l'auteur, qui répéta, cette fois encore, qu'on pouvait lui ôter son emploi; mais c'est ce qu'on ne voulait pas faire, croyant toujours que la crainte de perdre son unique moyen d'existence l'empêcherait de donner une édition complète de ses chansons. Il en est peu qui aient eu un succès aussi général que le *Vieux Drapeau*. (*Note de Béranger.*)

LA MARQUISE DE PRETINTAILLE

Note XCIV. — *Au titre.*

Après avoir attaqué les anciens marquis par la chanson du *Marquis de Carabas*, il y avait justice à se jouer des anciennes marquises. La politique n'est pas le seul côté faible de ces dames : elles offrent d'ailleurs une pâture à la satire, et le type de la marquise de Pretintaille n'est pas tout d'invention. Dans le dernier couplet, l'auteur fait allusion à la fameuse *note secrète*, ouvrage d'un comité ultra-congréganiste qui sollicitait auprès des cours étrangères la rentrée en France des soldats de la Sainte Alliance des rois.

A voir Béranger s'en prendre si souvent à la noblesse, quelques personnes de cette caste ont supposé qu'il avait le regret de n'être pas *né*, comme disent ces messieurs et ces dames. Jamais accusation ne fut moins fondée. Notre auteur n'a jamais connu que l'ambition littéraire, encore d'une manière fort modérée. Jamais supériorité sociale n'a pu le choquer personnellement; on peut même ajouter qu'il n'eut jamais à en souffrir; mais il regardait les priviléges de naissance comme une contradiction avec les principes de notre Révolution et comme un obstacle au bonheur de son pays. De là vient la guerre qu'il a cru devoir leur faire, guerre bien justifiée par la conduite de presque tous les hommes de caste. Béranger a vécu dans un temps où il était si facile de se faire passer pour noble, que, s'il eût eu cette fantaisie, il eût pu la satisfaire, surtout à l'aide de la particule qui accompagne son nom. Loin de là, il sympathisait, par des sentiments de justice et d'humanité, avec les classes inférieures, et il s'est toujours fait un plaisir de rappeler qu'il était né dans cette foule populaire, au progrès et à la consolation de laquelle il a consacré presque toutes ses inspirations. (*Note de Béranger.*)

LE TREMBLEUR

Note XCV. — *Au sous-titre.*

Il serait superflu de rappeler que la plus solide amitié existait entre M. Dupont (de l'Eure) et Béranger. Ce dernier s'en montra toujours glorieux. Les vertus du député sont trop populaires pour qu'il soit non plus besoin d'en faire l'éloge ici. Près de trente ans de magistrature les ont mises en évidence, et la carrière politique a achevé de les illustrer. Une seule épreuve a manqué à ces vertus : les hauts emplois publics; mais on peut assurer que, si elles y avaient été soumises[1], elles seraient sorties intactes d'une épreuve si périlleuse pour tant d'autres hommes.

[1] Écrit avant 1830. (*Note de l'Éditeur.*)

Quand cette chanson fut faite, Béranger était encore dans les bureaux de l'Université. M. Pasquier, nommé dans le dernier couplet, avait, comme garde des sceaux, signé la destitution de Dupont de la place de président à la cour royale de Rouen, et sans que celui-ci pût obtenir la pension due à ses longs services. Lisot, nommé aussi dans ce couplet, était un député constamment ministériel, que le pouvoir employait pour lutter contre l'influence que Dupont exerce, dans son pays, par la juste idée qu'on y a de l'indépendance de son caractère et par sa belle réputation, que la Normandie entière regarde comme sa propriété. (*Note de Béranger.*)

LA MORT DU ROI CHRISTOPHE

Note XCVI. — *A la date.*

Christophe, empereur et roi d'Haïti, mourut, en 1820, à la suite d'une révolution militaire. La Sainte-Alliance avait mis les congrès à la mode. L'Espagne et Naples avaient déclaré leur indépendance, et l'on pensait déjà, dans les cabinets, à châtier leur témérité révolutionnaire. Le troisième couplet est une allusion aux formes mystiques, données aux protocoles des princes-unis; ce couplet fut le seul de la chanson que Marchangy signala aux jurés. (*Note de Béranger.*)

LOUIS XI

Note XCVII. — *Au dernier vers.*

Nous avons déjà dit que plusieurs sujets que Béranger avait eu d'abord l'idée de traiter sur le genre de l'idylle étaient devenus, plus tard, des sujets de chanson. Voilà un de ces sujets.

Peut-être a-t-il gagné beaucoup à ce changement. Le refrain sort du cadre même, et le chant ne peut qu'ajouter à l'effet que le poëte a voulu produire : aussi a-t-il toujours regardé cette chanson comme une de ses meilleures.

Ceux qui, dans le temps, y ont cherché une allusion à Louis XVIII sont tombés dans une erreur qu'on a bien souvent renouvelée à l'égard des productions de notre auteur. C'est un inconvénient auquel sont exposés les satiriques. On leur suppose souvent des intentions qu'ils n'ont pas, et le public, sur ce point, n'est pas plus raisonnable que MM. les avocats généraux et les procureurs du roi. (*Note de Béranger.*)

LES ADIEUX A LA GLOIRE

Note XCVIII. — *A la date.*

Le fond de misanthropie qu'on peut remarquer dans cette chanson est justifié par l'apathie nationale qui existait à l'époque où elle fut faite et par les nombreuses défections que l'opposition eut à essuyer de la part d'hommes qui sollicitèrent ou consentirent à recevoir les faveurs de la cour de Louis XVIII. On peut, entre autres, citer le général Rapp, qui fut décoré d'un titre de garde-robe. On conçoit qu'une fois que Béranger eut reconnu que les Bourbons ne pouvaient faire que le malheur de la France, il ait regardé avec une sorte de colère les hommes qui, en se rapprochant d'eux, diminuaient les forces du parti national. (*Note de Béranger.*)

LES DEUX COUSINS

Note XCIX. — *Au titre.*

Le peuple de Paris n'a jamais cru, bien généralement, à la

légitimité de la naissance du duc de Bordeaux. Le procès-verbal de l'accouchement de la mère était propre à faire naître des doutes. Bien des personnes placées haut les ont eus. L'enfant du miracle pouvait être l'enfant de la fraude. On peut donc être surpris que Béranger n'ait pas mis à profit ce côté de l'événement, qui prêtait si bien à la chanson ; mais presque tous ses couplets politiques ont été le fruit de la réflexion. Il avait calculé qu'un jour ou l'autre cette famille serait renversée, et il ne croyait pas que cet enfant pût jamais arriver au trône. Il regardait donc comme utile qu'un rejeton de la race dite légitime existât quelque part, pour que celui qui serait appelé au trône, par suite d'événements probables, fût bien évidemment dans le cas d'usurpation, au point de vue légitimiste, ce qui devait être avantageux au principe de la souveraineté populaire, principe que Béranger a toujours professé. C'était surtout dans le cas où la branche d'Orléans arriverait au trône, que ce représentant de la légitimité paraissait nécessaire au chansonnier. Voilà ce qui le détermina à ne pas chicaner la naissance miraculeuse du duc de Bordeaux, au risque d'exposer sa chanson à être reçue plus froidement qu'elle ne l'aurait été, faite dans le sens qui eût le plus flatté la malignité publique. Il ne faut pas croire que ce soit la seule fois qu'il ait soumis ses inspirations à un examen aussi approfondi.

Dans le second couplet, il est question de l'eau du Jourdain, dont on prétend que M. de Chateaubriand offrit une fiole pour le baptême du roi de Rome. Le fait n'est peut-être pas exact : mais le trait qui en résulte est trop peu mordant pour qu'on ait cru nécessaire de s'assurer de la vérité historique.

Béranger n'a point cessé d'admirer le talent de l'auteur d'*Atala*, et crut toujours qu'on devait une sorte de respect à l'homme supérieur qui s'égare. Le parti royaliste n'usa jamais d'une pareille réserve : il faut en excepter M. de Chateaubriand,

qui donna à cet égard de véritables preuves de supériorité.
(*Note de Béranger.*)

LE CINQ MAI

Note C. — *Au titre.*

Jamais la chanson n'avait élevé ses prétentions si haut qu'en osant déplorer la mort du plus grand homme des temps modernes et peut-être des temps anciens, de celui qui avait, à lui seul, gagné autant de batailles qu'Alexandre et César, autant administré que Charlemagne et Louis XIV, et à qui nous devons un code civil, résumé de notre nouvelle position sociale, dont le bienfait compense, à lui seul, les maux que les ennemis de Napoléon ont prétendu qu'il avait faits à la France.

L'auteur hésita longtemps s'il tenterait un pareil chant funèbre. Une fois ce cadre déterminé, il crut devoir y faire entrer des Espagnols, plutôt que tout autre peuple, parce que ceux-ci passaient pour avoir plus à se plaindre de Napoléon. Il crut donc, en les faisant participer à la douleur de l'exilé français, à qui ils ont accordé le passage, exprimer mieux que par tout autre moyen combien les traitements odieux que ce grand homme avait eu à essuyer l'avaient rendu l'objet de l'intérêt des peuples mêmes qu'il passait pour avoir le plus opprimés.

On remarquera, sans doute, que le refrain est ici presque complétement isolé du couplet. Il ne s'y rattache que par opposition, puisque Napoléon ajoutait à ses malheurs, déjà si longs, celui de mourir loin de sa patrie et du fils, qui devait avoir ses dernières pensées et qui aurait dû lui fermer les yeux. Ce refrain, ainsi détaché, est une imitation de la manière antique. Le chansonnier, qui ne savait pas plus de grec que de latin, avait cependant, pour les ouvrages de la langue grecque, une admiration si vive, qu'elle résista toujours au dégoût que devaient lui causer la plupart de nos traductions. (*Note de Béranger.*)

PRÉFACE

Note CI. — *Au vers :*

Allez, enfants, nés sous un autre règne.

Béranger voulait annoter toutes ses chansons, comme il l'avait fait pour le recueil de 1821. Il a seulement laissé deux notes placées au dernier feuillet du tome II de l'édition de 1821; elles se rapportent au troisième volume, qu'il publia en 1825 (*Chansons nouvelles*, in-18, imprimerie de Plassan), et qu'il avait fait précéder d'une chanson-préface. (*Note de l'Éditeur.*)

Ce volume n'eut point le sort des précédents, ni de celui qui l'a suivi : on ne poursuivit point l'auteur. Il est vrai que ses libraires lui firent tant de chicanes sur les chansons dont il le composa, que, malgré son opiniâtreté, il fut obligé de céder quelquefois à leurs craintes et à leurs prières. Béranger a toujours soupçonné que l'un d'eux communiqua le manuscrit à la police. Il avait, d'ailleurs, prévu que M. de Villèle, tout-puissant alors, ne se soucierait pas de donner, par un procès, du relief à la publication. C'était au commencement du règne de Charles X, à qui on voulait faire une espèce de popularité : un procès fait à des chansons eût été une grosse maladresse. On prit donc ses mesures d'avance, et grand nombre de suppressions furent demandées par le libraire en question. Il en est une, entre autres, qui fut l'objet d'une longue négociation : il s'agissait de faire disparaître le couplet d'envoi à Manuel, qui termine la chanson des *Esclaves gaulois*. L'auteur fut inflexible, et le couplet resta seul.

Ce qu'il y eut de particulier, c'est que, Béranger ayant refusé de retrancher plusieurs vers dans différentes autres chansons, il fut obligé de se déclarer éditeur du volume, et que c'est à ce titre que le dépôt en fut fait sous son nom à la direction de la librairie.

Le libraire et l'imprimeur, de leur autorité privée, n'en firent pas moins disparaître ces cinq ou six vers dans une moitié de l'édition; il en résulta saisie d'exemplaires et procès pour vice de forme, procès qui eût dû être fait à l'auteur, éditeur déclaré; mais le parti était pris, cette fois, de ne pas le tourmenter, et il ne fut question que de l'imprimeur en première instance et en appel, tandis que c'était l'éditeur qui, dans les règles, eût dû être mis en cause. Certes, si le ministre tout-puissant n'eût pas donné le mot d'ordre, l'affaire ne se fût point passée ainsi, mais M. de Villèle n'avait point besoin, pour faire valoir son royalisme, de tracasser un pauvre auteur. Béranger l'avait prévu, et, comme il avait habitude de proportionner son attaque au danger qui en pouvait résulter, cette prévision ne contribua pas peu à le rendre plus facile aux exigences de ses libraires, pour les passages de ce volume où il ne vit pas une nécessité de résister aux craintes dont ils étaient obsédés. Au reste, ces corrections furent en très-petit nombre, et le volume, tel qu'il parut, suffit bien pour prouver que la prison n'avait pas éteint, dans le chansonnier, les sentiments qui lui avaient mérité l'honneur d'une condamnation. Aussi les journaux *ultra* ne manquèrent-ils point de le dénoncer de nouveau à l'animadversion du parquet et des juges; mais, malgré les plaintes des royalistes, le libraire seul eut un peu à souffrir du zèle de MM. les magistrats. (*Note de Béranger.*)

Note CII.

Au commencement du règne de Charles X, bon nom[bre de] généraux de l'ancienne armée et quantité de libéraux [de la tri]bune et de journaux se persuadèrent ou voulurent per[suader] à la nation que l'époque était arrivée d'un rapprochemen[t entre] elle et le trône légitime. Béranger ne tomba pas dans [cette] erreur; mais il voulut la constater dans cette *Préfa*[ce. Au] quatrième couplet, il indique ce qu'on devait redo[uter le] plus, c'est-à-dire le jésuitisme. Par le dernier couplet, o[n peut] juger qu'il n'était pas complétement rassuré sur les [bonnes] intentions de l'autorité à son égard. Au reste, cette [pièce] était propre à détourner les coups qui pouvaient le me[nacer]. (*Note de Béranger*.)

APPENDICE

Lorsque Béranger écrivit, non sans beaucoup hésiter, cette histoire de sa vie, si courte et si modeste, il n'eut pas la pensée que l'on y viendrait chercher des souvenirs d'un autre genre que ceux qui se rattachaient directement à ses chansons et à son rôle littéraire. C'est déjà beaucoup qu'il se fût résigné à entretenir le public aussi longtemps. N'a-t-il pas dit qu'après leur génie, ce qu'il enviait le plus aux grands écrivains du siècle de Louis XIV, c'est l'espèce d'obscurité dont ils surent envelopper leur existence, ne se faisant pas du bruit de leur nom un besoin de chaque instant et sachant vivre dans le silence avec autant de dignité et plus de simplicité qu'au milieu des applaudissements de la foule?

Nous avons de la peine à comprendre ce dédain, si naturel chez Béranger, et si profondément philosophique, de tout ce qui est le bruit et de ce qu'on appelle la renommée. Il avait mis sa gloire à tirer de sa pensée tout ce que pouvait, pour le profit de la patrie et de l'humanité, y puiser le génie des vers, et il ne concevait pas qu'il y eût de satisfaction à chercher ailleurs que dans l'accomplissement du devoir. Il arrêta donc, aussitôt qu'il le crut possible, les récits de son histoire, et, dans le peu qu'il en voulut écrire, il semble qu'il ait plutôt cherché à empêcher les erreurs et les exagérations qu'à instruire les admirateurs de ses vers et de sa vie de tout ce qu'il avait pu faire ou penser.

La postérité, qui est curieuse de tous les détails de l'histoire des hommes illustres, mais qui ne l'est pas à la manière des contemporains, pour l'amour des anecdotes et par le goût du scandale, appréciera comme elle le mérite cette *Biographie* si sagement conçue et si discrètement écrite. Elle y saisira, elle y suivra avec une douce émotion les traces d'un caractère qui a si fort tranché, dans ce siècle-ci, sur les vanités et les ambitieuses faiblesses de la plupart des écrivains de premier ordre.

Mais ce n'était pas à un volume de ce genre que s'attendaient les curieux, qui, au lendemain de la mort de Béranger, recueillaient, de toutes parts, avec impatience, les plus frêles souvenirs de son existence. On pensait que le dictionnaire historique, promis par Béranger dans sa *Préface* de 1833, avait été exécuté par lui, et qu'on y trouverait, comme dans une galerie de peinture toute pleine de chefs-d'œuvre des maîtres, la série des meilleurs portraits de nos célébrités contemporaines. Dans la préface des *Dernières Chansons*, écrite en 1842, Béranger a dit pourquoi il n'a pas tenu l'engagement qu'il avait cru pouvoir prendre en 1833, au moment où il se retirait de la vie active et du bruit de Paris pour rentrer dans le silence et l'oubli si chers à sa jeunesse.

« Frappé, dit-il, de l'impossibilité d'être toujours suffisamment instruit et par conséquent toujours juste pour les hommes des différentes opinions, soit en raison du pêle-mêle des documents, soit à cause des retours possibles dans des existences non achevées, soit enfin par la faiblesse qu'inspire au peintre son attachement pour quelques-uns de ses modèles, j'ai renoncé à cette tâche pénible et détruit mes premières ébauches.

S'il est doux de casser des arrêts injustes en rectifiant des accusations erronées et trop sévères, combien n'y a-t-il pas à souffrir quand, pour être vrai, il faut diminuer du lustre d'une belle vie que la vertu ou une haute intelligence n'a pu préserver de toute faute ; surtout si l'on est convaincu, comme je le suis, que détruire sans nécessité et au jour le jour les admirations du peuple, c'est travailler à sa démoralisation ! »

Béranger s'arrêta donc. Le seul livre qu'il songea sérieusement à écrire, dans sa retraite de Fontainebleau et de Tours, c'était une sorte de traité de morale politique et sociale à l'usage du peuple. Il y travailla même assez longtemps, et il n'y renonça que parce qu'il ne se crut pas le talent nécessaire pour disposer les matières dans l'ordre et pour les traiter avec le style qu'il jugeait le plus convenables. Sa crainte était réellement très-grande quand il prenait la plume pour écrire de la prose, et il ne se croyait nullement propre à y réussir. Dès 1838, il avait donc définitivement renoncé à son histoire des contemporains célèbres et à son traité de morale conçu à la façon du *Don Quichotte* de Cervantes. Il était d'ailleurs arrivé près de ses soixante ans, et ce n'est pas à cet âge que lui, qui n'avait guère écrit que des chansons et des poésies longues de deux ou trois pages, pouvait aisément aborder des travaux d'histoire ou de philosophie. Il se remit doucement à chanter, et en 1840, uniquement pour faire une préface un peu soignée au recueil de ses chansons posthumes, il entreprit d'écrire *Ma Biographie*. Béranger pensait alors que cette prose et ces vers, qui ont été beaucoup grossis depuis ce temps, ne formeraient qu'un volume et qu'on trouverait tout de suite dans les chansons la suite de ce qu'il avait écrit dans son histoire. La prose racontait ce qu'il avait fait jusqu'en 1830 ; les vers, ce qu'il avait senti depuis qu'il avait cru que son rôle public devait finir.

Tout ce que Béranger a écrit dans *Ma Biographie* sur sa

participation à la Révolution de Juillet se réduit à ceci :
« Constamment lié avec les principaux chefs du parti libéral, j'y ai contribué comme eux et plus que beaucoup d'entre eux. »

L'histoire dira que, de 1815 à 1830, nul homme n'a fait plus que Béranger pour hâter le moment où à la restauration de l'ancien régime, faite sous la protection des baïonnettes de l'étranger, devait succéder, pour ne plus s'interrompre, la reprise des traditions de la Révolution de 1789. Ses immortelles chansons ont versé dans l'âme de la France ce courage et cette fière espérance qui ont si noblement, en 1830, animé la nation entière. C'est à Béranger plus qu'à personne que reviendra l'honneur d'avoir soutenu jusqu'au bout la lutte et de n'avoir jamais admis de transaction possible entre des principes incompatibles comme le sont ceux de la Révolution de 1789 et ceux de l'ancien régime.

Au jour de la lutte, son rôle fut aussi des plus considérables, et c'est en grande partie parce que le républicain Béranger l'a voulu que la couronne de Charles X fut confiée à Louis-Philippe. Nous n'avons pas encore, après trente ans, une histoire de la Révolution de 1830, écrite indépendamment des événements qui l'ont amenée et de ceux qui l'ont suivie. C'est cependant un assez beau moment de notre histoire nationale, pour que l'envie d'écrire une pareille histoire tente quelqu'un parmi nous. De tous ceux qui y ont touché, c'est M. Louis Blanc qui l'a fait avec le plus de succès; et c'est dans son livre que nous irons chercher la page où est indiqué le rôle joué par Béranger en 1830. Le poëte a dit qu'on lui avait fait là sa part un peu trop belle et qu'il fallait rendre à M. Laffitte l'initiative de la conduite qu'il a tenue; mais Béranger n'a jamais voulu qu'on lui tînt compte de rien, et, si on l'eût écouté, il n'aurait rien fait d'utile en France. Voici ce que dit

M. Louis Blanc quand il arrive à l'heure décisive où, dans le conflit des désirs qui combattaient pour la légitimité, la république ou l'empire, M. Laffitte fit décider que les destinées de la patrie seraient remises au duc d'Orléans, roi constitutionnel.

« M. Laffitte s'appuyait alors sur les conseils d'un homme bien supérieur à M. de Talleyrand pour la portée des vues et la finesse de l'esprit. Béranger avait un coup d'œil trop perçant, une sagacité trop inexorable, pour être accessible à l'enthousiasme. Quand il vit que le trône de Charles X chancelait, il se demanda tout de suite où était la puissance. Elle était dans la bourgeoisie, et il en aurait, au besoin, trouvé la preuve en lui-même. Poëte, s'il s'était contenté de célébrer la grandeur du peuple associé aux souvenirs de la gloire impériale, son génie serait resté longtemps ignoré. Mais, à côté des strophes où il chantait l'Empereur, il avait publié des couplets contre la sottise des rois légitimes et l'insolence des nobles. Il s'était fait ainsi adopter par la banque et le haut commerce. De là sa fortune littéraire. Du salon, sa renommée était descendue dans l'atelier, et sa popularité fut immense. Il ne pouvait donc se faire aucune illusion en 1830 sur la prépondérance de la bourgeoisie. Et, comme elle n'avait qu'un chef possible, le successeur du Régent, que d'ailleurs Napoléon II n'était pas là, Béranger devint l'âme du parti orléaniste. Il fit peu par lui-même, à la vérité, mais beaucoup par les autres. Il ne se mit guère en évidence ; mais par ses conseils, religieusement écoutés, il agit fortement sur les meneurs de la bourgeoisie. Sans lui, par exemple, il est douteux que M. Laffitte eût mis à réaliser leur commune espérance autant de suite et de fermeté.

« Quant aux motifs de cette détermination de Béranger, l'histoire doit-elle les condamner ou les absoudre ? Ni l'un ni l'autre.

« En soutenant M. Laffitte dans les voies de l'orléanisme, Béranger eut soin de le prémunir contre leur royale créature. Craignant la faiblesse de son ami, le prévoyant poëte lui recommanda de ne se point laisser faire ministre, et de se réserver, le cas échéant, pour une révolution nouvelle. Le choix de Béranger ne fut donc ni égoïste, ni tout à fait aveugle. Mais on peut lui reprocher de n'avoir pas compris que, dans un mouvement qui mêlait toutes choses, rien n'était impossible avec de l'énergie. Le peuple, jeté sur la place publique, savait trop peu ce qu'il voulait, pour ne pas donner à ceux qui se seraient mis résolûment à sa tête le prix de l'audace intelligente et vertueuse. Les grandes actions, après tout, ne naissent jamais que d'une folie sublime. Malheureusement ne pas savoir oser est l'écueil des esprits trop pénétrants; Béranger voulut un roi, tout en se défiant de la royauté, parce qu'il vit clairement et promptement qu'il était plus facile de faire une monarchie que d'établir une république. Il était sincère, il était loyal ; mais il fut dupe de sa propre clairvoyance.

« Le duc d'Orléans eut donc pour lui, dès le lendemain de la victoire du peuple, la puissance des noms et celle des idées : Jacques Laffite et Béranger. » Il devint bien vite, avec de tels appuis, le roi Louis-Philippe Ier.

Comme Béranger n'a pas pris place parmi les dignitaires de la royauté nouvelle et qu'il a même désiré qu'on ne sût pas quelle part il avait prise à l'établissement de cette monarchie, il semble étrange qu'un simple chansonnier ait eu, le 30 juillet 1830, un si grand pouvoir, et ce n'est pas son nom que l'on cite d'abord quand on songe à désigner ceux qui alors ont paru jouer le rôle plus actif, comme MM. Laffitte, Bérard, Audry de Puyraveau, Guizot, Thiers, Baude, La Fayette. Rien n'est cependant plus vrai, et quelqu'un qui fut chargé de porter la lettre que Béranger écrivit alors aux membres de la réunion

Lointier, pour leur donner son avis, se rappelle encore bien quelle fut la satisfaction qu'éprouvèrent, en rencontrant ce messager, et M. Thiers et M. Mignet, et ceux qui sortaient alors des bureaux du *National.* Il semblait que l'oracle eût parlé et qu'il n'y eût plus qu'à faire comme il avait dit.

Béranger est donc bien le préparateur principal et aussi l'un des principaux acteurs de la Révolution de 1830. Il croyait qu'on allait aisément, comme l'a dit sa chanson de 1830 même[1],

> . . . . faire
> Du grand et du neuf,
> Même étendre un peu la sphère
> De quatre-vingt-neuf.

Son admirable *Correspondance,* qu'il suffira un jour d'analyser pour écrire, en y joignant quelques pages, l'histoire de sa noble et utile existence, contient diverses lettres qui montrent bien dans quel sens et avec quels désirs il avait agi. Il écrit le 31 juillet : « Je ne suis pas orléaniste, et vos amis paraissent disposés à me donner ce nom. Je n'ai le courage d'imposer mes calculs à personne. S'il me fallait diriger un seul homme, surtout s'il était jeune, je ne l'oserais faire dans un pareil moment. Je ne puis rien, je n'ai rien fait : le danger a cessé; je vais partir pour la campagne. Je ne veux pas être en désaccord avec ceux que j'aime et que j'estime, et je n'ai pas l'ambition de les mener. Ce n'est pas l'égoïsme qui me fait parler ainsi, c'est le sentiment de mon inutilité. »

Et il dit vrai, car, le 16 août, il est allé de nouveau s'établir dans un petit pavillon du village de Bagneux, d'où l'avait fait descendre le 27 juillet le bruit de la première fusillade. Le 19 août il écrit à un ami : « Je n'ai pas de titre pour apostiller

---

[1] Voyez la *Correspondance,* t. II, p. 38.

des pétitions. » Et à un autre : « Depuis tous ces changements, j'ai si peu obtenu pour mes malheureux protégés, que je commence à douter de mon influence, même sur mes amis. »

Mais qu'on nous laisse ici placer une autre lettre presque entière, l'une des plus précieuses qu'on ait pu recueillir, celle où le glorieux poëte, au jour même où il voit s'accomplir sa cinquantième année, explique simplement et respectueusement sa conduite à la tante qui a veillé sur son enfance et aux belles leçons de laquelle il doit une partie de ses vertus.

« Te dire qu'après un pareil événement il règne ici et en France une satisfaction complète, tu ne le croirais pas. Ce qu'il y a d'incontestable, c'est qu'il y a au moins unanimité de haine contre tout ce qu'on a renversé, s'il n'y a pas unanimité d'amour pour ce qui le remplace; le peuple s'est admirablement conduit. La difficulté est de ne pas gâter ce qu'il a fait, et c'est à quoi travaillent les partis, chacun de son côté. Quant à moi, qui n'ai pas été sans influence dans les moments décisifs, ma conscience ne me reproche rien de ce que j'ai pu aider à faire. Quoique républicain, et l'un des chefs de ce parti, j'ai poussé tant que j'ai pu au duc d'Orléans. Cela m'a même mis en froid avec quelques amis ; cependant leur confiance m'est restée, parce qu'ils m'estiment et qu'ils ont la preuve de mon désintéressement. Laffitte ayant vanté beaucoup le peu que j'ai pu faire au duc d'Orléans, qui l'a su de plusieurs autres côtés, il a exprimé le désir de me voir et de me recevoir ; mais j'ai cru nécessaire de me tenir à l'écart, et j'ai déclaré, pour éviter toutes les avances, que je ne voulais rien, absolument rien. Mes amis, qui tous sont devenus puissants, se trouvent assez embarrassés de moi. Sous ce rapport, ma popularité, ma réputation littéraire, tout semble, en effet, nécessiter quelque marque de bienveillance publique ; mais j'ai dû consulter mes goûts, obéir à mes principes, surtout donner à mes jeunes amis les républicains la preuve la plus évidente de mon désintéressement dans le choix du parti que je les ai poussés à prendre. Tu sais d'ailleurs quel est mon amour d'indépendance. Le satisfaire, c'est être encore utile, ne fût-ce que par l'exemple que je donne d'un refus d'honneurs ou d'emplois, à l'instant où tout le monde se dispute la dépouille des vaincus. J'en sais quelque chose, parce que, comme on me suppose un crédit illimité, on m'accable de demandes et de sollicitations, au point que j'ai eu l'idée d'aller vous voir pour éviter la poursuite de tous les quêteurs de faveurs et de grâces. Ce projet me souriait, mais Dupont, que je vois si malheureux dans son poste de garde des sceaux, qu'il n'a accepté et qu'il ne garde qu'à notre prière, me supplie de ne pas m'éloigner de lui ; et nous avons un si grand besoin qu'il reste encore quelque temps dans cette haute fonction, que je n'ai pas cru devoir céder au désir que j'avais de vous aller embrasser. Ce n'est que partie remise, je l'espère.

« Tu me crois peut-être très-heureux dans la position que les derniers événements m'ont faite. Tu te trompes : je ne suis pas né pour être du parti du vainqueur. Les persécutions me vont mieux que le triomphe; aussi ai-je été voir Chateaubriand, qu'une générosité mal entendue vient de plonger dans la misère : en refusant le serment à Louis-Philippe Ier, il perd le peu de revenu qui lui restait. Il voudrait même s'éloigner de France, bien qu'il admire notre révolution. Je fais tout ce que je puis pour le détourner d'un projet qui me semble déraisonnable; mais je crains qu'il n'y persiste. Je suis affligé de voir une gloire de notre époque en proie à une fatalité politique aussi cruelle. On reparle encore de l'Académie pour moi, sans doute en désespoir de ne pouvoir faire autre chose de mon chétif individu ; mais j'ai de nouveau déclaré que je ne voulais pas de cette dignité littéraire, et j'espère qu'on me laissera tranquille dans mon coin. Tout cela me fera passer pour un fou ou un sot, mais je m'en moque. D'ailleurs, dans huit jours, personne ne pensera plus à moi, et, comme mon rôle est terminé, par l'effet même du triomphe des idées que j'ai défendues et proclamées à mes risques pendant quinze ans, je retomberai bientôt dans l'obscurité que j'ai si souvent regrettée depuis que j'ai de la réputation. J'ai dit sur-le-champ qu'en détrônant Charles X on me détrônait. C'est vrai à la lettre ; le mérite de mes chansons disparaît aux trois quarts. Je ne suis pas homme à me désoler, quand je vois tout ce que mon pays y gagne. Je donnerais ce qui me restera de renommée pour assurer son bonheur. Le patriotisme a toujours été ma passion dominante, et l'âge ne l'a point affaibli.

« Je n'ai qu'un regret dans le parti que je prends, c'est de ne pouvoir profiter de ma situation pour améliorer celle de quelques-uns de mes amis, à qui j'aurais pu être utile en acceptant pour moi-même ce que je ne puis leur faire avoir. Un peu d'argent m'eût aussi mis à même de faire vivre plus largement ceux à qui je suis utile ; mais la Providence y pourvoira, je l'espère. Elle ne m'a pas manqué jusqu'à présent.

« J'ai voulu, ma bonne tante, te mettre bien au courant de tout ce qui me regarde dans les événements glorieux et inespérés dont nous venons d'être témoins. Je compte que tu approuveras ma conduite en tout ceci. Tu sais quel prix j'attache à tes approbations. »

Dès la fin de l'année, Béranger avait même cessé de voir ses amis Dupont (de l'Eure) et Laffitte, qu'il blâmait de laisser détruire au pouvoir, sans profit pour personne, une popularité qui pouvait, du jour au lendemain, redevenir utile à la France. La vie de Paris, la fréquentation des ambitions nouvelles, la nécessité d'aller aux gens pourvus de titres et de places pour les contraindre à se bien servir; en maintes occasions, de l'autorité ou du crédit mis entre leurs mains, tout cela lui était déjà assez à charge pour qu'il pût penser à rompre tout à fait, dès cette fin de 1830, avec la plupart de ses connaissances. Il avait ses jours de chagrin et presque de désespoir. « Mais la nation est pourtant là, disait-il bientôt[1]; et j'espère qu'elle sera sa Providence, soit qu'il lui faille du beau temps, soit qu'elle ait besoin d'un orage. »

En juillet 1831, au moment de fêter le premier anniversaire des journées qui avaient rétabli la France de 1789 dans l'exercice de ses droits, Béranger s'excuse presque auprès de La Fayette[2] de ne pas écrire de chansons satiriques, et il donne pour raison que ce n'est pas tant la politique du roi que les divisions des citoyens qui l'affligent. Il dit même qu'il est d'avis de conserver et d'affermir la royauté constitutionnelle. Ainsi ses regrets n'allaient pas jusqu'au repentir, et c'étaient les hommes, non les principes, qu'il accusait du peu de chose qu'avait produit, et en France et au dehors, la Révolution de juillet.

Nous avons vu, dans la lettre écrite par Béranger à sa tante, madame Bouvet, comment il alla voir Chateaubriand dès le lendemain de la Révolution.

Chateaubriand avait été pour Béranger, dès la première heure, l'un de ces maîtres secrets que toute sa vie l'on aime malgré soi et que l'on respecte. Assurément ils ne se sont pas rencontrés dans le même camp; ils ont combattu pour des idées et pour des principes contraires ; ils se sont rencontrés cependant, et c'est le fils des croisés, le gentilhomme, le créateur de la littérature romantique, qui a fait le premier pas. Il a loué le

---

[1] Lettre du 23 novembre 1830.
[2] Lettre du 10 juillet 1831.

premier[1] le poëte plébéien qui renversait les statues royales et qui avait accepté la plus grande partie de l'héritage de Voltaire. Béranger ne dissimula pas le plaisir que ces éloges lui faisaient ; il accepta avec joie cette haute amitié ; il en fut plus fier encore lorsque le courant des années et l'ébranlement de la vieille politique eurent paru pousser le chantre des *Martyrs* sur les rivages du monde démocratique. On sait comment Chateaubriand a parlé des chansons de Béranger sous le gouvernement même des Bourbons, dont elles préparaient la chute, et comment, après cette chute, Béranger pleura en beaux vers l'exil volontaire de Chateaubriand. Ils ne cessèrent plus d'être amis, et Chateaubriand, dans ses *Mémoires d'Outre-Tombe*, ne devait traiter personne aussi bien que Béranger[2].

[1] « Sous le simple titre de chansonnier, un homme est devenu un des plus grands poëtes que la France ait produits ; avec un génie qui tient de La Fontaine et d'Horace, il a chanté, lorsqu'il l'a voulu, comme Tacite écrivait. » (Préface des *Études historiques*.)

[2] « Près de la Barrière des Martyrs, sous Montmartre, on voit la rue de la Tour-d'Auvergne.

« Dans cette rue à moitié bâtie, à demi-pavée, et dans une petite maison retirée derrière un petit jardin et calculée sur la modicité des fortunes actuelles, vous trouvez l'illustre chansonnier. Une tête chauve, un air un peu rustique, mais fin et voluptueux, annoncent le chansonnier et le font reconnaître. Je repose avec plaisir mes yeux sur cette figure plébéienne, après avoir regardé tant de faces royales ; je compare ces types si différents : sur les fronts monarchiques, on voit quelque chose d'une nature élevée, mais flétrie, impuissante, effacée ; sur les fronts démocratiques paraît une nature physique commune, mais on reconnaît une haute nature intellectuelle ; le front monarchique a perdu la couronne ; le front populaire l'attend. Notre chansonnier a les diverses qualités que Voltaire exige pour la chanson : « Pour bien réussir à ces petits ouvrages, dit l'auteur « de tant de poésies gracieuses, il faut, dans l'esprit, de la finesse et du senti- « ment, avoir de l'harmonie dans la tête, ne point trop s'élever, ne point trop « s'abaisser, et savoir n'être pas trop long. » Béranger a plusieurs muses, toutes charmantes, et, quand ces muses sont des femmes, il les aime toutes. Lorsqu'il en est trahi, il ne tourne point à l'élégie ; et pourtant un sentiment de pieuse tristesse est au fond de sa gaieté : c'est une figure sérieuse qui sourit, c'est la philosophie qui prie.

« Mon amitié pour Béranger m'a valu bien des étonnements de la part de ce qu'on appelait mon parti ; un vieux chevalier de Saint-Louis, qui m'est inconnu,

Il lui écrivit de Genève (le 24 septembre 1831) une lettre qui a fait beaucoup de bruit lorsqu'il l'eut fait imprimer en tête d'une brochure sur la *Nouvelle proposition* (de M. de Bricqueville) *relativement au bannissement de Charles X et de sa famille.* Il n'est pas indifférent de transcrire ici la première page de cette lettre.

« Si vos talents étaient d'une espèce moins rare, si vos tableaux ne réunissaient à la correction du dessin l'éclat ou la suavité du coloris, je me contenterais de vous remercier de l'ode que vous avez bien voulu m'adresser, et d'être profondément touché de votre bienveillance ; mon orgueil chatouillé trouverait même, dans cette ode, *telle rime* qui exciterait au plus haut point mon enthousiasme. Mais ce n'est pas la redevance d'une gratitude vaniteuse que je vous viens payer, c'est le tribut d'une admiration sincère. Un grand poëte, quelle que soit la forme dans laquelle il enveloppe ses idées, est toujours un écrivain de génie. Pierre de Béranger se plaît à se surnommer le *chansonnier;* comme Jean de La Fontaine, le *fablier*, il a pris rang parmi nos immortalités populaires. Je vous prédis, monsieur, que votre renommée, déjà sans rivale, s'accroîtra encore. Peu de juges aujourd'hui sont capables d'apprécier ce qu'il y a de fini et d'achevé dans vos vers, peu d'oreilles assez délicates pour en savourer l'harmonie. Le travail le plus exquis s'y cache sous le naturel le plus charmant.

« Au reste, monsieur, dans la préface de mes *Études*, vous considérant comme *historien*, j'ai remarqué que cette strophe était digne de Tacite, qui faisait aussi des vers :

> Un conquérant, dans sa fortune altière,
> Se fit un jeu des sceptres et des lois,

m'écrivait, du fond de sa tourelle : « Réjouissez-vous, monsieur, d'être loué par
« celui qui a souftleté votre roi et votre Dieu. »

Et de ses pieds on peut voir la poussière
Empreinte encor sur le bandeau des rois.

« Lorsque vous entonnez la louange du *Roi d'Yvetot* et l'hymne au *Ventru* ; lorsque vous célébrez le *Marquis de Carabas* et les *Myrmidons* ; lorsque vous dictez la lettre prophétique *d'un petit roi à un petit duc* ; lorsqu'à mon grand regret vous riez de la *Gérontocratie*, vous êtes un politique à la manière de Catulle, d'Horace et de Juvénal. Souffrez en moi une des contradictions de la nature humaine : admirateur et prôneur de la jeunesse, je suis néanmoins très-attaché aux *Barbons*. Vous avez perdu un procès contre eux devant la justice : si j'en pouvais gagner un pour eux, à la haute cour de votre muse ! »

Chateaubriand plaide alors la cause des Bourbons déchus et cherche à séduire son ancien adversaire en flattant son nouvel ami. Béranger a répondu par une lettre qu'on peut regarder comme un de ses plus heureux chefs-d'œuvre. A quelle hauteur n'était pas arrivé, sans guide, l'ancien apprenti imprimeur de Péronne ! Il tient dignement son rang dans une correspondance à laquelle l'a provoqué l'auteur du *Génie du Christianisme*. Voici sa réponse :

« Votre lettre[1] m'a vivement touché, et j'en ai pesé chaque mot pour vous rendre grâce de tous ceux que votre bienveillance à dictés. Ah ! monsieur, que ne suis-je de ces gens faciles aux illusions ! Mais, de si haut que parte l'éloge, si brillant qu'il puisse être dans sa forme, il ne me réjouit que par le sentiment qui le fait arriver jusqu'à moi. Il n'a malheureusement pas le pouvoir de rien changer à l'idée que je me suis faite de mon talent. Ma réputation, si étendue, si populaire, descendue où peut-être jamais en France réputation d'auteur n'a pu at-

---

[1] Voyez la *Correspondance*, t. II, p. 64.

teindre, ma réputation, dis-je, n'a pas fait varier le jugement que je porte de mes productions. Je suis un bon petit poëte, habile ouvrier, travailleur consciencieux, à qui de vieux airs et le coin où je me suis confiné ont porté bonheur, et voilà tout ! D'après cela, vous devez juger, monsieur, combien je suis reconnaissant envers ceux qui veulent bien jeter d'en haut quelques fleurs sur ma pauvre vielle. Car ce n'est qu'en rougissant que je me suis servi parfois du mot de *lyre*. Non, ce n'est qu'une vielle que je fais résonner. Mais elle est restée indépendante et m'a servi à consoler ce peuple des rues que notre haute littérature a peut-être trop dédaigné. J'ai dit quelque part :

> Quand jeune encor, j'errais sans renommée,
> D'anciens châteaux s'offraient-ils à mes yeux,
> Point n'invoquais, à la grille fermée,
> Pour m'introduire, un nain mystérieux.
> Je me disais : Tendresse et poésie
> Ont fui ces murs, chers aux vieux troubadours ;
> Fondons ailleurs mon droit de bourgeoisie.
> Je suis du peuple, ainsi que mes amours.

« C'est donc d'en bas que ma voix est arrivée jusqu'à vous. Je n'en suis que plus fier de voir quelques-uns de ses chants vous faire prendre la plume en faveur du *chansonnier*. J'aurai une ligne dans l'histoire. Que de grands hommes à qui cette ligne a manqué !

« Les passages de votre lettre où vous répondez à la partie politique de mes couplets me font éprouver le besoin de vous faire ma profession de foi à cet égard. Ne vous plaignez pas, monsieur, de cette sorte d'épanchement ; accusez-en plutôt l'intérêt que vous me montrez, bien que vous me connaissiez depuis peu de temps et que vous m'ayez longtemps mal jugé, ainsi que vous le regrettiez un jour avec des expressions que je trouvai si aimables.

« Né avec un sentiment exalté de patriotisme, j'ai été bercé sur les genoux de la République, dans un pays qui eut peu à gémir sur les malheurs de 93. A dix-huit ans, le hasard me fit passer obscurément à travers les restes du parti royaliste. Je n'en fus que plus attaché à ce que je puis appeler mes premières opinions. Mon admiration pour Napoléon ne me dissimula aucun des inconvénients du gouvernement impérial. Cinq ou six mois de la Restauration, que je vis d'abord avec plus de surprise que de haine, suffirent pour me faire pressentir sa chute plus ou moins éloignée. Vous sentez que plus que jamais mes idées doivent être arrêtées. Elles le sont si bien, monsieur, que je néglige quelquefois de les mettre en avant. Autant que j'ai pu aider la Révolution de juillet, je l'ai fait, et je m'en félicite. Depuis longtemps, j'ai dans l'esprit que les monarchies représentatives ne sont qu'une forme transitoire. Les trônes constitutionnels ne me semblent être que des ponts jetés sur un fleuve que nous ne pouvions passer à la nage, encore moins franchir d'un saut. Je crois bien connaître les Français de notre époque : leur éducation est loin d'être complète. Les fautes de la Restauration ne l'ont qu'ébauchée ; il faut qu'elle s'achève ; il me semble qu'on y travaille. Mais toutefois les fautes commises depuis un an sont de nature à rouvrir la lice de tous les partis. Vous, monsieur, resté fidèle au principe fondamental du vôtre, mais avec un caractère trop élevé, un patriotisme trop vrai pour n'en pas repousser les intrigues, permettez-moi de vous dire que vous me semblez devoir cependant vous tromper sur les conséquences de ses efforts. Selon moi, malgré l'espoir que le parti légitimiste conserve d'hériter paisiblement des dépouilles des autres factions, il ne le peut sans le secours de l'étranger. Oui, il aura encore besoin une fois des Cosaques, et, dût-il faire morceler la France, son triomphe sera de courte durée. Je dois m'arrêter à ce point, où je crains bien que nos idées ne se trouvent dans un complet désaccord. Loin de moi, monsieur, le désir de vous faire adjurer les opinions que vous avez professées pendant toute votre glorieuse carrière. Vous vous rappelez peut-être ce que j'eus l'honneur de vous dire à ce sujet lors de votre dernier discours à la Chambre des pairs, et ce mot de ma chanson : *Va, sers le peuple.* Certes, je ne vous parlais pas de servir le ministère. Ah! monsieur, je n'aime pas à faire le prophète, bien que quelques-uns aient voulu me faire passer pour tel. Mais, si votre voix était assez puissante pour faire encore asseoir un squelette sur des ruines, vous pourriez voir s'augmenter considérablement la haie des tombeaux entre lesquels vous dites, en termes si touchants, que votre vie achève son cours. Tout chétif que je suis, le mien pourrait bien être du nombre, car, loin de fuir les persécutions, je ne fuirais que ceux qui pourraient me les éviter. Ne trouvez-vous pas qu'alors il y aurait quelque chose de plaisant à vous voir passer près de l'endroit où reposeraient les os du chansonnier? Cette hypothèse me fait sourire et m'ôte la gravité nécessaire pour continuer ma lettre sur le ton que j'avais pris. Revenons aux chansons. »

Béranger parle alors de celle qui a pour refrain le vers :

Chateaubriand, pourquoi fuir ta patrie?

C'était par de tels échanges et en écrivant avec lenteur quelques chansons pour un dernier recueil qu'il charmait les ennuis de sa retraite. Mais celui qui avait voué toute sa vie à faire le bien avait-il le loisir d'être longtemps affligé par la politique? Quand le découragement le prenait, il se souvenait de telle ou telle infortune qu'il s'était chargé d'adoucir et il l'adoucissait, soit en sollicitant autrui, soit en ne s'adressant qu'à lui-même.

En 1830, il n'avait hésité qu'entre la République, pour laquelle la France ne lui semblait pas encore mûre, et la monarchie constitutionnelle. Il n'avait pas songé que l'Empire pût renaître. D'ailleurs l'héritier de Napoléon était à Vienne, élevé comme un archiduc, chétif et déjà mourant. Et puis, Béranger, cela est visible dans tout ce qu'il a écrit, ne considérait l'Empire que comme une forme passagère de la République. Il déplora toutefois que les portes de France restassent fermées, après 1830, aux membres de la famille de Napoléon ; « mais, écrit-il, la faute en est à la maladresse des gros bonnets du parti. Ils n'ont pas paru dans le combat. Charles X rentrant à Paris le 30, aucun d'eux n'eût eu à craindre pour sa tête. Cela ne les a pas empêchés de se réunir, de clabauder, d'intrigailler après coup ; et ils ont donné lieu à des précautions qui, sans eux, n'eussent été prises qu'avec des exceptions faciles et convenables. »

Ceci nous conduit à l'une des lettres de Béranger où se montre le mieux sa pensée politique. Lorsque parut le dernier recueil qu'il publia, il le fit précéder d'une dédicace dans laquelle il exprimait toute la reconnaissance qu'il gardait à son premier protecteur. Lucien Bonaparte le remercia et lui demanda son avis sur les événements qui s'accomplissaient en France. Béranger répondit :

« Savez-vous, prince, que, dans un homme plus facile que moi à se faire des illusions, votre lettre eût pu produire un dangereux mouvement d'orgueil ? Heureusement je n'ai cherché dans vos expressions que le sens que vous avez dû vouloir leur donner. Le prix que vous dites attacher à mes conseils littéraires n'est qu'une manière ingénieuse de témoigner quelque estime à mon modeste talent ; et, quant à la justesse de mon coup d'œil en politique, permettez-moi de vous mettre à même d'apporter de notables restrictions à cet éloge.

« Si plusieurs obstacles insurmontables ne s'y opposaient, j'aurais tenté le voyage de Londres pour aller vous témoigner de vive voix ma reconnaissance. Je regrette que cela me soit absolument impossible. Peut-être en causant ensemble, prince, eussiez-vous pu tirer parti des observations que j'ai recueillies pendant le temps où j'ai suivi nos hommes politiques. M. Lacoste, ami du comte de Survilliers, pourra, au reste, vous transmettre, s'il le juge utile, tout ce que je lui ai dit sur les circonstances actuelles, ainsi que mes calculs d'avenir. Je ne vous dissimule pas d'avance que, sauf depuis un temps fort court, mes idées n'ont pas eu beaucoup de partisans. Voilà pourtant les feuilles républicaines qui s'en rapprochent; mais c'est faute de mieux, je pense. Voyez, d'après cela, le cas qu'on en doit faire. Il a été un temps où jeunes et vieux daignaient recourir à mes avis. J'en étais tout fier, mais on a fini par me traiter de radoteur, et j'ai fermé le cabinet de consultations. S'il ne m'arrive plus de vouloir donner des conseils, il m'arrive encore de bavarder, et c'est sans doute un de mes bavardages qui vous a été rapporté. J'ai dû dire en effet, et plus d'une fois, que la situation actuelle pouvait durer dix ans, peut-être plus.

« Avant la Révolution de juillet, j'ai entrevu l'impossibilité d'établir, dans un pays d'égalité, le système anglais monarchique représentatif, qui ne peut se passer de l'appui d'une caste privilégiée. Lors de cette dernière révolution, moi, vieux républicain, convaincu que la France n'était pas encore disposée à accepter la forme républicaine, j'ai désiré, pour achever d'user la vieille machine monarchique, qu'elle nous servît de planche pour passer le ruisseau; et ce que je vous dis là, ma conduite et mes discours à cette époque l'ont prouvé à tous mes amis. Je crois pouvoir assigner à cet état transitoire une durée égale à la Restauration. Les fautes du nouveau pouvoir ont changé peu de chose à mes calculs, tout en fortifiant mes espérances. De là, prince, les dix années de vie prédites à un trône qui a l'air si débile. Si le parti républicain n'eût pas lui-même commis des fautes que sa position rendait sans doute inévitables, nous serions plus près peut-être du dénoûment. Ce parti n'a pas encore appris à bien connaître la France nouvelle : aussi rêve-t-il l'impossible. C'est sur les intérêts créés par la Révolution qu'il faut fonder aujourd'hui, et il a trop souvent eu l'air de menacer ces intérêts. Heureusement, nous autres Français, c'est sous les coups de nos ennemis que nous nous disciplinons, et les coups ne nous manquent jamais. Les éléments républicains sont beaucoup plus nombreux que ne se le figurent et ceux qui redoutent et même ceux qui désirent la République. Mais, selon moi, ils seront encore longtemps à se coordonner. Toutefois, en France, nous pensons bien vite et nous agissons de même. Mais nous n'agissons que lorsque la conspiration des idées se rencontre sur la place publique avec celle des sentiments populaires : or ces jours-là sont rares dans un siècle. Voilà ce qui me fait voir, dans un temps encore éloigné, la chute de ce qui est aujourd'hui, habitué que je suis à toujours considérer les choses du côté le moins favorable.

« Prince, j'ai cru nécessaire de vous exposer quelques points de ma manière de voir, pour vous en faire juge. Je ne vous dirais pas tout, si je n'ajoutais qu'aujourd'hui, vivant dans la retraite, il est vraisemblable que je ne suis plus dans la meilleure position pour modifier l'opinion que j'ai eue d'abord. Vous le savez, il faut toujours se méfier des rêvasseurs. Ajoutez même que, dans l'intérêt de la République que je rêve, je souhaite qu'elle ne fleurisse pas trop tôt. Le plus grave reproche que je fasse au gouvernement actuel, c'est de la faire pousser en serre chaude.

« Je sais aussi que je néglige le chapitre des accidents ; mais en politique spéculative, la seule à laquelle je sois propre, ils ne peuvent entrer en ligne de compte. Ce n'est que dans l'action qu'on peut, jusqu'à un certain point, leur assigner une valeur.

« Je crois, prince, vous avoir mis à même de faire de ma prédiction le cas qu'elle mérite, tout en vous prouvant que pour moi elle est le résultat d'un raisonnement désintéressé et d'une conviction consciencieuse.

« Vous voilà armé de toutes pièces pour m'accabler aussi des noms de fou et de radoteur. Ne vous en gênez pas; j'y suis fait. Les sages m'ont également accusé de folie sous la Restauration; et nos jeunes gens, malgré les événements qui, depuis deux ans, ont confirmé mes pronostics, n'en sont pas plus disposés à croire mes prophéties; je ne les en estime pas moins : ils accomplissent leur mission ; la mienne n'est plus que de prêcher dans le désert, et c'est un sot rôle.

« Vous en avez appelé à ma franchise ; vous devez voir, prince, que je n'y ai pas fait faute. J'ai laissé aller ma plume, au risque de vous fatiguer et de me nuire dans votre esprit pour vous mettre sous les yeux tous les documents qui vous étaient nécessaires. Je vous le répète donc : jugez maintenant du cas que vous devez faire de mes paroles.

« Puissiez-vous au moins trouver dans cette lettre une nouvelle preuve de l'attachement éternel que je vous ai voué et un motif de plus de me croire toujours, prince, votre plus reconnaissant serviteur. »

Cette lettre est du 25 mai 1833. Béranger savait alors à quoi s'en tenir sur ce que les lendemains promettent. On a parlé de son sens divinatoire : N'y a-t-il pas là une preuve assez étrange de la netteté de cet instinct prophétique? L'opinion politique du poëte s'y exprime en des termes qui sont clairs, et il est intéressant de voir ce ferme langage tenu à un prince qui, sans doute, ne partageait pas tous les sentiments de son ancien protégé et que le même espoir ne satisfaisait pas. On a aussi là l'expression de ce qu'il pensait des meneurs du parti républicain. Il en a dit plus dans une lettre écrite, vers le même temps, à l'occasion du procès fait au journal la *Tribune*. « On a beaucoup parlé de cette affaire. Les républicains s'en réjouissaient. Cavaignac (Godefroy) devait briller d'une gloire immortelle. Malheureusement nos jeunes gens sont aussi des hommes rétrogrades. » Ailleurs il dit que ce sont aussi, à leur façon, des doctrinaires. « Comme les romantiques, ils veulent tout remettre à neuf et ne font que de la vieillerie. Ils s'en tiennent à 93 qui les tuera. Cavaignac a trompé l'attente générale. Son rôle lui imposait de se jeter dans l'avenir : au risque d'être appelé utopiste, il devait montrer l'inévitabilité de la République, comme pouvant seule résoudre les grandes questions sociales ; il devait donner un avant-goût de cette forme, soumise aux conditions de perfectionnement qu'impose l'ordre actuel des choses. Loin de là, il a donné des regrets à 93, appelé la guerre et refait les articles de journaux sur les fortifications de Paris. Le discours n'a pas eu même l'honneur de déplaire aux centres. Que dis-je? Il leur a plu, car il a prouvé qu'ils n'ont pas trop tort de combattre un parti qui n'a que de pareils arguments à employer. »

En 1835, quand on fit le fameux procès des accusés d'avril et que les chefs du parti républicain, accourus de tous les coins de la France, voulurent saisir cette occasion de faire une exposition mémorable de leurs principes, le sentiment de Béranger resta le même.

Il ne faut pas croire qu'il ne lui en coûtait pas d'être sévère et que c'était de gaieté de cœur qu'il se refusait à prendre part, comme quelques-uns l'auraient désiré, à tous ces débats. Il les jugeait inutiles, dangereux même pour la cause qu'il aimait et en laquelle, malgré tout, il voulait croire.

Toutes ces réflexions, toutes ces peines l'écartaient chaque jour davantage du mouvement politique. Il voyait d'un côté que tout se réduisait à des questions de personnes et à des poursuites de portefeuilles ministériels, et il ne trouvait pas de l'autre côté cette prudence et cette habileté dans le maniement des esprits qui lui semblaient indispensables pour préparer le triomphe des idées républicaines. Au besoin, il l'a dit, les formes du gouvernement lui auraient été indifférentes, si l'on se fût sérieusement et fermement appliqué à l'examen et à la solution de tous les grands problèmes que 1789 a posés devant la société nouvelle.

Voilà pourquoi, peu à peu, il cessa de vivre à Paris, allant d'abord dans le voisinage, à Passy, sur le bord du bois de Boulogne, puis à Fontainebleau, dans la grande forêt, et enfin à Tours. Ce n'était pas avec un sentiment de complète indifférence qu'il s'éloignait de sa ville natale, et il ne faisait le sacrifice que de sa propre personnalité, croyant sincèrement que, son rôle étant fini et ses conseils inutiles, le mieux qu'il avait à faire était de travailler à se faire oublier de tous. « Il y a longtemps que je me dis, écrivait-il à M. de Chateaubriand, que ceux qui naissent aux époques de transition sont bousculés, renversés, écrasés dans la lutte des générations qui s'entre-choquent. C'est sur nos cadavres que doivent passer les combattants qui nous suivent. Nous comblerons le fossé qu'il leur faudra franchir pour prendre d'assaut la place où tous nos efforts n'auront pu faire brèche. Mais espérons qu'une fois ville gagnée, les vainqueurs viendront relever les morts pour leur faire un bel enterrement, enseignes déployées et à grand bruit de fanfares. Et qui sait, enfin, si Dieu lui-même ne distribue pas des croix d'honneur aux braves restés sur le champ de bataille? »

Il y a aussi un inconvénient (car c'en était un pour lui), que Béranger croyait qu'il éviterait définitivement en se retirant loin de Paris. Pour plusieurs raisons, qu'il a déduites plus d'une fois avec le plus grand sens et le plus grand art, il ne voulait pas faire partie de l'Académie française, et à chaque vacance qui se produisait dans cette compagnie, ses amis, les journaux et le public ne manquaient pas de l'assaillir pour l'inviter à y demander un fauteuil.

La grande lettre adressée à M. Lebrun, le 21 janvier 1835, mérite d'être transcrite ici tout entière. Il n'y a pas d'endroit où Béranger ait mieux marqué ce qu'il pensait de son rôle, de ses œuvres, de son caractère; il n'y en a pas où l'excellence de son âme soit plus visible pour tous les yeux et plus respectable. Il disait à cet ami :

« Votre lettre ne m'est arrivée que ce soir, mon cher Lebrun, et je me hâte d'y répondre, tant je suis affligé de voir qu'après notre dernière conversation vous ne vous rendiez pas encore aux raisons qui m'empêchent d'aller frapper à la porte de l'Académie française. Vous devez pourtant être bien convaincu que ces raisons sont sérieuses, au moins pour moi, et surtout qu'elles sont très-sincères.

« Je vous répète donc que, si j'avais fait autre chose que des chansons, je ne trouverais aucun obstacle, littéralement parlant, à m'inscrire parmi les aspirants au fauteuil. Mais, par des causes trop longues à exposer, je tiens à ne pas enrégimenter académiquement ce petit genre, qui cessera d'être une arme pour l'opposition le jour où il deviendra un moyen de parvenir. Et puis-je fournir, moi, à ceux qui ne manquent jamais d'attaquer les choix de l'Académie, l'occasion de rabaisser, à cause de moi, un genre auquel je dois tant et que je suis parvenu à placer encore plus haut qu'il ne l'avait encore été? Ceux qui disent aujourd'hui de mes chansons que ce sont des odes seraient les premiers à crier que je n'ai fait que des chansons, que c'est bien peu de chose que des chansons. Avouez qu'il ne doit pas me convenir de les aider à prouver qu'ils n'ont que trop raison.

« Je ne puis me dissimuler, d'ailleurs, que l'on n'entre pas dans une société sans y contracter des engagements de devoir et de délicatesse. Or, il faut ici que je vous confesse, mon cher ami, que j'ai un ouvrage en tête, qui ne peut être écrit dans un esprit académique. Pensez-vous donc qu'il me convienne, avec un pareil projet, de m'exposer à commettre un acte d'ingratitude, et n'est-ce pas déjà trop que la reconnaissance que j'ai pour tout ce que vous me proposez, et la bienveillance de plusieurs de vos collègues? C'est parce que la reconnaissance est un culte pour moi que j'ai toujours redouté de contracter même de légères obligations, et vous voulez m'en faire contracter de grandes! J'ai tout sacrifié au besoin d'indépendance; ne me ravissez pas le fruit de tant d'efforts, souvent si pénibles.

« Vous allez me répéter, je le sais bien, ce que vous m'avez déjà dit : Les liens que l'Académie impose sont bien peu embarrassants; vous m'avez, à ce propos, cité La Fontaine, qui les a recherchés. Que vous ai-je répondu? La Fontaine était un bon homme; moi je suis un homme bon, je le crois, mais point du tout un bon homme, malheureusement. La pauvreté et l'expérience ont bien fourré un peu de philosophie en mon humble cervelle, et peut-être encore dois-je à la nature quelques petites qualités de cœur, puisque j'ai toujours eu bon nombre d'excellents amis; mais je n'ai jamais vécu de façon à assouplir mon humeur, et je vous avoue que, parfois, elle n'est ni très-raisonnable ni très-douce. Avec une folle pareille, me puis-je hasarder à m'asseoir auprès d'hommes, tous très-estimables sans doute, mais qui, certes, ont aussi leur humeur, et qui pourraient bien ne pas s'arranger du voisinage de la mienne, peu endurante et habituée à casser les vitres, même celles des Tuileries, s'il vous en souvient?

« Observez ma conduite dans le monde : vous verrez que je n'ai guère fait que le traverser en curieux, tâchant toujours de ne prendre racine nulle part. Si dans la foule j'ai distingué quelques bons camarades, je leur ai donné rendez-vous loin d'elle, avec d'anciens et francs amis que j'ai su conserver, et au nombre desquels vous savez, mon cher Lebrun, que je suis heureux de vous compter. Ceux de mes amis qui ont monté trop haut pour moi, je m'en tiens éloigné, mais sans rien diminuer, pour cela seul au moins, de l'attachement que j'ai conçu pour eux autrefois. Cette conduite, mon cher ami, tient à une règle que je me suis faite de bonne heure, car les hommes qui ont eu beaucoup à souffrir sont obligés d'être sages dès le grand matin. Autant que je l'ai pu, je n'ai jamais accepté rien qui ne fût pas en rapport avec mon caractère et mes goûts, avec mes goûts surtout, qui, peut-être, par leur simplicité, m'ont tenu lieu de vertu et de raison. Et ne croyez point que cela ne soit pas rare dans la société comme elle est faite de nos jours.

« Des sots, ou des gens qui ne me connaissent point, ont cru, ou même ils ont feint de croire, après la Révolution de juillet, que j'avais refusé des places et des distinctions pour me singulariser; non, vous le savez. Les places et les distinctions n'allaient ni à mes goûts ni à mon caractère, et c'est pourquoi je ne les ai pas recherchées. Cependant me suis-je vanté de ma modération? ai-je fait retentir les journaux de mes refus désintéressés?

« On tombe assez souvent dans la même erreur, je le sais,

relativement à l'Académie : C'est de l'orgueil! dit-on. Les sots me croient donc bien sots? Hélas! vous savez, mon cher ami, la piètre idée que je me suis faite de mon mérite littéraire, et c'est en toute sincérité que j'en ai parlé dans la préface de mon dernier volume. Plût au ciel que je fusse de l'avis de mes amis sur mes ouvrages ; je n'ai que le sentiment (mais je l'ai bien) de l'utilité dont je fus à la noble cause que j'ai défendue, et ce sentiment-là ne me donne pas de vertiges. Or il n'y a qu'un homme frappé de vertige pour méconnaître l'importance de l'Académie française, qui, si elle le veut, est appelée à de si hautes destinées et qui réunit un grand nombre de nos hommes illustres, auxquels demain peuvent se réunir toutes les illustrations qui brillent en dehors d'elle. Comment! n'avons-nous pas encore le fauteuil de Corneille et de Bossuet, de Voltaire et de Montesquieu? Et Cuvier, ne fait que sortir de vos rangs !

« Mais je m'aperçois, mon cher ami, que c'est me mettre avec mes accusateurs contre l'Académie que de repousser aussi sérieusement l'imputation qu'ils m'adressent. Si je dois être surpris, d'après cela, c'est que quelqu'un, à l'Académie, hors un ami pourtant, remarque avec peine que je n'aspire pas à en faire partie, lorsqu'il existe aujourd'hui des renommées anciennes et nouvelles qui, pour n'avoir pas la popularité vulgaire de mon nom, n'en seraient pas moins pour les quarante d'une valeur bien plus réelle et plus utile. Car moi, pauvre ignorant, je ne vous apporterais aucune des qualités qui font le véritable académicien, et je vous défie de m'appliquer au moindre des travaux de votre classe et même aux fonctions solennelles que vous remplissez tour à tour.

« Ceci me fait remettre sous vos yeux celle de mes observations qui avait paru le plus vous frapper, et qui a aussi frappé Dupin, un jour qu'il me faisait les mêmes instances que vous. J'ai horreur de livrer ma personne au public, et, comme l'auteur des *Maximes*, je suis complétement incapable de parler, même de lire quelques phrases dans une nombreuse assemblée, et ne saurais non plus subir, pendant une heure, un compliment qui me serait adressé.

« — Mais vous avez bien été avec grande foule devant les tribunaux, me direz-vous. Parbleu! comment s'y refuser? Ils s'y prenaient avec tant de grâce! Si j'avais pu, avec eux, m'abonner à trois mois de prison de plus chaque fois, pour avoir la permission de ne pas comparaître en si nombreuse société, à coup sûr j'aurais fait ce marché de grand cœur.

« Du moins, sur la sellette, n'ai-je jamais dit que mon nom. Regardez-moi donc comme incapable de prononcer un discours de réception, en supposant que je sois capable de le faire, ce qui est assez douteux.

« Mais me voyez-vous en habit brodé, l'épée au côté, allant au château? Là, encore un discours : : « Sire, je suis « votre très-humble serviteur. — Ah! vous voilà donc, vous, « qui n'avez pas voulu nous venir visiter? — Je suis votre « serviteur, Sire. — Allez, et n'y revenez plus! etc., etc. » Ah! mon cher Lebrun, ne sentez-vous pas que vos usages sont des impossibilités pour moi?

« Mon ami, laissez-moi, laissez-moi dans mon coin, qui n'est pas celui du misanthrope. Si des journaux querellent l'Académie parce qu'elle ne se nomme pas, veut-on que je leur écrive que l'Académie n'a pas tort et qu'un corps semblable se doit d'attendre que l'on sollicite l'honneur d'être admis dans son sein? Dictez tout ce que vous voudrez, j'écrirai; mais pour Dieu! détournez les amis que je puis encore y compter (hélas! j'en ai déjà beaucoup vu disparaître!) de tenter de m'y faire entrer par une voie inusitée. Oui, mon cher Lebrun, si je savais que l'on pût me nommer sans que je me misse sur les rangs, j'aimerais mieux sur-le-champ faire à chacun de vous dix visites, même à l'archevêque, et j'irais dès six heures du matin (il fait pourtant bien froid) attendre à la porte de votre secrétariat pour me faire inscrire. Une nomination non sollicitée! y pensez-vous? Vous figurez-vous une entrée triomphale plus écrasante pour ma pauvre réputation? Empêchez cela, je vous prie, et lisez ma lettre à vos messieurs, si vous le jugez nécessaire. Mais je suis fou! cette crainte est chimérique. Non, jamais l'Académie française ne voudra descendre ainsi de sa haute position devant un poëte de guinguette. Comment ferait-elle pour moi ce qu'elle n'a pas fait pour le divin Molière? Je ne suis qu'un chansonnier, messieurs; laissez-moi mourir chansonnier.

« Encore quelques mots. Il m'est impossible de me faire à l'idée d'être asservi à ma réputation. J'ai tout fait pour vivre séparé d'elle, et vous voulez que je la suive dans votre palais, où elle n'a jamais eu mission d'entrer! Attendez, attendez un peu : d'ici à trois ou quatre ans, il ne sera vraisemblablement plus question d'elle! Sans doute alors je serai assez peu philosophe pour en avoir quelque regret; mais vous et moi, messieurs, nous ne serons plus contraints de nous en occuper; même alors vous rirez de bon cœur des façons que j'aurai faites, et il vous sera permis de croire que j'en éprouve un repentir tardif. Ce qu'il y a de certain, c'est que j'en apprécierai encore mieux votre bienveillance actuelle.

« Quant à vous, mon cher Lebrun, soyez bien persuadé que je serai en tout temps plein du souvenir de votre amicale insistance, et que ma gratitude bien sincère s'étend sans réserve à tous les académiciens qui ont pu désirer de m'avoir pour collègue. En fait d'honneur, me voilà content; je n'en demande et n'en veux pas davantage, et sauvez-moi de tout le reste, en dépit du besoin que je puis avoir du petit traitement qui vous est alloué, et que jadis j'ai touché avec tant de joie au nom de Lucien Bonaparte, mon premier protecteur. »

Ajoutons à toutes ces raisons d'isolement, tirées de la politique et du caractère même de Béranger, une remarque d'une autre nature. Habitué à ne jamais compter quand il avait des amis à fêter ou à aider, et des misères à secourir, Béranger éprouvait, par moments, la crainte d'épuiser trop tôt le peu d'argent qui composait sa modique fortune. C'est encore une de ses lettres, et l'une des plus belles, assurément, que l'on puisse citer, qui montrera quelle était la générosité, la délicatesse et surtout la sagesse de ce grand homme de bien. Avant de partir pour Fontainebleau, il écrivit à M. Bérard, son ami déjà ancien, ami éprouvé et tout dévoué, mais alors engagé dans des affaires difficiles d'où, plus tard, il put, grâce à Béranger, se tirer peu à peu.

« Il y a bientôt quatre ans, mon cher Bérard, que des amis me pressèrent de retirer les fonds que j'avais chez vous. Vous devinez quelle fut ma réponse. Seulement, à quelque temps de là, par intérêt pour vous et votre excellente famille, je crus devoir vous instruire des bruits qui couraient en haut lieu sur votre situation de fortune. Vous me répondîtes une lettre qui eût pu me tranquilliser entièrement, si je n'avais connu votre facilité à vous faire illusion. Je ne tardai pas à avoir la conviction des malheurs qui vous attendaient.

« Vous n'aviez jamais fait usage de mes avis : je m'abstins de toute insistance inutile. A l'époque de votre maudit livre, vous sachant embourbé jusqu'aux épaules, j'essayai pourtant de vous empêcher de vous fermer, sans utilité publique, la seule ressource personnelle qui vous restât : celle des emplois. Malheureusement ma position de créancier m'empêcha peut-être d'insister suffisamment, par cela même que je jugeais mieux l'espèce de tort que vous alliez vous faire. Aujourd'hui, je ne crains pas de me servir de cette position malencontreuse pour vous engager à bien juger la vôtre, à voir quelles ressources vous restent, quel parti vous devez prendre. Ici je ne puis vous éclairer, parce que je ne suis pas dans le secret de toutes vos affaires.

« Mais ce que je puis vous dire, c'est que vous ne pouvez vous en tirer par une extrême énergie, sans perte de temps et en tranchant dans le vif. Cessez de prolonger l'affaire Laffitte : sa durée est ruineuse. Songez que, faute d'une activité suffisante, aussi par nonchalance de caractère, vous avez laissé le mal s'aggraver autour de vous. Votre loyer vous exténue ; vos deux grands garçons restent les bras croisés. Mettez ordre à tout cela, et sans doute à beaucoup d'autres choses, si vous faites tout ce qu'il faut faire. Mais, pour Dieu! surtout, mon cher ami, plus d'illusions !

« Mesurez l'abîme dans toute sa profondeur. Voyez combien d'existences reposent sur la vôtre. Ce qu'il vous reste de force vaut de la jeunesse. Oubliez le passé ; ne comptez plus sur les autres et marquez-vous un avenir raisonnable, fût-il le plus obscur du monde. Mais, pour atteindre ce but, s'ils ne peuvent vous aider, il faut au moins que vos amis ne soient pas une source d'obstacles. En ce qui me concerne, voici depuis plus de deux ans le parti auquel je me suis arrêté.

« Je nourris quatre individus, moi compris. Je vais supprimer tout ou partie des mille francs que j'envoie annuellement à l'île Bourbon, parce qu'un homme de trente-quatre ans [1] doit savoir se suffire.

« Je prends avec moi ma vieille tante [2] et une bonne et vieille amie [3] qui mourrait de faim, si je ne l'aidais, comme

---

[1] Son fils Lucien, mort en 1849.
[2] Sa tante Merlot.
[3] Mademoiselle Judith Frère.

elle-même elle m'a aidé au temps de ma pauvre jeunesse. Une marmite coûte moins à faire bouillir que trois. J'ai vu Fontainebleau, et je pense à en faire le lieu de ma dernière retraite. Les deux femmes aideront au ménage, que pourra entretenir suffisamment, je l'espère, le peu qui me reste.

« Grâce à cette disposition, je pourrai me passer de l'intérêt de ces 44,000 francs, intérêt qui, au premier jour, deviendrait peut-être pour vous une gêne extrême. Quant aux trois actions du gaz, si vous pouvez me les remettre, tant mieux ; mais, si elles vous sont nécessaires, gardez-les aussi. Seulement je vous prie de tenir des comptes exacts de tout, afin qu'un jour, si la fortune revient souffler dans vos voiles, comme je le souhaite, surtout pour vous tous que j'aime tant, vous puissiez régler avec moi ou avec mes héritiers, sans qu'il y ait lieu à conteste et chicane de leur part. Béjot vous dira que mon testament est fait de manière à vous éviter tous les embarras de ce genre que j'ai pu prévoir ; et, si j'y retouche, ce sera pour le perfectionner sous ce rapport.

« Voilà, mon cher ami, ce que j'étais bien aise de vous dire pour vous tirer une épine du pied et pour que vous n'ayez plus à vous occuper que de votre digne femme et de vos enfants.

« N'allez pas trop admirer ce que vous ne manquerez pas d'appeler mon désintéressement : vous savez que je suis las du monde. Chaque jour je m'en éloigne davantage ; il en est de lui comme du théâtre : dès qu'on en a perdu l'habitude, on ne peut plus y remettre les pieds. La retraite est le but de mes désirs. Je veux terminer mes jours loin du bruit et d'une société qui finirait peut-être par me rendre misanthrope. Je tiens à conserver ma foi dans l'humanité. Quant aux privations matérielles, songez que c'est pour m'en imposer le moins possible que je prends le parti de m'éloigner de Paris. Je veux sauver mon sucre et mon café du naufrage, et puis, quand je serai loin du monde, j'aurai le temps de travailler. Qui sait si ce n'est pas là ce qu'il me reste à faire encore ? Vous voyez donc que le parti que je veux prendre sera moins une dégringolade qu'un arrangement de position. Je me retourne dans mon lit, voilà tout !

« D'après cela, ne vous leurrez pas de vaines espérances. Tâchez seulement de me dire combien de mois encore vous croyez pouvoir servir l'intérêt des 44,000 francs, sans trop vous mettre à la gêne; et, là-dessus, je prendrai mes mesures. Imitez-moi surtout, et ne vous laissez plus aller à une indolence qui désormais deviendrait coupable.

« Embrassez pour moi cette pauvre mère[1], et croyez-moi, comme toujours, pour vous plein d'estime et d'amitié, et tout à vous de cœur pour la vie. »

Installé à Fontainebleau par M. Perrotin, auquel il confiait volontiers le soin de lui chercher un gîte, Béranger y vécut depuis la fin d'août 1835 jusqu'au commencement de décembre 1836. Il quitta cette première retraite, où il fut peut-être plus heureux que partout ailleurs, parce qu'il trouvait que son existence y était trop oisive et qu'il voulait, avant de mourir, essayer de toutes ses forces d'écrire l'ouvrage de morale qu'il méditait.

Il faut lire, dans la *Correspondance*, les lettres écrites vers ce temps, et depuis 1830, à MM. Sainte-Beuve, Hippolyte Fortoul, Jean Reynaud, pour voir combien Béranger, même de loin, s'inquiétait de tout le mouvement littéraire qui suivit la Révolution. Là encore sa raison trouve à s'exercer, et les conseils qu'il donne aux uns et aux autres, pour ne parler que des plus marquants et sans mentionner tant de lettres adressées à des inconnus, sont aussi judicieux, aussi sages, aussi sincères que ceux qu'il donne à ses amis politiques sur la marche des affaires. On peut voir aussi, en parcourant toutes

---

[1] Madame Bérard.

ces lettres et en rencontrant parmi elles tant de preuves de son zèle pour toutes les souffrances, qu'il n'avait pas quitté Paris pour renoncer à ses charges de charité. Non ; et jusqu'au bout Béranger aima non moins les hommes que l'humanité. Il servit l'une par ses écrits, il servit les autres par ses actions.

La retraite même paraissait éclaircir aux yeux de Béranger la confusion des événements : à distance il les comprenait mieux et jugeait plus sûrement.

« Il faut que vous sachiez bien, écrivait-il un peu plus tard à Lamennais, que je n'ai de valeur que dans la méditation. La discussion fait évaporer le peu d'idées qu'il y a en moi. J'ai, d'ailleurs, une conscience méticuleuse qui m'empêche d'être homme de parti ; je ne suis qu'homme d'opinion. Encore même sur ce point y a-t-il à redire ; car le patriotisme, sentiment qui ne vieillit pas en moi, me barre le chemin toutes les fois que je puis craindre que l'application de mes principes ne compromette le pays. Vous le voyez, je ne suis qu'un chansonnier. Mais croyez que je ne vis pas en égoïste. Je suis comme l'ermite qui, sur la grève, adresse des vœux au ciel pour ceux qui bravent les tempêtes, en regrettant de ne savoir tenir ni la barre ni la rame. »

Il méditait donc, il ne voulait pas discuter ; il ne sacrifiait pas son opinion, mais il ne voulait appartenir à aucun parti. Il comptait que la liberté, dont il avait fait triompher la cause, suffirait pour faire l'éducation du peuple ; il s'inquiétait surtout de ses misères, auxquelles il avait consacré ses dernières chansons, et il priait Dieu en philosophe, le Dieu de la concorde et de la paix, pour que l'aurore pacifique éclairât le plus tôt possible l'horizon. Il a chanté la guerre glorieuse de la Révolution, mais il ne croyait pas que la guerre est sainte.

> Près de la borne où chaque État commence,
> Aucun épi n'est pur de sang humain.

Il voyait la science qui multipliait ses miracles, qui inventait la vapeur, qui domptait l'électricité, et il espérait que le monde allait enfin être organisé. Les petites querelles du temps de la Restauration sont déjà bien loin ; il ne s'agit plus de droits à maintenir, il s'agit de la multitude, qu'il faut, pensait-il, tirer de sa rude misère et éclairer, et qui ne doit plus être réduite par la faim et l'ignorance et par la jalousie à adorer les divinités sanglantes d'autrefois.

Il eût voulu, par ses dernières chansons, qui sont comme un testament pacifique, nous apprendre enfin à nous aimer d'une amitié sincère! Il eût voulu nous conduire, sans faux pas, à cette organisation, à cette émancipation générale du monde humain qu'il entrevoyait dans les révolutions les plus lointaines ! Quand le sol de la Chine fermente, quand l'émigration chinoise annonce à l'Europe que trois cent millions de travailleurs entreront tôt ou tard dans la communion civilisatrice, Béranger voit la politique nouvelle qui s'avance. Cette préoccupation a été l'objet de ses méditations dernières.

Et cet homme qu'animaient de si grands songes, cet homme si fier et si humble, sur quelle place publique, où alla-t-il porter sa parole ? Il allait obscurément visiter ses amis pauvres, il consolait les affligés, il ouvrait sa bourse aux désespérés, il relevait même les coupables.

Des illustres amis qui lui sont venus sur le tard, il n'y en a pas qu'il ait aimés autant que Lamennais et M. de Lamartine. Celui-ci ne connut Béranger que lorsqu'il fut revenu à Paris, après 1840. Lamennais l'avait recherché même avant d'écrire les *Paroles d'un Croyant*. Quelques amis de l'illustre écrivain ont pensé que Lamennais a plus aimé Béranger que Béranger n'a aimé Lamennais. Cela est possible, car encore faut-il bien que de deux amis l'un soit plus tendre ou plus ardent que l'autre. Mais il est bien certain que cette illustre amitié de deux grands hommes a été plus utile et par conséquent plus douce à Lamennais qu'à Béranger. Non que celui-ci n'ait pas beaucoup aimé la grande intelligence blessée qui cherchait refuge auprès de sa raison; mais cette raison même, si constante, si nettement équilibrée pendant toute sa vie, faisait qu'il fut assez longtemps à vaincre un peu de surprise en présence d'un ami qui lui venait de si loin et à travers tant d'étonnantes aventures. Et dans les derniers jours, si les admirateurs exclusifs de Lamennais veulent croire que Béranger ne lui a point assez marqué sa tendresse, c'est que le génie âpre de son ami ne lui semblait pas exempt de quelque dureté à de certaines heures, et que, par nature, la tendresse de Béranger s'attachait surtout aux âmes tendres, et qu'il aimait avec le plus d'effusion les bonnes gens. Par exemple, Béranger n'approuvait pas que Lamennais eût retranché son neveu de son cœur, après qu'il l'avait élevé et chéri comme une mère, sans autre motif qu'un dissentiment de doctrine politique en un moment de la vie sociale où tout allait par sauts et par chocs.

Mais ces observations n'ont en réalité que très-peu de valeur, car il est incontestable que Lamennais ne s'est jamais plaint que Béranger fût trop froid pour lui; et, de son côté, Béranger n'a jamais cessé d'exprimer sa chaleureuse admiration pour le plus vigoureux peut-être, le plus hardi et le plus profondément navré des génies de la France moderne.

A Tours, dans sa jolie maison de la *Grenadière*, qu'il trouvait pour lui, plébéien, trop jolie, trop large, trop garnie de rosiers et de tilleuls, il s'appliqua à cet ouvrage utile dont il voulait doter nos passions impatientes et qu'il aurait dû nous donner, même imparfait et au-dessous de son rêve. Quel malheur que Béranger se soit découragé! « Je ne sais rien, dit-il; j'ai eu tout à découvrir, tout à deviner. Oh! que de peine! » Nous aurions un livre unique que tout le monde aurait lu et où

tout le monde aurait profité. En 1848, ce sont de tels écrits, signés d'un maître vénéré, qui ont manqué à la nation et qui, manquant, l'ont laissée faire fausse route. Que ceux du moins qui, pour dire quelque chose, l'accusent d'avoir flatté sans cesse et de n'avoir jamais instruit le peuple, s'ils oublient tant de nobles vers, lui tiennent compte de cette tentative de vieillard. Puisque Béranger, à cet âge, ne s'est pas jugé capable de mener à terme sa tâche, il faut l'en croire, car il est toujours sincère. Peu après l'art même du vers allait lui échapper.

> Et, quand j'allais, par de nouveaux concerts,
> Peuple dauphin, t'instruire à la clémence,
> Dieu ne veut plus que je fasse des vers.

En 1837, au mois de septembre, M. Trélat, devenu rédacteur en chef du *National*, pria Béranger, dont il connaissait bien la passion pour tout ce qui touche à l'instruction et à l'éducation du peuple, d'écrire quelques articles dans le journal qu'il allait diriger. Nous ne pouvons mieux faire, pour peindre l'état de l'âme de Béranger à cette époque, que de détacher la plus grande partie de la lettre qu'il écrivit en réponse à cette demande :

« Que venez-vous me proposer, mon cher ami ! Moi, me faire écrivain politique, à présent que j'ai rompu avec le monde, que j'ai pris ma retraite, et qu'enfin on commence à m'oublier, grâce au ciel ! Cette retraite a été de bonne foi. Je ne suis pas la nymphe de Virgile ; beaucoup de gens de mon âge, et plus âgés même, ne peuvent vivre que de bruit et se jettent dans la mêlée sous le vain prétexte d'utilité, pour obtenir que leur nom ne manque pas d'échos. Bien différent, je vois le mien s'éteindre avec une sorte de satisfaction. Vous le savez pourtant, cette indifférence s'arrête à ce qui me regarde ; mais je suis si convaincu que je ne puis être utile à la cause qui m'est chère, que je me garderai toujours de remonter sur le théâtre où je n'ai eu à jouer qu'un rôle bien court, à l'aide d'un talent bien borné. Je me garderai donc d'écrire dans un journal, quel qu'il soit. « Mais vous ne signerez pas, » me direz-vous. Alors, mon cher ami, à quoi vous serviraient quelques méchants articles, quand vous êtes là tous pour en faire de bons? Car on ne peut mentir à sa nature; je suis né artiste ; la forme me préoccupe toujours. Or, il n'est pas possible que je m'arrange du journalisme. Voilà surtout pourquoi je n'ai jamais voulu prendre ce métier. Est-ce à cinquante-sept ans que j'en ferai la folie? Aujourd'hui que je tâche de mettre en ordre ce qu'il me reste d'idées, et que j'y procède bien lentement, avec toute liberté, je ne sais si, un de ces jours, je ne jetterai pas au feu le peu que j'ai écrit, tant je me trouve loin de ce qu'il me faudrait être. J'ai toujours manqué de confiance en moi. Avec cela, si les circonstances ne vous ont formé de bonne heure à la rédaction improvisée, on ne doit point aborder la presse quotidienne.

« Habituez-vous seulement à resserrer votre style; les trop longs articles sont la mort des journaux, et vous devez le mieux savoir que moi. Vous me pardonnerez cette observation, qui sent un peu le vieil ouvrier. J'ai répondu à Thomas[1], il y a peu de jours, et, comme je l'ai fait à la hâte, je crains de lui avoir écrit des sottises. Voyez comme je suis propre à faire des journaux : entre autres choses, je lui conseillais une censure des feuilles publiques, sous le point de vue moral. En effet, mon ami, je ne reviens pas de ma surprise quand je vois tout ce que la presse, et même celle d'opposition, contient de pervertissant pour le peuple. Et puis, voulez-vous que je vous dise? c'est que tous, et le *National* lui-même, laissent percer un fond d'aristocratie qui me confond. Cela tient à ce qu'on fait généralement plutôt du républicanisme doctrinaire que de

---

[1] M. Ch. Thomas, alors directeur du *National*.

la politique humaine ; c'est qu'on veut plutôt se servir du peuple que le servir. Cela doit vous répugner, vous dont le cœur est si bon et si généreux. Quand donc fera-t-on un journal pour ce pauvre peuple, qui a tant besoin de direction, et à qui chacun parle de ses droits sans se donner la peine de lui apprendre d'avance à en faire un digne usage? Quand donc un peu de tendresse se mêlera-t-elle aux allocutions hypocrites qu'on lui fait? Voilà une mission de journaliste qui vous va bien. Je sais que malheureusement il vous faudrait pour cela briser le cercle étroit où Carrel a renfermé la politique du *National*, cercle qui suffisait à son talent, mais qui est bien loin de suffire à la cause. Toutefois il me semble qu'on pourrait renoncer à la roideur humoriste que cette feuille a contractée sous lui, pour parler au peuple dans un langage qui pourrait plaire même aux classes les plus éclairées. Cela est possible pour les arts, pour les lettres et pour les sciences ; cela est possible financièrement. Je ne citerai qu'un exemple : lors de la discussion sur les caisses d'épargne, toutes les feuilles d'opposition se sont évertuées à effrayer les classes inférieures pour qu'elles retirassent leur pauvre pécule. C'était le contraire qu'il fallait faire, tout en blâmant la loi proposée ; il fallait prouver que, malgré cette loi, les fonds étaient en sûreté ; d'abord parce que c'était vrai, et puis parce que l'importance des caisses d'épargne est plutôt morale que financière. Et, si j'abordais la question des assassinats, que n'aurais-je pas à dire? Quoi ! lorsqu'un peuple se fait en trois jours justice des rois, on ose, au nom de ce peuple, se faire agent de meurtre? Ah ! si l'on avait de ce peuple l'idée que j'en ai, si on lui portait l'amour qu'il m'inspire, comme on se hâterait de réclamer en son nom contre de si odieuses tentatives, tentatives imitées de l'aristocratie et qui ne conviennent qu'à son organisation et aux époques où elle dominait le monde. Mais aujourd'hui, dans un pays d'égalité, l'assassinat politique est un outrage à la civilisation et aux droits du peuple. Le *National*, dominé par la mauvaise queue de l'émeute, n'a pas osé jeter l'anathème contre ces actes, si contraires à l'esprit de notre nation. Et pourtant quelle position il eût acquise! car, en le faisant, il pouvait se proclamer républicain, en dépit des lois de septembre.

« Mais je m'aperçois que je reviens sur le passé, sans grande utilité pour l'avenir. C'est, au reste, parce que vous êtes nouveau dans l'entreprise que je me permets avec vous toutes ces réflexions ; en supposant que vous les adoptiez, elles ne vous décourageront pas, parce que vous sentirez tout ce qu'il y a encore de bien possible. Je voudrais qu'elles vous aidassent à trouver une route nouvelle pour accomplir votre mission de dévouement.

« Si je faisais de la polémique, j'ai une telle confiance dans la force des principes que je défendrais, que je voudrais, quant aux personnes et aux choses, rendre justice à chacun. Louis-Philippe lui-même aurait sa part d'éloges ou d'excuses. L'esprit de justice, mon ami, c'est ce qui donne le plus d'autorité. Je sais que, pour l'exercer, il faut se séparer de l'esprit de coterie ; mais, s'il y a d'abord quelque désavantage apparent à cela, il est bientôt compensé par la confiance générale. Pour Dieu! faisons donc entrer la morale dans la politique. Nous reprochons à nos adversaires de culbuter à droite, lorsque à gauche nous tombons dans le fossé : ce que je vous dis là est encore à votre usage, vous, cœur droit et caractère ferme, qui pouvez si bien vous mettre au-dessus des vieilles tactiques. »

Mécontent de lui-même, et attribuant au bien-être de sa vie de jardinier et de rêveur l'impuissance de ses efforts lorsqu'il voulait écrire un livre d'enseignement, Béranger se reprocha bientôt la joie qu'il éprouvait à cultiver en paix ses roses et ses dahlias de la *Grenadière*. Une partie de sa petite fortune était de nouveau compromise; il saisit avec empressement cette occasion, fit le sacrifice de son jardin à sa conscience, et, quoi que pussent dire et faire ses amis affligés, il alla chercher à Tours même une habitation plus modeste.

De cette époque datent deux chansons de Béranger qui n'ont pas été placées dans le recueil de ses *Dernières Chansons*. Au moment où s'imprima ce recueil, on craignit que l'accent qui les anime ne parût trop dur, parce que les vers du poëte frappaient un gouvernement tombé et des mœurs politiques que la Révolution de 1848 avait déjà châtiées. Béranger avait laissé toute latitude à ceux de ses amis qui devaient être consultés alors; il les avait même priés d'effacer de son œuvre ce qui leur paraîtrait ou trop faible ou inutile. Le seul souci de sa gloire les guida dans la lecture qu'ils firent de son manuscrit, et de tout le recueil on n'écarta que cinq chansons : deux, la *Belle Fille* et la *Petite Bouquetière*, comme imparfaites; une autre, la *Rime*, que nous placerons plus loin, et deux pièces, *Bondy* et *Vermine*, que l'on ne crut pas devoir publier, pour ne pas blesser des vaincus.

Voici ces deux dernières chansons. C'est la satire énergique des vices du gouvernement qui régit la France de 1830 à 1848.

BONDY

Air : *C'est l'amour*, etc.

Gens titrés,
Lettrés,
Mitrés,
Banquiers, corsaires
Et faussaires;
Gens titrés,
Lettrés,
Mitrés,
Accourez, accourez!

} *Bis.*

APPENDICE.

L'or et l'argent sont nos idoles;
Rester pauvre est de mauvais goût.
Votes, serments, écrits, paroles,
On trafique aujourd'hui de tout.
 Tout se vend, tout s'achète,
  Honneurs, emplois, brevets,
 Quand Vespasien répète :
  Cela sent-il mauvais?

  Gens titrés, etc.

Prêtre, du ciel ouvre la porte,
Pour mon salut passons marché;
Grand avocat, combien rapporte
Le crime au supplice arraché?
 Qu'à Waterloo succombe
  Un peuple de héros;
 Marchand, fouille leur tombe;
  Fais argent de leurs os.

  Gens titrés, etc.

Si l'industrie aux bras sans nombre
Nous prépare un monde meilleur,
Des forbans l'entravent dans l'ombre,
Malgré bourgeois et travailleurs.
 Cette bande honnie
  Enfle son riche avoir
 Des sueurs du génie,
  Des pleurs du désespoir.

  Gens titrés, etc.

La royauté, veuve de pompe,
N'étale plus que des haillons;
Pourtant du peuple qui s'y trompe
La couronne obtient des millions.
 Plus d'un roi qui l'écorne
  Tend ce vieil oripeau,
 Comme un gueux, sur la borne,
  Aux sous tend son chapeau.

  Gens titrés, etc.

Quoi! le poëte à la richesse
Fait sacrifice de ses goûts!

Frais parvenus, vieille noblesse,
Pêchent l'or aux mêmes égouts.
 Le joueur suit ses pontes,
 Le pauvre un numéro ;
 Hélas ! et que de comptes
 Soldés par le bourreau !

   Gens titrés, etc.

Venez ; la fortune vous guide,
Sa voix vous révèle un trésor ;
A Bondy, dans un lac fétide,
Elle cache des monceaux d'or.
 En vain l'odeur révolte,
 Un roi court le premier.
 Point de riche récolte
 Sans beaucoup de fumier.

   Gens titrés, etc.

Tous, oui, tous, dans l'infecte mare,
Criant : de l'or ! plongent soudain.
Moi, j'en pleure, et la foule avare
Raille mes pleurs et mon dédain.
 Vieux de la République,
 Vieux de Napoléon,
 Allez, troupe héroïque,
 Fermer le Panthéon.

    Gens titrés,
     Lettrés,
     Mitrés,
    Banquiers, corsaires
     Et faussaires ;
    Gens titrés,
     Lettrés,
     Mitrés,
   Accourez, accourez !

VERMINE [1]

Voilà douze ans, à la France, arbre immense,
 J'ai dit : « Plus beaux tes fruits croîtront toujours

[1] Cette pièce est probablement de 1843.

Au monde entier destinant leur semence,
Dieu les mûrit au soleil des trois jours.

« Vous qui chantez cette année abondante,
Par moi prédite à l'arbre glorieux,
Heureux enfants, à la branche pendante
Cueillez les fruits greffés par vos aïeux. »

Ils se hâtaient ; mais, la récolte faite,
Je vois bientôt ces fruits tachés, flétris,
Dans son espoir trompant le vieux prophète,
Forcer sa bouche et son cœur au mépris.

Est-ce du ciel, arbre de la patrie,
Que vient ce mal d'où naissent tous nos maux?
Ta noble séve est-elle enfin tarie?
D'un air impur nourris-tu tes rameaux?

Non ; les vers seuls, de la mort sourds ministres,
Ont dès longtemps couvé notre malheur;
Ils ont osé, ces corrupteurs sinistres,
Souiller le fruit aux langes de la fleur.

Là sous nos yeux, tenez, l'un d'eux se dresse :
« Pour dominer, dit-il, gonflé d'orgueil,
« Frères, à nous la lâcheté s'adresse ;
« Préparons-lui son trône et son cercueil.

« Qu'avec ses fruits, l'arbre à la vaste cime,
« Déjà mourant, succombe à notre effort,
« Tandis qu'au pied s'entr'ouvrira l'abîme
« Que nous creusons sous un peuple qui dort. »

Il a dit vrai ; ces enfants de la tombe
De l'arbre saint rongent les bras puissants ;
Voyez du ciel sa couronne qui tombe
Et son vieux tronc insulté des passants.

Dieu, si trois jours tu nous permis de croire
Que ta bonté pour nous se réveillait,
Sauve la France et les fruits de sa gloire
Des vers éclos au soleil de Juillet !

L'un des plus intéressants épisodes de la vie de Béranger, à cette époque, c'est l'histoire de ce *Napoléon* qu'en 1839 il accepta d'écrire ou plutôt de faire écrire par M. Pierre Leroux et de signer conjointement avec lui, après l'avoir relu et corrigé. Pour qui sait quelle crainte il avait du public et quelle défiance il éprouvait lorsqu'il avait à écrire une ligne de prose, cette résolution est le plus grand acte de haute charité dont on puisse honorer sa mémoire. M. Leroux, dont Béranger estimait le talent et dont il voulait à tout prix soulager la misère, devait y gagner une cinquantaine de mille francs au moins. Non-seulement Béranger accepta le marché qu'on lui offrait, mais il fit tout pour en rendre les conditions avantageuses à son ami. M. Pierre Leroux ne put achever le travail entrepris et Béranger eut à rembourser quelques milliers de francs, donnés d'avance par les éditeurs à l'écrivain qu'il avait voulu sauver de son infortune; mais ce ne fut pas cette perte d'argent qui l'affligea, ce fut le chagrin qu'il eut d'avoir tant risqué pour ne pas rendre en entier le service qu'il espérait rendre. Une fois l'affaire rompue, il paya vite, et s'estima, en somme, bien heureux de ce que son nom n'était pas livré, au frontispice d'une œuvre si importante, au jugement du public et de la postérité.

Un autre épisode, plus touchant encore, et unique dans cette vie si sage, c'est l'événement qui, en 1840, a subitement arraché Béranger à sa retraite de Tours.

On a blâmé ou admiré, suivant qu'on aimait ou n'aimait pas Béranger, l'équilibre de sa raison. On a cru qu'il n'avait jamais connu les amères inquiétudes, les folies, les déchirements de l'amour. Qu'on sache donc qu'en 1840 ce sage, si habile à penser juste et à faire bien, a été frappé au cœur d'un coup de flèche invincible. Venu tard, l'enivrant amour ne fut que plus rapide et plus cruel.

Il fut un moment où la passion lui monta à la tête comme

un vin trop fort. Il oublia, pour une heure, et sa gloire présente et ses plus chers souvenirs. C'est alors que, fou de douleur, voulant et ne voulant pas donner son nom et toute sa vie, tout son cœur à une étrangère, il s'échappe tout d'un coup de la ville où lui avait été faite la blessure. Il s'échappe, il disparaît, cachant sa trace, et, pour la première fois de sa vie, osant ne pas dire la vérité. On était à la fin d'avril. Ce n'est point trahir un secret, c'est révéler un noble mystère que de suivre le poëte dans sa fuite et jusque sous ses bois de Fontenay où il eut à lutter contre la passion et à la vaincre.

Toute la fin de l'année 1840 et le commencement de l'année 1841, Béranger resta dans le village ignoré de Fontenay-sous-Bois, ne sortant que pour se jeter avec ses pensées dans les taillis de Vincennes ou pour descendre sur les bords de la Marne, à peine visité par deux ou trois amis, et, de toutes les illustres personnes qu'il distinguait, n'ouvrant sa porte qu'à Lamennais, dont la liberté était alors menacée. Quand il fut condamné (au mois de décembre), Béranger lui offrit sa maison perdue dans les bois. Lorsqu'il fut incarcéré à Sainte-Pélagie, ce fut pour l'aller voir que Béranger fit sa première course à Paris.

Il écrivait encore, au milieu de ce trouble de sa vie, des lettres excellentes et toutes pleines de vues lointaines. L'Europe était alors menacée par un amoncellement d'orages. Béranger disait, et ici comme partout éclate son admirable raison :

« Tout se complique de façon à n'y rien démêler. La guerre semble pourtant plus sûre que la paix ; mais avec un roi qui la craint et qui ne manque pas de ruse, avec un ministre qui ne manque pas de jactance, mais qui n'a pas de puissants appuis, il est impossible de rien préjuger. Ce qu'il y a de certain, c'est que l'Angleterre ne veut pas la guerre avec nous ; elle n'a rien à y gagner, et elle y perdrait momentanément. Qui sait même si les hasards heureux ne pourraient pas finir par être en notre faveur? En France, la portion remuante, énergique, voudrait la guerre; quelques-uns par patriotisme plus ou moins éclairé; beaucoup d'autres, parce qu'on suppose qu'elle tournerait au détriment du pouvoir actuel. Quant aux masses, la paix, je crois, est ce qui leur convient le mieux.

« Il est plus aisé de voir dans l'avenir que dans le présent. Ce que fait l'Angleterre achèvera de détruire sa puissance, surtout si elle réussit à s'emparer d'une portion de l'Égypte. Les Russes ou les Français l'en chasseront un jour, et, avant ce jour, elle éprouvera l'épuisement que causent à une nation les conquêtes hors de proportion avec son territoire; elle aura le sort des nations qui se laissent diriger par leurs intérêts commerciaux. Vous êtes peut-être assez jeune pour voir le commencement de cette grande débâcle, qui serait aujourd'hui un malheur pour le monde entier, car aucun peuple n'est en mesure de remplacer l'Angleterre dans son action de civilisation matérielle. Quant à la civilisation intellectuelle, dont nous paraissons être chargés, il me semble que nous nous en acquittons assez mal depuis quelque temps; mais enfin, ce qui doit être fait se fera; quand? je ne sais. »

Et au milieu de ces mouvements de son cœur et de ces agitations de sa vie, au milieu de toutes ces lettres écrites à l'amitié sur des sujets graves, que d'autres lettres, comme toujours, écrites au profit des malheureux!

Au mois d'avril 1841 Béranger était de nouveau établi, avec son amie fidèle, dans ce village de Passy qu'il aimait tant à cause du bois de Boulogne et du voisinage de la Seine. Ses voyages étaient terminés. Il n'avait plus à visiter à Péronne sa vieille tante du Mont-Saint-Quentin, qui était morte, et il ne devait plus sortir de chez lui que pour aller deux ou trois fois passer quelques jours d'automne à Rougeperriers, chez son ami Dupont (de l'Eure). Excepté ces courses rapides, ses excursions furent bornées dès lors à des haltes, quelquefois longues, dans le village de la Celle-Saint-Cloud, où il avait une chambre chez M. Joseph Bernard, et dont il aimait l'étang et les grands marronniers, ou encore à Arnouville, chez M. Cauchois-Lemaire.

Il suivit avec un regard résigné la politique des ministres et des Chambres de la monarchie constitutionnelle, écrivant, pour venger la raison et la patrie, la satire si fine des *Escargots* et la foudroyante prophétie du *Déluge*, qu'à la fin il eut l'audace de publier, et qu'ont oubliée sans doute ceux qui veulent qu'il se soit tu jusqu'à la fin de sa vie. Et, quoiqu'il fût bien avéré pour tous que ce n'était pas à l'affermissement ou la reconstruction des trônes que songeait dans ses méditations le vieux poëte du drapeau tricolore, les héritiers des rois et les prétendants s'empressaient de saluer en lui l'esprit, la verve, la raison de la patrie.

Il avait fait recommander une souffrance au duc d'Orléans. Le fils du roi, sur-le-champ, lui écrit :

« Une bonne œuvre, et indiquée par vous, monsieur, c'est un double plaisir pour moi. Votre protégé devient le mien, et je serai heureux si, pendant votre séjour à Tours, je pouvais causer de ses intérêts avec vous. Vous êtes, permettez-moi de vous le dire, une de mes plus anciennes connaissances : il y a déjà plus de vingt ans que vos chants m'apprenaient (et quelquefois même aux dépens du latin) à aimer et à connaître la France.

« Croyez-moi, monsieur, votre affectionné,
« Ferdinand-Philippe d'Orléans. »

Il avait remercié M. Louis-Napoléon Bonaparte d'une brochure qui lui avait été envoyée de la prison de Ham. Le futur empereur Napoléon III lui répond :

« Fort de Ham, 18 octobre 1842. »

« Monsieur, la lettre que vous avez bien voulu m'écrire est venue faire trêve à mes chagrins et me réjouir le cœur. J'ai été vivement ému, en voyant l'écriture de l'homme populaire qui célébra en sublimes chansons les gloires et les malheurs de la patrie. Votre nom a rappelé à ma mémoire les douces émotions de mon enfance, alors qu'en famille nous récitions, mon frère et moi, devant ma mère attendrie, ces vers si beaux qui, s'élevant à toute la hauteur de votre génie, retombaient comme une massue sur la tête des oppresseurs.

« Je suis heureux d'apprendre que mes derniers écrits aient mérité votre approbation. Je n'aurai pas encore trop à me plaindre du sort, si je parviens à prouver que j'étais digne du lieu et du pays où je suis né, et si je m'attire dans ma captivité l'estime et la sympathie des hommes comme vous qui savent par eux-mêmes que le malheur n'est pas plus un crime que la fortune n'est une vertu. »

Tels étaient les témoignages de l'estime publique que les princes venaient offrir au républicain Béranger, retiré du monde. Un jour, un inconnu lui écrivit une lettre d'une tout autre nature. Impatienté par une gloire si populaire et voulant par avance faire sentir au poëte l'âpreté des coups que l'envie devait porter plus tard à sa mémoire, un jeune homme osa (en 1843) l'injurier jusqu'auprès de son foyer. La réponse de Béranger est si belle, que tous ceux qui, en tout temps, voudraient prendre sa défense, n'ont qu'à la faire lire aux esprits frivoles et aux envieux.

« Vous avez cent fois raison, monsieur; mais c'est contre

ceux qui me donnent de ridicules éloges, et non contre moi, que vous devez tourner votre colère. Si vous avez lu mes ponts-neuf, et mes préfaces, vous devez voir que je n'ai jamais eu de prétentions bien ambitieuses en quoi que ce soit; et si vous me connaissiez, et il est nécessaire de connaître un homme pour le juger, vous sauriez que depuis dix ans j'ai rompu avec le monde qui fait et soutient les réputations. Vous sauriez que je n'ai jamais prononcé la plupart des grands noms que vous me citez sans mettre chapeau bas; vous sauriez enfin que je suis même en garde contre l'engouement fort excusable de mes meilleurs amis, et que je leur ai souvent répété une partie des vérités que vous prenez la peine de m'adresser.

« Au reste, monsieur, ce dont vous vous plaignez est le mal du temps. Aux époques où il y a pénurie de grands hommes, le public en invente. Ceux qu'en termes de coulisses on choisit pour *bouche-trous* sont souvent dupes de ces courtes bonnes fortunes et prennent leur rôle au sérieux. Un peu de sens commun m'a préservé de cette folie. Vous voyez, monsieur, que je ne suis pas loin de penser comme vous. Aussi je n'accepte pas le rapprochement que vous faites entre vous et le paysan d'Aristide, parce qu'il vous est trop défavorable et qu'il m'honore beaucoup au delà de votre intention.

« Mais, monsieur, c'est au public et par la voie des journaux que vous deviez adresser le contenu de votre lettre, et non à *un vieux* comme moi, ainsi que vous le dites. En répandant votre opinion sur mon compte, je suis sûr que vos critiques eussent trouvé bien des échos. Leur accord eût pu calmer votre irritation, que je suis loin de blâmer, sans approuver toutefois les formes que vous lui donnez dans votre épître. Et ici, monsieur, permettez-moi de vous faire une observation sur les convenances les plus vulgaires.

LA CLOSERIE DES LILAS

« Quand on parle à un homme de mon âge, qui, au risque des persécutions, a consacré d'une manière désintéressée son peu de talent à servir une cause qu'il a crue et croit toujours la meilleure, il me semble, quelle que soit l'opinion qu'on professe, qu'il est au moins de bon goût de donner à la raison les formes d'une politesse qui ne peut qu'ajouter du poids à la vérité, en inspirant de la considération pour celui qui veut bien s'en faire l'organe.

« Mon âge, dont vous paraissez me faire un reproche, m'autorise à vous soumettre cette réflexion en retour du service que vous voulez sans doute me rendre en dissipant les illusions dont vous supposez que je berçais ma vieillesse. »

Mais c'est la seule fois sans doute que Béranger eût à écrire sur ce ton à un jeune homme. Il aimait beaucoup et accueillait volontiers les jeunes gens. Son amour de la patrie et sa foi dans l'avenir les lui faisaient chérir ainsi. A leur tour ils le vénéraient et l'aimaient plus encore qu'ils ne l'admiraient. On en a eu la preuve dans cette belle soirée du mois de juillet 1850 que Béranger se rappelait avec tant d'émotion, lorsque, entré par hasard avec quelques amis dans le jardin de la *Closerie des Lilas*, près du Luxembourg, il fut reconnu, acclamé, couvert de fleurs par toute la jeunesse du quartier latin.

Pendant plus de vingt ans, ce patronage des jeunes intelligences a été à la fois le plus vif souci et le plaisir le plus doux de Béranger. S'il venait un ignorant trop hardi, il ne le rudoyait pas; il prenait mille détours ingénieux pour l'amener à de sages études ou à l'oubli des rêves inutiles; si le suppliant montrait dans sa prière même un germe d'avenir, Béranger devenait sur-le-champ le directeur de sa jeunesse. Il comprenait les charges de sa gloire.

Enfin, arrive le jour où, comme frappée par la foudre de la chanson du *Déluge*, la royauté constitutionnelle fut brisée.

Quand apparut la République, Béranger, qui l'avait prédite, mais qui connaissait la plupart de ceux qui allaient jouer un rôle, ne salua pas sans inquiétude la devise que portaient ses jeunes drapeaux. On a cité alors un de ces mots pleins de sens qu'il excellait à trouver et à bien dire : « Nous avions un escalier à descendre, et voilà que nous sautons par la fenêtre. » En effet, il s'aperçut bientôt de la haine que des imprudents avaient allumée dans les cœurs.

La reconnaissance du peuple l'appelle à l'Assemblée constituante de la République. Il ne pouvait démentir sa vie et entrer dans l'action, après avoir si clairement dit pour quelles raisons il voulait vivre dans la solitude. On n'a pu le blâmer du refus qu'il a fait d'être représentant du peuple et quelque chose de plus peut-être, que parce qu'on ne le connaissait pas. Toutes ses pensées, tous ses discours, toutes ses lettres sont d'accord pour établir l'unité de son caractère, la clarté de son intelligence et la solidité de ses résolutions.

Pour s'en convaincre, il suffit de relire avec soin la lettre qu'il écrivit aux électeurs pour décliner la candidature.

« Mes chers concitoyens,

« Il est donc bien vrai que vous voulez faire de moi un législateur? J'en ai douté longtemps. J'espérais que les premiers qui ont eu cette idée y renonceraient, par pitié pour un vieillard resté étranger jusqu'à ce jour aux fonctions publiques, et qui pour s'en montrer digne, aura tout à apprendre, à l'époque de la vie où l'on ne peut plus rien apprendre.

« Des amis m'ont répété que refuser de pareilles fonctions serait une faute. Je crois le contraire. Mais, en effet, si c'est une faute, évitez-la-moi, vous, à qui je voudrais les éviter toutes.

« Pour que l'étendue de ma popularité ne vous trompe pas plus sur ma valeur comme citoyen qu'elle ne me fait illusion sur mon mérite de poëte, écoutez-moi bien, je vous prie.

« Mes soixante-huit ans, ma santé si capricieuse, mes habitudes d'esprit, mon caractère, gâté par une longue indépendance, achetée chèrement, me rendent impossible le rôle trop honorable que vous voulez m'imposer. Ne l'avez-vous pas deviné, chers concitoyens? je ne puis vivre et penser que dans la retraite. Oui, je lui dois le peu de bon sens dont on m'a loué quelquefois. Au milieu du bruit et du mouvement, je ne suis plus moi ; et le plus sûr moyen de troubler ma pauvre raison, d'où peut-être est sorti plus d'un conseil utile, c'est de me placer sur les bancs d'une assemblée. Là, triste et muet, je serai foulé aux pieds de ceux qui se disputeront la tribune, où je suis incapable de monter. Poser, parler, même lire, je ne le puis en public; et, pour moi, le public commence où il y a plus de dix personnes. Une circonstance de ma vie, mal interprétée par plus d'un, vous en fournit la preuve.

« Un fauteuil à l'Académie française, ce corps illustre, unique dans le monde, est, certes, la plus belle récompense que puisse ambitionner un écrivain. Eh bien, cet honneur, j'ai constamment refusé de le rechercher, parce que je sais que mes habitudes de caractère et d'esprit ne s'arrangeraient pas des usages de cette compagnie, usages bien loin pourtant d'être aussi absolus que ceux d'une assemblée législative.

« Mes chers concitoyens, j'ai été, depuis 1815, l'un des échos de vos peines et de vos espérances. Vous m'avez souvent appelé votre consolateur : ne soyez pas ingrats. En m'assignant une trop grande importance, vous ôterez à mes conseils le poids que leur donne ma position exceptionnelle. Dans les luttes politiques, le champ de bataille se couvre de morts et de blessés. Sans regarder au drapeau, en vrai soldat français, j'ai toujours aidé à enterrer les uns, à soigner les autres. Si je suis forcé de prendre une part active à ces luttes, je deviendrai suspect à ceux-là mêmes à qui je tendrai une main fraternelle.

« Ne m'arrachez donc pas à la solitude, où, recueilli en moi-même, je vous ai semblé avoir le don de prophétie. Je ne suis pas de ceux qui ont besoin de crier en place publique : « Je suis patriote ! je suis républicain ! » Mais, me dira-t-on, il faut vous dévouer. Ah ! mes chers concitoyens, n'oubliez pas combien ce mot dévouement peut cacher d'ambition. Le dévouement véritable, utile, est celui qui s'étudie à ne nous faire entreprendre que ce dont nous sommes capables. Quant à l'égoïsme, si on m'en accuse, je laisserai répondre ma vie tout entière.

« Venons aux idées que je puis avoir conçues dans ma retraite, pour mener à bien l'œuvre démocratique que Dieu impose à la France, au profit des autres nations, ses sœurs bien-aimées. N'aurai-je pas toujours assez d'amis dans nos assemblées pour que ces idées s'y développent, si, en effet, elles méritent quelque attention ? Ma parole timide les compromettrait ; ces amis le feront valoir. Il faut des esprits jeunes, des cœurs jeunes, pour triompher de tous les obstacles que le bien à faire va rencontrer encore. Quelques-uns de ces cœurs-là ne me seront-ils pas ouverts ?

« Je vous en supplie donc, chers concitoyens, laissez-moi dans ma solitude. J'ai été prophète, dites-vous. Eh bien donc, au prophète le désert ! Pierre l'Ermite fut le plus mauvais conducteur de la croisade qu'il avait si courageusement prêchée, bien qu'il eût pour compagnon le brave Gaultier *sans Avoir*, comme disaient les riches de ce temps-là.

« Puis, n'est-il pas sage qu'à une époque où tant de gens se prétendent propres à tout, quelques-uns donnent l'exemple

APPENDICE. 591

de savoir n'être rien? La nature m'a créé pour ce genre d'utilité, qui ne fait envie à personne.

« Enfin, chers concitoyens, que l'ivresse du triomphe ne vous abuse pas. Vous pourrez avoir besoin encore qu'on relève votre courage et qu'on ranime vos espérances. Vous regretteriez, alors, d'avoir étouffé sous les honneurs le peu de voix qui me reste. Laissez-moi donc achever de mourir comme j'ai vécu, et ne transformez pas en législateur inutile votre ami, le bon et vieux chansonnier. A vous de cœur, chers concitoyens. »

Deux cent quatre mille quatre cent soixante et onze voix répondirent qu'il n'y avait aucun nom plus populaire, et que le nom de Béranger appartenait à la nation. Béranger courba la tête et entra dans l'Assemblée constituante, étonné, inquiet, embarrassé, mal à son aise.

Peu de jours après, sentant qu'il ne pouvait se contraindre davantage, il pria l'Assemblée d'accepter sa démission.

L'histoire dira que Béranger eut raison. Il n'était pas né pour un rôle public, toute sa vie l'atteste ; et ce n'était pas à soixante-huit ans qu'il pouvait faire violence à sa nature. En dehors des conseils de la République, il eût servi encore la République, si le bonheur des temps l'eût permis.

L'Assemblée nationale refuse la démission de Béranger. Alors il a recours à la prière et à la supplication [1].

---

[1] « Quelques esprits ardents ont reproché, et, aujourd'hui encore, reprochent à Béranger, de n'être pas demeuré, en ces jours orageux de 1848, à un poste où sa présence eût peut-être empêché beaucoup de mal. Quant à moi, je dois dire que sa décision ne m'étonna point. C'était lui qui m'avait, en quelque sorte, tenu sur les fonts baptismaux de la politique ; c'était lui qui, avec une affection presque paternelle, avait essayé de guider mes premiers pas dans l'âpre carrière. J'avais donc eu occasion de l'étudier, et nul mieux que moi n'avait la mesure de cette grande prudence de Béranger, dont les conseils avaient quelquefois irrité, en les enchaînant, les impatiences de ma jeunesse. Il était républicain à

Ce n'est que depuis 1848 que la renommée de Béranger a cessé d'être inviolable. Jusqu'alors on s'était habitué à l'aimer comme le Tyrtée, à le vénérer comme le Franklin de la France. Depuis, ces mots-là ont fait rire bien des gens. On comprend que le clergé et la noblesse, que ses chansons détrônèrent en 1830, lui aient gardé une rancune silencieuse ; mais ce qui étonne, c'est que la bourgeoisie, qui l'admirait, se soit à la fin tournée contre lui et qu'elle se soit plu à venger elle-même leurs injures.

C'est une querelle de littérature qui a préparé la réaction dont on a vu un instant réussir les efforts. Les premiers destructeurs de cette renommée sont précisément des écrivains, des poëtes, des artistes, des archéologues de l'école roman-

coup sûr ; mais il n'apercevait la république que loin, bien loin encore dans l'avenir, parce que la génération contemporaine ne lui paraissait pas propre à fournir des républicains ; parce que, dans la plupart de ceux qui se proclamaient tels, et qu'il jugeait sincères, il ne découvrait qu'aspirations généreuses où il cherchait des convictions réfléchies ; parce qu'enfin beaucoup d'entre eux, suivant lui, prenaient follement pour de la dignité personnelle le mépris de toute discipline et l'envie pour l'égalité. Je me souviens qu'un jour il me dit, avec un sourire doucement moqueur : « Vous êtes trop pressé, mon enfant ; vous parlez de répu-
« blique ? Mais, dans une république, il faut un vice-président, attendu que le
« président peut tomber malade. Or trouver aujourd'hui quelqu'un qui se contente
« d'être vice-président, voilà le difficile ! » Cette sagesse si fine, si tranquille, si prompte à s'effaroucher néanmoins, et qui volontiers s'exagérait, sous le rapport de l'observation, le mauvais côté des choses humaines, disposait mal Béranger à accepter une situation quelconque dans la tourmente de 1848. Nommé membre, malgré lui, d'une assemblée qui couvait des colères implacables, il n'en eut pas plutôt entendu les sourds grondements, qu'il pressentit les suites. Il n'était pas homme à se méprendre sur la portée de la lutte qu'il voyait s'engager entre les élus de la province et Paris. Y avait-il chance qu'il intervînt d'une manière tant soit peu efficace ? Le déchaînement des passions réactionnaires, au début même, la fin de non-recevoir opposée à la plus légitime des demandes, le refus du peuple d'assister à une fête de la Concorde inaugurée sous de pareils auspices, les clameurs de la presse, l'exaspération des clubs, tout cela semblait annoncer qu'un conflit, et furieux, était désormais inévitable ; Béranger, convaincu de son impuissance à le prévenir, demanda que sa vieillesse ne fût point condamnée au désespoir d'y figurer. » (*Extrait d'une lettre de M. Louis Blanc à M. Paul Boiteau.*)

tique. En vain le flot irrésistible du temps avait mené les chefs de l'école vers les rivages du pays démocratique, les derniers adeptes nourrissaient, dans leur cœur ignorant, les anciennes passions gothiques. Épris d'un inexplicable amour pour le moyen âge, qui est si plein de douleurs et de larmes, ils avaient restauré les chapelles, repeint les vitraux, imité la sculpture étrange des siècles de foi. Ils rajeunissaient la poésie sans la fortifier; ils attristaient la pensée humaine sans la calmer ; ils proclamaient la souveraineté de l'art et ils pervertissaient dans les arts la notion du beau. Le romantisme et le néocatholicisme cheminaient ainsi côte à côte dans le même sentier, entre les arbres et les fleurs mélancoliques. Chemin pittoresque, voyage aimable, si notre imagination charmée, mais énervée, n'avait fait payer à notre raison le prix de ses rêves. Ces poëtes, ces artistes, ces archéologues, même lorsqu'ils aimaient la liberté moderne, n'ont qu'à regret consenti à reconnaître la renommée de Béranger.

Et tout cela parce que de 1820 à 1830 il y avait eu en présence deux armées littéraires : l'une, héritière du dix-huitième siècle, composée d'hommes qui avaient traversé les orages politiques et qui se souciaient plus des idées nouvelles que des mots nouveaux ; l'autre, plus jeune, plus ardente, recrutée en partie dans les familles qui, sous l'Empire, avaient gémi de l'oppression de la pensée, poussant l'orgueil de l'indépendance poétique jusqu'au mépris, jusqu'à l'ignorance des lois et des idées modernes, professant un culte enthousiaste pour toutes les choses renversées par la Révolution et se jetant aveuglément dans une ivresse que devaient suivre de si longs repentirs et tant d'amers désaveux.

Les bannières rivales ont disparu ; mais il est resté quelque chose encore de la rivalité. Un souvenir littéraire a ainsi prévalu sur la justice.

La question du style n'est pas celle qui a préoccupé le plus les anciens alliés du romantisme. A l'affût du moindre signe qui pût indiquer un flottement dans l'opinion publique, ils s'empressaient d'y répondre. Timidement ils jetaient un mot dans un coin du journal, quelquefois une fausse nouvelle. Ceux-là surtout faisaient ce manége qui prirent pour eux ce que le poëte a dit des jésuites et des prêtres sans charité. On n'avait pu supprimer ni Voltaire ni Rousseau ; ils voulurent du moins tout organiser pour que la renommée de Béranger fût, au moment propice, réduite en poussière. Ils disaient d'abord : « le chantre de Frétillon. » M. de Béranger ne venait qu'ensuite.

Mais toutes ces petites colères, jusqu'en 1848, passaient inaperçues.

La République, en 1848, arrivait à l'improviste ; elle surprit assurément le plus grand nombre de ceux qui allaient se charger de ses destins.

L'histoire dira si cette crise inattendue a été aussi coupable que l'affirment aujourd'hui ceux qui l'ont le plus louée, face à face, et qui ont le plus profité d'elle. Elle dira les malentendus et non les crimes qui ont divisé la nation, elle jugera la faiblesse et non l'ambition de la plupart des acteurs principaux de ce nouveau drame. Ce qu'elle affirmera sans doute, c'est que les événements se précipitèrent, pour ainsi dire, de leur propre poids, et sans que les hommes y pussent porter la main pour les retenir. Peut-être même reconnaîtra-t-elle que si la seconde République française a coûté cher à la paix publique et à la liberté, ce fut moins par la faute des républicains qui l'établirent trop tôt que par la faute de ceux qui, ne l'ayant pas désirée, la laissèrent s'établir et tout aussitôt travaillèrent à sa ruine.

Le républicain Béranger, en 1830, avait plus que personne conseillé l'expérience sincère de la monarchie constitutionnelle ; en 1848, il vit que dix-huit ans de liberté n'avaient pas encore assez éclairé le peuple et n'avaient pas assez produit de caractères pour la direction d'une république pacifique et durable. S'est-il trompé? Les républicains intelligents lui peuvent-ils reprocher des craintes que n'ont que trop justifiées et la turbulence du peuple et l'insuffisance des hommes d'État?

Mais la passion ne raisonne pas. Une partie de ceux qui laissaient périr la République accusèrent dès lors Béranger, un vieillard qui n'avait jamais voulu rien être, d'avoir refusé, à soixante-huit ans, une place dans l'Assemblée constituante. Ils ne comptaient donc que sur lui !

Puisque nous avons vu tomber l'établissement républicain, puisque nous savons, à n'en pas douter, que ni Béranger ni personne n'eût empêché le suffrage universel, les circonstances étant données, de ruiner la liberté, ne nous prenons qu'à nous-mêmes de nos mécomptes.

Mais en 1847 il publie sa chanson du *Déluge des rois* et prêche les idées républicaines ! Sans doute : seulement il n'assigne pas six mois de date à l'échéance de la lettre de change qu'il tire sur l'avenir, et il veut que le travail philosophique soit fait dans les esprits avant que la monarchie soit supprimée comme inutile. Nous mettons trop souvent dans les débats de philosophie politique une sorte de colère. Béranger nous instruisait à la modération sans rien sacrifier de sa doctrine. Un roi n'est pas nécessairement, surtout au dix-neuvième siècle, un ennemi de la nation qu'il gouverne ; il n'y a pas guerre fatale entre la Monarchie et la République. Quand donc nous habituerons-nous à ne pas nous montrer le poing de parti à parti ? Il n'y a pas de partis pour le citoyen sage ; il n'y a que des systèmes divers qui doivent tous être étudiés à fond dans l'intérêt de la patrie et de l'humanité.

Les gouvernements passent ; la France reste. Béranger était du parti de la France.

Quand la liberté fut perdue, les ennemis de Béranger se réjouirent. Ils avaient enfin rencontré l'occasion de le convaincre d'avoir préparé toutes les discordes et rendu nécessaires tous les sacrifices. Or quel plus grand sacrifice, pour quiconque a une âme libre, que celui de la liberté ?

En 1848, on dit aux républicains : Béranger a trahi la République; en 1852, on dit aux libéraux : Béranger a trahi la liberté.

Ce n'est pas assez; Béranger a trahi la société elle-même, il a corrompu les mœurs, détruit toutes les vertus innocentes, la piété, la pudeur, et il a excité les pauvres à la haine des riches. Voilà, dans tout son développement, la thèse qui a été soutenue à la fin, et, grâce au désordre de nos jugements, accréditée pour quelques jours parmi les esprits frivoles.

« Au fait, ont murmuré les anciens libéraux, des républicains même, voilà d'où vient le mal qui nous tourmente. S'il n'y avait eu un poëte pour chanter les pauvres gens et s'occuper même des gueux, nous n'aurions pas aujourd'hui tant de peine à rétablir l'ordre. La société est troublée ; c'est Béranger qui la trouble. » Il fallait dire cela en 1833, quand paraissaient dans un dernier recueil, au milieu de l'admiration universelle, les chefs-d'œuvre incriminés maintenant.

En 1855, on invitait Béranger à répondre à ses ennemis. « C'est à mes amis à me défendre, » dit-il. Mais la défense n'était pas libre. Pour défendre Béranger contre de pareils adversaires, il faudrait pouvoir reprendre l'inventaire entier de la Révolution.

Assailli par les attaques des journaux dès le mois de juin 1848, et privé alors d'à peu près tout crédit dans ses continuelles démarches d'assistance et de charité, Béranger vit aussi décroître peu à peu sa modeste aisance. Les besoins avaient augmenté rapidement dans une maison si ouverte et si généreuse.

En 1850, Béranger quitta Passy et se décida à se mettre dans un appartement de pension bourgeoise. Cette pension était d'abord dans le haut de la rue d'Enfer, près du Luxembourg. Peu de temps après, il alla vivre à Beaujon, il y passa ses trois dernières années de santé et de bonheur. Il marchait encore bien, il avait toute sa mémoire, toute sa gaieté, et recevait avec la même joie ses amis.

C'est à Beaujon qu'il fit ses derniers vers : la noble pièce de l'*Adieu*, qui clôt le volume posthume, et celle-ci, écrite vivement pour un dernier anniversaire de fête :

LA RIME

Air : *Va-t'en voir s'ils viennent.*

Quels chants n'avons-nous pas eus
 A fête pareille!
Mon cœur, fidèle aux vieux us,
 Me crie à l'oreille :
  Cours après la rime,
   Cours,   } *Bis.*
  Cours après la rime.

Mais la rime sans pitié
 Me devient rebelle,
Elle fuit...; tendre amitié,
 Cours vite après elle,
  Cours après, etc.

Raison, qui la querellais,
 Deviens plus bénigne ;
Tu peux, faute de filets,
 La prendre à la ligne.
  Cours après, etc.

Fais-la se rendre à mes vœux
 Toi, peu timorée,

> Gaîté, qui par les cheveux
> L'as cent fois tirée.
> Cours après, etc.
>
> Gaudriole, à la chercher
> Prouve ton adresse.
> Tartufe a pour la cacher
> Son livre de messe.
> Cours après, etc.
>
> Philosophie, aux abois
> Mets cette donzelle,
> Qui souvent, avec mes doigts,
> Moucha ta chandelle.
> Cours après, etc.
>
> Mais sans elle à ce repas
> Le plaisir arrive.
> Joyeux amis, n'allons pas
> Dire à ce convive :
> Cours après la rime,
> Cours,
> Cours après la rime.

Lorsque même le nom de la République eut été effacé, le chagrin de Béranger s'accrut encore. Il cessa de vivre dans le passé, et sa pensée se réfugia dans l'avenir.

C'est lorsqu'il eut quitté Beaujon, en 1855, que la santé de Béranger commença à s'altérer. Sa dernière habitation a été celle de la rue Vendôme[1].

---

[1] Né et élevé rue Montorgueil, à l'ancien n° 50, Béranger habita ensuite le boulevard du Temple (rue Notre-Dame-de-Nazareth) avec sa mère. Il fut mis en pension rue des Boulets, dans le faubourg Saint-Antoine. Au retour de Péronne, il logea avec son père au n° 14, puis au n° 15 de la rue du Faubourg-Poissonnière ; en 1800, il demeurait rue Saint-Nicaise (n° 486 d'alors) ; puis sur le boulevard Saint-Martin, près de l'Ambigu, en entrant par la rue de Bondy, à un sixième étage, où il trouva son *grenier*. Sous l'Empire, il logeait rue de Port-Mahon, n° 12 (1808), puis rue de Bellefonds, n° 20.

Voici quels ont été depuis les logements de Béranger : rue des Martyrs (maison de Manuel), n° 23 ; — rue de La Tour-d'Auvergne, n° 30 ; — (1833) rue Basse, n° 22, à *Passy* ; — (1835) rue des Petits-Champs, à *Fontainebleau* ; — (1836) à la

De nouvelles pertes d'argent et les premières fatigues de la maladie le contraignirent à renoncer aux petites réunions qu'il aimait ; il devint plus triste, et ce fut avec un vrai chagrin qu'il dut renoncer à ses promenades.

C'est ce moment que choisirent des hommes inconsidérés pour calomnier, dans un journal étranger, l'homme qui appartenait dès lors à la mort. Ils l'ont accusé d'avoir accepté en cachette une pension de la cour.

Sa Majesté l'Impératrice avait, en effet, voulu que la vieillesse du poëte national fût mise à l'abri de toute espèce de gêne, même de celle qu'il éprouvait lorsqu'il ne pouvait donner assez au pauvre monde ; mais Béranger, qu'il fallut instruire de ces marques d'une si haute bienveillance, refusa de les accepter, tout en remerciant de sa grâce et de sa bonté la femme qui, du haut du trône, avait songé au chantre de la démocratie.

Cependant la maladie de Béranger s'aggravait. Sa mémoire s'égarait par instants. M. Charles Bernard, son médecin le plus dévoué, le fils de son ancien ami, M. Joseph Bernard, étudiait déjà avec inquiétude sa physionomie. M. Trousseau, l'élève de M. Bretonneau, de Tours, que Béranger a tant aimé pendant ses vingt dernières années, appelé dès lors pour conjurer le mal inconnu, déclara que ce mal ne se conjurait pas : c'était une hypertrophie du cœur, compliquée d'une maladie de foie. Il promit de faire tous ses efforts pour lutter le plus longtemps possible contre la maladie, et il a tenu sa promesse. Au milieu de ses travaux continuels il a toujours trouvé le temps de visiter et de soigner le malade qu'il avait condamné. Dans les derniers jours

---

Grenadière, à *Tours;* — (1838) rue Chanoineau et rue Saint-Éloi, à *Tours;* — (1840) chez madame Lacroix, à *Fontenay-sous-Bois;* — (1840) maison particulière, à *Fontenay-sous-Bois;* — (1841) rue Vineuse, à *Passy;* — rue des Moulins, à *Passy:*—(1845) rue de l'Orangerie, n° 10, à *Versailles;*—(1846) avenue Sainte-Marie, à *Paris;* — (1847) encore à *Passy;* — (1850) rue d'Enfer, n° 113; — (1851) avenue Chateaubriand, n° 5; — (1855) rue de Vendôme, n° 5.

de la maladie, il vint le voir régulièrement deux fois par jour.

Béranger ne vivait plus que par une espèce de miracle ; on craignit de le perdre au commencement de l'hiver 1856. Son excellente constitution résistait et il retrouvait même par moments sa vivacité. Son âme généreuse ne l'abandonna jamais. Déjà retenu chez lui et presque alité, il ne se plaignait que de ses bonnes œuvres suspendues, et il n'écrivait, d'une écriture souvent obscurcie, que pour venir encore en aide à ses amis et à ses protégés.

Mademoiselle Judith, qui s'était bien soutenue jusqu'à la fin de l'année 1856, devint tout à coup gravement malade : un cancer à l'estomac l'abattit ; elle ne pouvait plus prendre de nourriture, mais son œil résigné et sa douce voix attestaient la force et la sérénité de son esprit. Elle est morte le 8 avril 1857, presque sans agonie, avec un courage et une fermeté dont il y a peu d'exemples. On vit, à son lit de mort, qu'elle avait été digne de partager la vie de son ami. Son nom mérite de rester inscrit à côté du nom de Béranger.

Elle avait environ deux ans de plus que lui. C'est elle qui semblait toutefois devoir lui survivre, et il l'avait d'abord désignée pour son héritière.

Nous voilà arrivés au milieu des images funèbres ; tout parle maintenant de cette grande mort du poëte.

Béranger avait, dès 1844, nommé M. Perrotin son exécuteur testamentaire.

« Après de mûres réflexions, et malgré l'intérêt que mon éditeur, M. Perrotin, aura à ma succession par suite des arrangements que j'ai faits avec lui, sûr comme je le suis de sa haute probité et de son dévouement sans bornes, je nomme ledit Perrotin mon exécuteur testamentaire.

« Fait à Passy, le sept juin mil huit cent quarante-quatre.

« Pierre-Jean de Béranger. »

Trois ans après il remettait à M. Perrotin la copie de son testament, récrit en 1851[1], et accompagnait cette copie d'une lettre que voici :

« *A monsieur Perrotin*,

« Voici, mon cher Perrotin, la copie de mon testament, ainsi qu'un codicille qui vous nomme mon exécuteur testamentaire. Aussitôt mon décès, je vous autorise à décacheter le tout et à agir dans l'intérêt de Judith, que j'institue ma légataire universelle, et aussi dans votre intérêt, en vous emparant de mes brouillons, de mes chansons, des cahiers que je pourrais ne vous avoir pas encore remis, de la préface pour le volume posthume, et de ma Biographie, qui sera dans le grand tiroir de mon secrétaire.

« Il se trouvera dans mes papiers beaucoup de lettres que je n'aurai pas brûlées; il faut les anéantir, à moins d'un besoin impérieux ; surtout, il n'en faut donner aucune aux quê-

---

[1] 20 février 1851.
DEVANT DIEU,
Je nomme et institue pour ma légataire universelle mademoiselle Françoise-Nicole-Judith Frère, ma plus ancienne et plus fidèle amie, demeurant aujourd'hui auprès de moi, rue d'Enfer, 113.
Ce testament annule ceux qui l'ont précédé et qu'on pourrait retrouver dans mes papiers.
Je prie mes amis Béjot et Perrotin d'être mes exécuteurs testamentaires.
Fait à Paris, ce vingt février dix-huit cent cinquante et un.
PIERRE-JEAN DE BÉRANGER.

Le portrait peint d'après moi par M. Scheffer et le buste en marbre de M. David (d'Angers) appartiennent à ces deux grands artistes.
(*Note postérieure.*) — Je relis ce testament et le maintiens, en ajoutant une seule disposition : c'est d'adjoindre à mes deux exécuteurs testamentaires M. Prosper Vernet, qui leur sera utile pour la connaissance qu'il a des lois.
Fait ce vingt-neuf octobre dix-huit cent cinquante-cinq.
PIERRE-JEAN DE BÉRANGER.

teurs d'autographes. Quant à celles que j'ai remises en paquets, et qui sont dans mon secrétaire, il en est aussi qu'il faudra brûler; mais que ce ne soit que lorsqu'on sera bien sûr qu'elles sont sans utilité ; s'il se retrouvait quelques vieux manuscrits de moi, vers ou prose, qu'il n'en soit rien publié, je vous en prie; c'est assez de mes chansons, auxquelles, d'ailleurs, d'autres publications pourraient nuire. Il existe un manuscrit de moi entre les mains de M. F*****. Je le lui ai donné à condition de ne pas le rendre public. Je ne sais plus bien ce qu'il est ; le sujet est les *Contes de la Fontaine*. Je maintiens la défense de publier, à laquelle M. F***** m'a promis de se soumettre.

« J'en viens à la publication du volume que je laisse, des chansons de ma vieillesse. Je voudrais vous enseigner des amis à consulter sur la valeur de ces chansons et sur les fautes de corrections que mes copies peuvent contenir; mais vous connaissez assez ceux de mes amis que vous devez consulter, surtout devant imposer à votre imprimeur, quel qu'il soit, un prote très-intelligent, et qui sache au moins la mesure d'un vers.

« Ce que je vous recommande expressément, c'est, aussitôt ma mort, d'exiger de Judith qu'elle fasse son testament, et cela, dans l'intérêt de ceux de nos amis qu'elle doit avoir l'intention d'avantager et que j'avantagerais moi-même, si je mourais le dernier ; ce serait manquer à ma mémoire que de se laisser aller aux larmes au lieu de remplir mes intentions.

« Quant à mes obsèques, si vous pouvez éviter le bruit public, faites-le, je vous prie, mon cher Perrotin ; j'ai horreur, pour les amis que je perds, du bruit de la foule et des discours à leur enterrement. Si le mien peut se faire sans public, ce sera un de mes vœux accomplis. A mon testament resté chez moi se trouve jointe, en forme de codicille, une approbation de l'acte passé entre nous pour notre marché ; quoique superflue, cette approbation contient l'ensemble de vos droits sur mes manuscrits, ce qui peut servir à l'occasion.

« Il me reste à vous recommander mon plus vieil ami, Antier, dont la vieillesse pourrait n'être pas heureuse. Je vous prie de veiller à ce qu'il ne manque pas, et, si la Biographie que je laisse obtient un peu de succès, assurez-lui une pension ; cela, bien entendu, dans le cas où son emploi viendrait à lui manquer. Judith devra se charger de faire quelque chose pour la fille aînée d'Antier, ce qui sera utile pour tous les deux.

« Voici à peu près ce que j'avais à vous dire, en vous remettant une copie de mon testament et du codicille qui l'accompagne. Tous deux sont de dates déjà bien anciennes.

« On a parlé du retour du choléra. J'ai voulu revoir mes dispositions, et n'ai trouvé rien à y changer ; mais j'ai pensé à accomplir l'idée que j'avais depuis longtemps de vous confier le duplicata de ces actes, dont vous avez besoin pour remplir vos fonctions d'exécuteur testamentaire. Je vous les remets donc et compte trop sur votre attachement pour m'excuser des embarras que cela pourra vous causer.

« Tout à vous,
« BÉRANGER.

« Paris, 14 novembre 1847. »

Peut-être faut-il remarquer les recommandations que Béranger fait à son éditeur, au sujet de ses *Chansons posthumes*.

En 1851, Béranger ajouta un codicille à son premier testament : ce fut pour demander formellement qu'on lui fît de simples obsèques et qu'on évitât le bruit autour de sa tombe.

« Lorsque arrivera mon décès, je prie ceux de mes amis qui

seront présents de ne pas permettre qu'on prenne aucun moyen de conserver mes restes. Je les prie aussi de me faire enterrer le plus simplement possible, dans le cimetière le plus voisin. De plus, je leur recommande expressément de ne donner connaissance de ma mort aux journaux que lorsque l'inhumation sera terminée. » Béranger ajoutait : « Je recommande aussi, j'ordonne même, s'il me convient d'employer ce mot, que toutes les lettres qu'on pourra trouver dans mes tiroirs de secrétaire, de commode, dans tous les coins de mon logis, soient brûlées à ma mort, sans qu'il en soit distrait d'autres que celles qui seraient relatives à mes affaires particulières.

« Béjot et Perrotin sont les exécuteurs testamentaires du testament que je laisse tout en faveur de Judith, ma vieille amie. »

Ce codicille est du 1er mars 1851.

Après la mort de mademoiselle Judith, Béranger écrivit un second testament d'une main déjà tremblante :

« Paris, le 18 mai 1857.

« Ceci est mon testament.

« J'institue et nomme, par le présent, M. Perrotin (Charles-Aristide) mon légataire universel, et lui donne en conséquence la totalité des biens que je laisserai au jour de mon décès[1].

« De Béranger. »

Ces tristes pages écrites, il attendit. Le jour où mademoiselle Judith fut enterrée, il voulut la suivre jusqu'à la tombe ; il ne

---

[1] La modeste fortune de Béranger a été partagée par son légataire universel entre les personnes auxquelles Béranger lui-même l'eût répartie. Les rentes sur lesquelles quelques pauvres vieillards comptaient chaque mois leur sont assurées, et, pour ne pas laisser disperser au hasard le mobilier du poëte, son légataire l'a conservé, mais après en avoir fait estimer le prix et en avoir consacré la valeur à une bonne œuvre.

put aller que jusqu'à l'église, appuyé péniblement au bras d'un ami, et, le cœur gros de douleurs étouffées, il rentra dans son appartement désert. Les soins empressés, les consolations de ses amis, le fortifièrent pour l'apparence ; il fit ce qu'il put pour supporter encore sa vie affligée et meurtrie ; mais la maladie et le chagrin ne devaient lui laisser que bien peu de jours, et des jours bien tristes !

Il s'appesantissait d'une manière de plus en plus inquiétante. Souvent, lorsqu'on lui parlait, il oubliait soudain la conversation et fixait son regard, ce regard qu'on n'oublie pas, sur des images invisibles. Parfois il sortait de ces contemplations intérieures et se réveillait avec de douces paroles. Dès lors l'inquiétude n'eut plus de repos. Il fallut qu'un médecin particulier, M. Jabin, donnât au malade des soins continuels. On crut devoir recourir aussi à l'expérience spéciale de M. Bouillaud, qui vint deux fois et confirma l'arrêt de M. Trousseau.

Vers la fin de juin, par les rudes chaleurs, la crise du déchirement définitif se manifesta : on avait déjà vu s'obscurcir cette limpide intelligence. Cet esprit si animé avait pu s'affaiblir ! Cet œil si vif s'était voilé déjà ! L'anxiété publique n'eut plus de bornes dès qu'un journal eut annoncé le péril où était Béranger.

Ses anciens amis, ses nouveaux amis, les amis intimes, les amis inconnus, Paris entier accourut dans la rue de Vendôme. On venait consulter dès le grand matin les bulletins de santé, et le plus petit signe funeste augmentait la douleur de tous.

Ses plus anciens amis, MM. Thiers, Mignet, Lebrun, le visitèrent presque tous les jours. Ils étaient liés depuis bien des années par une vive amitié.

C'est en revoyant ces anciens amis que Béranger sentit son esprit se réveiller et son mal s'adoucir. Il leur parlait avec tendresse et avec enjouement. Un jour qu'il s'entretenait de ses poésies avec une modestie défiante, M. Thiers lui dit : « Savez-vous comment je vous appelle, Béranger ? Je vous appelle l'Horace français. — Qu'en dira l'autre ? » répondit-il avec un sourire. Un autre jour il parla de Dieu et de l'avenir avec des paroles étranges et d'une voix inspirée.

Mais ces heures de réveil furent rares.

La sœur de Béranger, religieuse cloîtrée, ne le voyait qu'une fois l'an depuis son entrée en religion. Elle vint le voir, autorisée par l'archevêque et accompagnée d'une autre religieuse. La porte lui fut ouverte ; elle embrassa son frère, reçut ses embrassements, se retira et ne put revenir ; mais elle témoigna sa reconnaissance aux amis de Béranger et envoya chaque jour chercher des nouvelles. M. l'abbé Jousselin, l'ancien curé de Passy, devenu curé de Sainte-Élisabeth, avait retrouvé Béranger dans sa paroisse. Ils avaient parlé encore de leurs pauvres. Lorsque la maladie de Béranger sembla toucher à son terme, M. le curé lui vint rendre visite. Leurs conversations furent rares, très-courtes et peu importantes. Il y en a une, la dernière, que l'on a racontée de manières bien différentes. Au moment où M. l'abbé Jousselin, pour se retirer, tendait la main à Béranger, Béranger lui dit d'une voix nette : « Votre caractère vous donne le droit de me bénir. Moi aussi, je vous bénis. Priez pour moi et pour tous les malheureux : ma vie a été celle d'un honnête homme. Je ne me rappelle rien dont j'aie à rougir devant Dieu. »

Le 28 juin, on avait cru que Béranger allait mourir dans la journée. L'excessive chaleur l'accablait et exaspérait ses souffrances ; mais le temps se rafraîchit ; il vécut quelques jours encore. C'était à qui le veillerait, à qui le soignerait, à qui mettrait le pied sur le seuil de sa porte.

Plusieurs dames, quand le mal fut à son comble, réclamèrent le privilége de leur ancienne amitié et envièrent à madame Antier les fatigues de son admirable et opiniâtre dévouement, en ces longues journées et en ces nuits plus longues encore[1].

Béranger, le 15 juillet, s'était trouvé un peu mieux vers midi ; il avait reconnu ses amis, il avait même prononcé quelques mots ; il avait retrouvé un souffle de gaieté douce, il avait souri quand M. Ségalas[2], en lui tâtant le pouls, lui parlait de la foule accourue autour de sa maison, de cette foule dont le flot assiégeait sans relâche l'escalier et qui se retirait avec tant de peine. Le soleil était au plus haut point de sa course ; il jetait un jour brillant sur les fenêtres. Comme Gœthe à son lit de mort, Béranger fit signe pour qu'on ouvrît les persiennes et appela la lumière d'un œil avide. Il ne se croyait pas frappé sans espérance, il murmura : « *Un mois, un mois et demi!* » quand le médecin lui dit qu'il fallait attendre patiemment une guérison, hélas ! impossible.

Le matin, M. Mignet l'avait trouvé pesamment endormi, la tête soutenue par une bandelette attachée au fauteuil. Quelques instants après, Manin entra ; mais Béranger, qui s'éveil-

---

[1] *Voici les noms des personnes qui ont veillé Béranger dans sa maladie :*
M. et madame Antier, M. Perrotin, journellement ;
MM. les docteurs Ch. Bernard, Jabin, Charles Lasègue ;
MM. Edmond Arnould, Paul Boiteau, Victor Bonnet, Onésime Borgnon, Broc, Chevallon, Donneau, Gallet, Savinien Lapointe, Charles Thomas. Un seul nom manque à cette liste ; c'est celui de Béjot. Il était retenu dans son lit par de cruelles douleurs qui n'ont cessé qu'après la mort de Béranger. Une autre personne que Béranger aimait, et à laquelle son patronage fera défaut, M. Chintreuil, l'un de nos peintres paysagistes les plus distingués, n'a pu, à son grand chagrin, prendre sa part de ces veilles pieuses.
D'autres amis anciens, MM. Cauchois-Lemaire, Bernard, de Rennes, et Joseph Bernard, par exemple, auraient voulu pouvoir ne quitter jamais l'illustre ami qu'ils allaient perdre.

[2] M. Ségalas, dès que Béranger habita la rue Vendôme, offrit ses services toutes les fois qu'il y eut besoin d'un médecin. Il avait déjà soigné Béranger (en 1855) dans une hémorragie ; aux derniers jours, il ne cessa de venir le voir et d'offrir encore ses services.

lait dans la stupeur, ne le reconnut pas et ne put dire un mot à Manin, qui pleurait.

La nuit fut douloureuse. M. le docteur Lasègue, ami de la maison, avait veillé le malade. Le 16, dès le matin, la chaleur devint grande. Un orage chargeait les airs. Dans la cour, encombrée de monde, un pressentiment funèbre était déjà descendu ; tous les visages disaient que la douleur publique n'avait plus même une ombre d'espoir. Le docteur Trousseau venait de déclarer que le pouls se perdait et que l'heure dernière ne tarderait plus. Au haut de l'escalier, des voix étouffées s'entendaient à peine ; le vent pénétrait dans les corridors et dans l'appartement ; les portes ouvertes, les volets fermés, tremblaient dans l'ombre ; il n'y avait, dans la chambre même de Béranger, que les amis intimes : M. et madame Antier, M. Perrotin, M. Vernet, arrivé le matin même, madame Vernet, la fille de madame Liné, qui avait pris soin des derniers jours de madame Bouvet (du Mont-Saint-Quentin), M. Thomas, le payeur central du ministère des finances, M. Lebrun, de l'Académie française, M. Paul Boiteau, le plus jeune des amis de Béranger, et les deux servantes qu'on avait mises auprès de lui depuis sa maladie. On attendait l'orage et le trépas.

Assis dans son grand fauteuil, au milieu de la chambre, le dos tourné aux fenêtres, la tête penchée à droite, Béranger était là comme une proie pour la mort ; ses jambes, recouvertes d'un drap, faisaient effort pour se dégager des souffrances ; sa respiration était haletante ; ses lèvres, à demi closes, ne laissaient sortir de sa bouche que de vaines paroles ; son front était mouillé d'une sueur douloureuse, ses mains n'avaient plus qu'un geste sans signification, son œil obscurci luttait contre la nuit tombée subitement du ciel, et semblait chercher avec inquiétude des visages amis. Pas une plainte sur ce visage qu'une si vive intelligence avait animé si longtemps !

APPENDICE.

Le tonnerre retentit, la pluie tombe à flots ; les éclairs, traversant les hauts arbres du jardin, pénètrent dans la chambre silencieuse. Béranger respire avec un peu plus de liberté. Les signes de croix que fait, à chaque coup de foudre, l'une des bonnes, agenouillée devant lui, ne l'étonnent pas; il n'a pas l'air de s'apercevoir de l'orage; il appuie sa tête sur sa main droite et regarde vaguement ceux qui l'entourent.

L'air rafraîchi lui donne une apparence de réveil qui ralentit mélancoliquement le désespoir de ceux qui l'entourent. Béranger allait mourir avant le coucher du soleil!

Il regardait de temps en temps ses amis d'un œil fixe et doux; on le faisait boire, on lui mettait de la glace, sa dernière nourriture, sur les lèvres; on approchait encore une fois de sa main sa tabatière de platine qu'il aimait tant et ses doigts se sont rappelé, une fois encore, un geste accoutumé. Mais il n'y avait plus de volonté suivie dans ces regards et dans ces mouvements. On l'embrassait alors, et, lui tenant la main, sa main inerte, on pleurait derrière son fauteuil. Malgré soi la pensée s'obstinait à oublier l'homme expirant pour n'envisager que sa gloire.

Vers deux heures, l'agonie fit sentir ses étreintes; elles furent cruelles. Béranger a beaucoup souffert avant de mourir.

M. Lebrun, épuisé d'inquiétude, venait de se retirer dans la chambre voisine. Peu d'instants auparavant, MM. Mignet, Thiers et Cousin, avaient vu pour la dernière fois leur ami. Béranger est mort à quatre heures trente-cinq minutes entre les bras de ses amis, serrant la main de M. Antier. L'un des médecins comptait les dernières pulsations : le pouls s'arrêta. Tout était fini.

On se rappelle la tristesse extraordinaire qui se répandit dans tout Paris sur la fin de la soirée et qui semblait se promettre pour le lendemain une manifestation solennelle.

Quelques heures après que Béranger eut succombé, le ministre d'État fit savoir que le gouvernement, désirant honorer le poëte par un témoignage public, se chargeait du soin des funérailles. L'État remplaçait la famille absente, et l'exécuteur testamentaire n'avait plus de mission à remplir. Il fit remettre au ministre la copie de la lettre où Béranger, exprimant son dernier vœu, souhaitait que ses funérailles pussent répondre par leur simplicité aux habitudes de toute sa vie. Le gouvernement prit sur-le-champ ses mesures, il s'arma du vœu du poëte, et dans la nuit même fut posée cette affiche.

« OBSÈQUES DE BÉRANGER.

« La France vient de perdre son poëte national!

« Le gouvernement de l'Empereur a voulu que les honneurs publics fussent rendus à la mémoire de Béranger. Ce pieux hommage était dû au poëte dont les chants, consacrés au culte de la patrie, ont aidé à perpétuer dans le cœur du peuple le souvenir des gloires impériales.

« J'apprends que des hommes de parti ne voient dans cette triste solennité qu'une occasion de renouveler des désordres qui, dans d'autres temps, ont signalé de semblables cérémonies.

« Le gouvernement ne souffrira pas qu'une manifestation tumultueuse se substitue au deuil respectueux et patriotique qui doit présider aux funérailles de Béranger.

« D'un autre côté, la volonté du défunt s'est manifestée par ces touchantes paroles :

« Quant à mes obsèques, si vous pouvez éviter le bruit pu-
« blic, faites-le, je vous prie, mon cher Perrotin. J'ai horreur,
« pour les amis que je perds, du bruit de la foule et des dis-

« cours à leur enterrement. Si le mien peut se faire sans pu-
« blic, ce sera un de mes vœux accompli. »

« Il a donc été résolu, d'accord avec l'exécuteur testamentaire, que le cortége funèbre se composera exclusivement de députations officielles et des personnes munies de lettres de convocation.

« J'invite la population à se conformer à ces prescriptions. Des mesures sont prises pour que la volonté du gouvernement et celle du défunt soient rigoureusement et religieusement respectées.

« Le sénateur, préfet de police,
« Piétri. »

Pendant que se faisaient les préparatifs de la fête funèbre, les amis veillaient à côté des restes du poëte expiré. A onze heures et demie du soir, M. Perrotin obtint l'autorisation nécessaire pour la prise d'une empreinte des traits de Béranger. On l'avait replacé sur son lit. La mort avait effacé les marques de la maladie, elle avait calmé et ennobli le visage.

Le lendemain matin, les amis de Béranger l'ensevelirent[1].

---

[1] PROCÈS-VERBAL DE LA MORT ET DE L'ENSEVELISSEMENT DE BÉRANGER.

« Le 16 juillet 1857, à quatre heures trente-cinq minutes du soir, Béranger, après une courte mais très-douloureuse agonie, rendit le dernier soupir.

« Le gouvernement, instruit immédiatement de ce triste événement, décida, comme on le sait, que l'enterrement aurait lieu *le lendemain à midi* et par les soins de l'État.

« Toutes les mesures durent être prises avec la plus grande rapidité. Le soir même, à neuf heures, le médecin vérificateur vint faire la visite du corps.

« Le 17 juillet, à neuf heures et demie du matin, MM. Perrotin, Antier et le docteur Charles Bernard, se trouvant réunis, le docteur Charles Bernard, d'accord en cela avec les docteurs Trousseau et Jabin, s'assura de nouveau d'un décès que tous les signes de la mort indiquaient suffisamment. MM. Perrotin, Antier et Charles Bernard procédèrent seuls à l'ensevelissement et à la mise dans une bière en plomb de leur ami P.-J. de Béranger.

« Fait à Paris, rue de Vendôme, 5, le 17 juillet 1857, à dix heures du matin.

« Ont signé :

« Perrotin, Antier et Charles Bernard. »

Pendant ce temps les rues s'emplissaient ; une armée se rangeait sur le chemin et tout un peuple accourait. La douleur publique, surprise par la rapidité de la cérémonie, n'en fut que plus profonde. La multitude inconnue, la nation tout entière avait compris qu'elle perdait son ami le plus cher et sa gloire la plus pure. Dès les premiers pas, en quittant la maison mortuaire, on vit quelle grande journée devait être ce jour de deuil. Du milieu de la rue Vendôme, les hauteurs de la rue Meslay apparurent comme un cirque rempli : toutes les têtes étaient découvertes ; le recueillement avait fermé toutes les bouches. Aucun pinceau ne reproduira les scènes touchantes de ces funérailles ; les flots d'hommes, de femmes et d'enfants que contenait avec peine sur le boulevard une longue haie militaire et qui voulaient saluer le char funèbre. Les bornes, les balcons, les toits, étaient couverts d'une foule frémissante et attendrie. Aux cris de *Honneur, honneur à Béranger !* (quelle oraison funèbre !) succédaient de profonds silences ; le respect et l'admiration se montraient et éclataient tour à tour avec une constante unanimité. Le plus beau spectacle, ce fut quand on arriva aux bords du canal Saint-Martin pour le traverser lentement : un peuple entier, si loin que l'œil plongeait, avait envahi l'espace ; les maisons et les rues n'avaient pu le contenir. Les bateaux du canal tremblaient sous le fardeau de cette foule innombrable qui, des deux côtés, s'était rangée en amphithéâtre, et dans laquelle tant de cœurs palpitaient.

On avait paru craindre un grand tumulte [1]. Paris a respecté

---

[1] « Il eût été réellement malheureux que le convoi de Béranger fût le signal d'un désordre, car le poëte avait une grande horreur du tumulte des rues ; il le disait bien haut dans les occasions solennelles, au risque de perdre la popularité, pensant de cette popularité ce que la Fayette disait de la sienne : « La popularité « est un trésor précieux ; mais, comme tous les trésors, il faut savoir le dépenser « pour le bien de son pays. »

« Heureusement, la douleur d'une émeute, ou seulement d'un trouble, a pu

religieusement les funérailles de son poëte illustre et de son plus cher enfant.

Nous n'aurions, pour toute épitaphe, qu'à graver sur sa tombe ces vers qu'il a écrits pour nous :

> Vous triompherez des tempêtes
> Où notre courage expira ;
> C'est en éclatant sur nos têtes
> Que la foudre nous éclaira.
> Si le Dieu qui vous aime
> Crut devoir nous punir,
> Pour vous sa main ressème
> Les champs de l'avenir.

Ces vers attesteront les souffrances, les efforts, le génie de nos pères, et ils soutiendront notre espérance ; ils diront dans la postérité à l'aurore de quels jours pénibles est né le chantre que nous pleurons aujourd'hui et sur quels horizons pleins de joie sa muse tenait son regard attaché.

être épargnée à son cercueil. Mais, jusqu'au soir, les craintes ont été très-vives ; j'ignore si le conseil des ministres est resté en permanence toute la journée ; mais je sais que M. le comte Walewski n'a pas eu de réception diplomatique à deux heures de l'après-midi, à l'hôtel du ministère, ainsi qu'il en a tous les vendredis, et les ministres des puissances européennes accréditées près la cour des Tuileries ont tenu, hier, au courant leurs gouvernements respectifs, par la voie du télégraphe, de tout ce qui se passait à Paris, toutes les deux heures.

« A ce propos, je dirai que le gouvernement français a de tels moyens de communication, qu'hier un ministre aurait dit : « Rien de sérieux n'est à « craindre ; en cinq heures je me charge de tripler la garnison de Paris. » (*Indépendance belge* du 19 juillet 1857.)

NOTE

Béranger ne ressemblait guère à la plupart des portraits qu'on a donnés de lui. Nous avons mis dans ce livre une gravure à l'eau-forte d'un dessin de Charlet, qui date de 1834 et qui est un croquis d'une grande vérité.

Il semble que les écrivains aient pris à tâche d'être encore moins fidèles à la vérité dans leurs descriptions que les artistes dans leurs figures. A en croire des esquisses récentes, on se tromperait fort sur la physionomie de Béranger et les habitudes de sa vie privée. Rien en lui ne sentait, comme on l'a dit, l'homme qui a voulu vivre dans une retraite trop étroite, et il n'avait de rustique que ce que Chateaubriand a loué en lui, je ne sais quelle franchise peinte sur le visage.

Sa taille, fort exactement proportionnée, atteignait à peine cinq pieds un pouce, mais sa tête le grandissait d'une coudée, et c'était sur cette tête seule que le regard se portait. Elle était forte et d'une structure tout à fait extraordinaire : la boîte osseuse du cerveau était d'une capacité singulière[1] et s'avançait vers le front comme si elle eût contenu avec peine une pensée trop puissante. Dès vingt-trois ans, Béranger était devenu chauve ; il avait gagné cet air si doux dans la jeunesse

[1] Circonférence, 0^m,59 ; plus grande longueur, 0^m,21.

et plus tard si vénérable d'un homme que la vie a lassé et d'un patriarche qui se repose. D'ailleurs, le peu de cheveux qui lui restaient, d'une couleur blonde qui avait fort peu blanchi, et qu'il laissait croître et retomber sur ses épaules, encadraient de la façon la plus aimable son aimable visage.

La fermeté du caractère était empreinte dans tous ses traits; mais on y lisait aussi la douceur de son âme. Ses grands yeux bleus, saillant un peu de l'orbite, avaient une expression que nul ne pouvait oublier. Vers la fin de sa vie, ils s'étaient voilés et obscurcis; mais ils avaient conservé, jusque dans le trouble de la vue, la sérénité du regard, et ils vous parlaient encore avec bonté lorsque sa bouche était déjà muette. Si une grande pensée avait traversé son esprit, un vif éclair en jaillissait, et l'indignation pouvait les enflammer. Sa bouche surtout était d'un dessin remarquable : de ses lèvres arquées partaient à la fois le sourire de la bienveillance et le sourire de l'ironie. Les belles paroles en coulaient sans cesse, vibrantes et harmonieuses. Cette voix, d'un timbre presque toujours agréable et doux, trouvait au besoin des notes sévères. On a remarqué, dans les dernières journées, son accent prophétique; il résonne encore à nos oreilles.

Longtemps maladif, Béranger a été dans sa jeunesse délicat, chétif même, et, comme il l'a dit, sujet à de très-fréquentes et cruelles migraines dont l'âge l'avait en partie délivré. Son air, « fin et voluptueux » avec grâce, n'était pas sans mélancolie; jamais il n'a été négligé, il était simple. Sa main était petite, souple et fine. C'était un grand marcheur; il avait le pas ferme et léger. Presque toutes ses chansons sont nées pendant ses promenades.

Son costume était celui d'un pasteur protestant. Ses vêtements simples, toujours de couleur foncée, et son large chapeau de feutre souple lui seyaient mieux qu'à personne. Il avait respecté les modes d'autrefois et nouait sa cravate autour d'un grand col de chemise relevé comme aux temps de sa jeunesse; mais la simplicité même de ce costume n'avait rien d'affecté : elle ne recherchait que l'aisance et l'ampleur.

AVIS AU RELIEUR

POUR LE

PLACEMENT DES 10 GRAVURES

DE

MA BIOGRAPHIE

PREMIÈRE ET SECONDE ÉDITION

(1857 — 1858)

Béranger en pied....................	en regard du titre.
Béranger et le Drapeau tricolore.................	260
Béranger frappé de la foudre......	20
Chambre mortuaire de Béranger..................	408
Closerie (La) des lilas........................	387
Grenadière (La).............................	372
Mademoiselle Judith Frère....................	86
Manuel...................................	182
Mère (La) Jary.............................	51
Photographie de Béranger.......... : en regard du titre ou	321

PARIS. — IMP. SIMON RAÇON ET COMP., RUE D'ERFURTH, 1.

www.ingramcontent.com/pod-product-compliance
Lightning Source LLC
Chambersburg PA
CBHW050909230426
43666CB00010B/2088